我国船舶工业
质量品牌建设研究

陶晓波 著

中国财经出版传媒集团

经济科学出版社
Economic Science Press

图书在版编目（CIP）数据

我国船舶工业质量品牌建设研究/陶晓波著. —北京：
经济科学出版社，2020.6
ISBN 978 - 7 - 5218 - 1543 - 6

Ⅰ.①我…　Ⅱ.①陶…　Ⅲ.①造船工业 - 品牌战略 -
研究 - 中国　Ⅳ.①F426.474

中国版本图书馆 CIP 数据核字（2020）第 074634 号

责任编辑：申先菊　赵　悦
责任校对：王肖楠
责任印制：邱　天

我国船舶工业质量品牌建设研究
陶晓波　著
经济科学出版社出版、发行　新华书店经销
社址：北京市海淀区阜成路甲 28 号　邮编：100142
总编部电话：010 - 88191217　发行部电话：010 - 88191522
网址：www.esp.com.cn
电子邮件：esp@esp.com.cn
天猫网店：经济科学出版社旗舰店
网址：http://jjkxcbs.tmall.com
固安华明印业有限公司印装
710×1000　16 开　15.25 印张　300000 字
2020 年 6 月第 1 版　2020 年 6 月第 1 次印刷
ISBN 978 - 7 - 5218 - 1543 - 6　定价：68.00 元
（图书出现印装问题，本社负责调换。电话：010 - 88191510）
（版权所有　侵权必究　打击盗版　举报热线：010 - 88191661
QQ：2242791300　营销中心电话：010 - 88191537
电子邮箱：dbts@esp.com.cn）

PREFACE | 前言

2014 年 5 月，习近平总书记首次提出三个转变的重要论断，要求推动中国制造向中国创造转变、中国速度向中国质量转变、中国产品向中国品牌转变。三个转变从发展战略和全局高度，深刻阐明了科技创新和质量品牌建设的重要性，为提升我国产业竞争力、推动经济转型升级提供了科学指引，为把我国建设成为质量强国、品牌强国指明了现实路径。

2018 年 3 月，中华人民共和国工业和信息化部办公厅印发了《关于做好 2018 年工业质量品牌建设工作的通知》，明确提出加快装备制造业标准化和质量提升。其中，"推动汽车、船舶、航空等重点领域的标准化和质量提升，加快重点急需标准的制修订工作……完善船舶安全重点标准和船舶防污染重点标准"被明确写入通知要求。之后，船舶工业的质量品牌建设开始提上议事日程，并迅猛发展。

船舶工业是现代大工业的缩影，是装备制造业的典型代表。船舶工业既是水运交通、能源运输、海洋开发等行业的装备工业，又是国防工业的重要组成部分，在国民经济中占据重要地位。从历史上看，无论是先进工业国，还是后进工业国都在该国工业化过程中，把船舶工业作为重点行业加以发展，起到了重要作用。造船业在当时发达国家得以高度重视，作为一个先导带头产业予以重点发展，并成为这些国家经济发达、国力强盛的标志之一，被确定为与国家经济安全密切相关的战略产业。因此，船舶工业质量品牌建设的重要意义不言自喻。

然而，时至今日理论界对于质量品牌的深入研究还较为匮乏。一方面，已有文献对质量品牌的概念界定仍不清晰，概念的内涵与特征并未明确，使我们对质量品牌的理解与把握不够深入；另一方面，现有研究成果也欠缺围绕船舶工业质量品牌的具体分析，使我们现在对于船舶工业质量品牌的建设现状与问题一无所知，更遑论提出能够真正帮助船舶工业提升质量品牌的对策建议。这成为一个亟待解决的研究问题。

本书对船舶工业质量品牌展开了探索性的深入研究，期待着本书的研究成果能够帮助我们更好地理解质量品牌的概念，并在此基础上清晰把握我国船舶工业质量品牌建设的现状与问题，进而提出对策、建议的提升路径，为我国装备制造业早日落实三个转变做出自身应有的贡献。

CONTENTS 目录

第一章　质量品牌与船舶工业质量品牌 　　　　1

一、质量品牌内涵、特征、影响因素研究 　　　　1

二、船舶工业质量品牌的内涵及特征研究 　　　　16

三、国外船舶工业质量品牌的发展过程分析 　　　　22

四、国内船舶工业质量品牌的发展过程分析 　　　　27

五、国内外船舶工业质量品牌对比分析 　　　　32

第二章　国内外典型装备制造业质量品牌建设 　　　　35

一、国内外典型装备制造业质量品牌发展策略研究 　　　　35

二、国内外先进装备制造企业质量品牌建设案例研究 　　　　51

三、国内外典型装备制造业质量品牌影响因素研究 　　　　57

第三章　国外船舶工业质量品牌发展现状 　　　　64

一、船舶动力行业 　　　　64

二、船舶机电设备行业 　　　　77

三、船舶总装制造行业 　　　　87

第四章　国内船舶工业质量品牌发展现状 　　　　102

一、船舶动力行业 　　　　102

二、船舶机电设备行业 　　　　115

三、船舶总装制造行业 　　　　125

第五章　国外船舶工业质量品牌对比分析　　　　143
　　一、国外船舶机电行业对比分析　　　　143
　　二、国外船舶总装行业对比分析　　　　158
　　三、国外动力装备行业对比分析　　　　172

第六章　中外船舶工业质量品牌对比分析　　　　187
　　一、中外船舶机电行业对比分析　　　　187
　　二、中外船舶总装行业对比分析　　　　202
　　三、中外动力装备行业对比分析　　　　217

第七章　结论与展望　　　　232

参考文献　　　　235

第一章

质量品牌与船舶工业质量品牌

一、质量品牌内涵、特征、影响因素研究

本节基于品牌概念的内涵界定、质量概念的内涵界定，以及质量品牌领域现有研究成果，首先对质量品牌的内涵进行界定，然后围绕内涵要素，剖析质量品牌分别与品牌和质量这两个概念的联系与区别，并在此基础上阐释其具有的二元性、层次性和阶段性特征，进而在企业、产品和客户三个维度上，分析质量品牌的影响因素，如图 1-1 所示。

（一）学术界与工业界对品牌的概念界定

品牌一词来源于古挪威语，意思是"打上烙印"，原指中世纪（公元 476 年—公元 1453 年）烙在马、牛、羊身上的烙印，用以区分其不同的归属。手工业者往往在自己的产品上打上标记，以证明出处。品牌作为区分产品不同生产者的观念由来已久。综合学术界与工业界有关品牌的各种定义，归纳起来有以下四种不同侧重的类型。

第一，符号说。美国市场营销协会对品牌的定义：品牌是用以识别一个或一群产品或劳务的名称、术语、象征、记号或设计及其组合，以和其他竞争者的产品或劳务相区别。这类定义从最直观、最外在的表象出发，将品牌看作一种标榜个性、具有区别功能的特殊符号。这些标志带给客户强烈的视觉冲击，成为品牌不可分割的一部分，甚至在一些客户眼中，标志符号几乎就是品牌的全部。

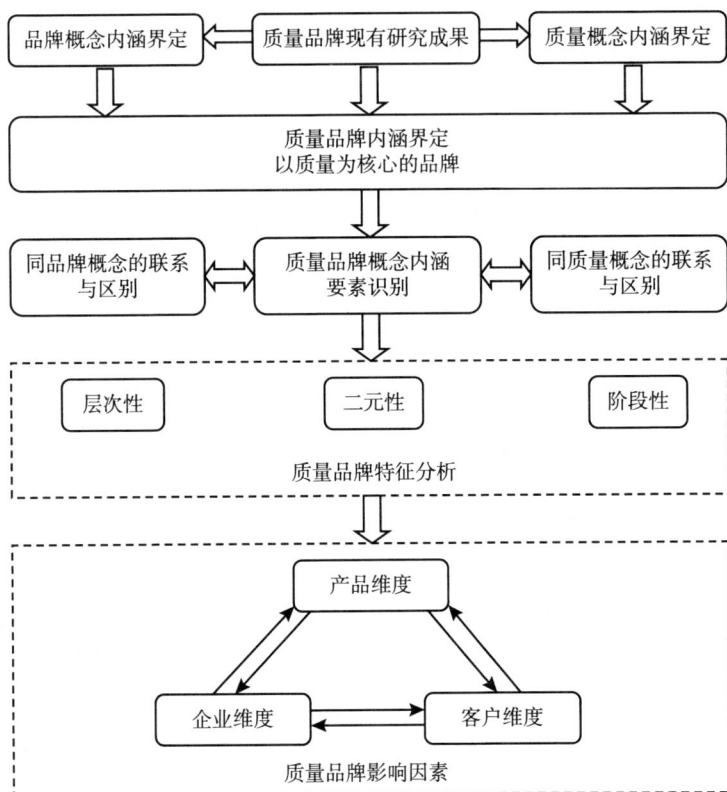

图 1-1 本节研究逻辑示意

第二，综合说。世界著名广告大师、奥美的创始人奥格威对品牌做了如下定义：品牌是一种错综复杂的象征，它是品牌的属性、名称、包装、价格、历史、声誉、广告风格的无形组合。他认为品牌不仅包括品牌名称、包装、标志等有形的信息，而且还将品牌放入历史与时代，进行横向和纵向的全坐标的考量。明确与品牌密不可分的各种要素，如历史、社会、文化、法律、市场经济、心理感受等。这些是无形的，容易被人忽略，但它们又是客观存在的，是构成品牌的必要成分。只有将这些要素最大限度地加以整合，品牌概念才是完整的。

第三，关系说。联合利华的董事长迈克尔·佩里（Michael Perry）先生认为，品牌是客户对一个产品的感受，它代表客户在其生活中对产品与服务的感受而滋生的信任、相关性与意义的总和。这一界定强调品牌是一种偏好，甚至是一种偏见，是客户或某些权威机构认定的一种价值取向，是市场选择、社会评论的结果。

第四，资源说。有学者指出，品牌会渗透人心，因而形成不可泯灭的无形资产，对品牌资产的妥善运用可以给企业带来无穷的财富。这一定义着眼于品牌本身含有的价值。侧重于品牌在市场运营中的作用，从品牌资产方面进行阐述，突出品牌作为一种无形资产时给企业带来的财富和利润，给社会带来的文化及时尚等价值意义。他认为品牌是一种价值，一定程度上脱离产品而存在，可以买卖，具有获利能力。[1]

以上四种定义从不同的角度对品牌的内涵进行界定，各有侧重。综合以上定义可以看出，品牌概念的核心本质上强调"差异"。品牌从本质上，指的是一切能够用于将自身产品与竞争对手相区分的要素的集合。

（二）学术界与工业界对质量的概念界定

学术界与工业界有关质量的代表性概念界定有，ISO9000，2000 族标准中给出质量定义为，一组固有特性满足要求的程度。

其中，特性指的是可区分的特征，可以有各种类别的特性。例如，物的特性（机械性能）、感官的特性（气味、噪声、色彩等）、行为的特性（礼貌）、时间的特性（准时性、可靠性）、人体工效的特性（生理的特性或有关人身安全的特性）、功能的特性（飞机的最高速度）。特性可分为固有的和赋予的。固有特性就是指某事或某物中本来就有的，尤其是那种永久的特性，如螺栓的直径、机器的生产率或接通电话的时间等技术特性。赋予特性不是固有的，不是某事物本来就有的，而是完成产品后因不同的要求而对产品所增加的特性，如产品的价格、硬件产品的供货时间和运输要求（如运输方式）、售后服务要求（如保修时间）等特性。不同产品的固有特性和赋予特性不同，某种产品赋予特性可能是另一种产品的固有特性（转换）。

要求指明示的、通常隐含的或必须履行的需求或期望。其中，明示的可以被理解为规定的要求，如在文件中阐明的要求或客户明确提出的要求；通常隐含的是指组织、客户和其他相关方的惯例或一般做法，所考虑的需求或期望是不言而喻的；必须履行的是指法律法规要求的或有强制性标准要求的。

除上述标准定义外，美国质量管理专家朱兰（J. M. Juran）于 20 世纪 60 年代提出"Juran 质量螺旋曲线"。阐述了产品质量的五个重要的理念：（1）由十三个环节组成；（2）要不断改进；（3）进行全过程管理；（4）是社会系统工程；（5）以人为主体。

美国的另一位质量管理专家克劳士比（P. B. Crosby）在《质量免费》（《Quality is Free》）一书中指出，质量就是符合要求。凡是有不符合"要求"的地方，就表明质量有欠缺。质量是可测量的（有明确的界限）。

日本的质量管理专家石川馨对质量概念的观点认为，质量反映客户的满意程度，质量定义因客户的需要和要求而变化；价格是质量的重要组成部分；狭义的质量指产品质量，广义的质量指工作质量、服务质量、信息质量、过程质量、部门质量、人员质量、系统质量、公司质量、目标质量等。

综合以上定义可以看出，质量概念的核心本质上强调特性满足需求的程度。质量从本质上，指的是产品的特性在多大程度上能够满足客户的需求。

（三）学术界与工业界对质量品牌的现有研究

质量品牌吸引了学术界与工业界的广泛关注，但研究工作还刚刚起步。本书首先梳理两方对质量品牌的研究现状，然后对目前质量品牌的概念界定进行提炼与总结。

1. 学术界对质量品牌的研究现状

学术界对质量品牌的研究刚刚起步，目前涉及质量品牌的代表性学术成果及其观点呈现如下。

李捷和任海峰在《推进力度加大工业质量品牌建设正当时》一文中指出，过去我国制造企业以代工为主，缺乏质量品牌能力。近年来由于其他发展中国家以更低的成本优势进入竞争中来，我国中小制造企业遇到巨大压力，必须寻求增长方式的转型。而截至2020年初，我国已经提出质量品牌提升战略，致力于提高工业产品的质量从而树立品牌的价值。虽然随着我国工业产品的质量获得很大提升，企业品牌也成绩显著，但离我们的质量品牌战略目标还有着较大差距，究其原因，首先，我们拥有着大量的中小型制造企业，而他们对质量控制的能力并不强，因此生产出来的产品质量波动很大。其次，由于我国工业老品牌在国际竞争中优势不大，新品牌要发展起来有着巨大阻力，品牌价值出现断层缺失，品牌寿命周期也很短。

佘时飞在《珠江三角洲产业结构升级策略研究》的研究中认为中山市制造公司的转型并不是由劳动力输出为主的生产制造企业简单地变成以资本投入为关键要素的制造企业或者以技术投入为主的制造企业。制造业的转型升级会是自身的技术迭代和产品不断适应市场，并非由外在力量而改变。而当产业升级到一定程度后，劳动力的成本就会提高，这时劳动密集型就丧失了其原理的优势，由资本带来的升级取代了其地位，于是变成了资本密集型，而产业结构升级指的就是这个过程。但是，劳动密集型的转变并不是所有生产要素成本提高的必然结果，其实劳动密集型的自身改造会是更好的选择。例如，中山市政府曾经试图利用资本的力量把原来劳动力输出为主的低端制造型企业转变成以资本输出为主，但企业转变后发现并不能很好地适应市场，最终倒闭了。因此我们必须思考，制造业的转型升级到底是通过外部资本力量或技术力量去推动，还是通过自身的迭代或是通过创新技术、性能和可靠性的升级对冲由人力成本提高而导致的压力。[2]

姬永新和彭浚在《加强质量品牌建设，服务地方经济发展》一文中指出，强化抓质量的责任意识；坚持一手抓质量安全，一手抓质量发展，保持质量工作体系的系统性和完整性；建立健全质量工作的组织领导机制、考核激励机制和保障落实机制，形成"企业负主责、政府负总责、部门监管、社会参与"的大质量工作格局；以质量升级推动产业优化升级，突出质量元素，加强质量品牌建设，不断提升质量和品牌竞争力。[3]

中国工程院院士林忠钦在《中国制造 2025 与提升制造业质量品牌战略》一文中，梳理了欧美制造业强国在质量品牌建设上的成功经验，呈现了我国制造业质量水平的发展历史、现状与问题，并提出了未来提升我国制造业质量的对策建议。[4]

2. 工业界对质量品牌的研究现状

针对中共中央、国务院印发的《关于开展质量提升行动的指导意见》（以下简称《意见》），工业界一致认为，这是我国首部以中共中央、国务院名义出台的质量工作纲领性文件，具有重大的里程碑意义，必将对我国质量发展产生深远影响。中国质量协会会长贾兴认为，当前阻碍我国产品质量提升的因素主要有两个：一是对产品研发的重视程度不够，研发能力不足；二是品牌建设能力欠缺。研发桎梏一方面，体现在倾听客户声音、细分目标市场方面，存在欠缺、缺乏科学性和针对性；另一方面，对有助于提升产品研发的质量工具的应用不足。品牌建设与营销管理能力不足则包括品牌定位、品牌规划、品牌形象和品牌推广等。推动产品供给向"产品 + 服务"转变是满足客户不断升级的物质需求和精神需求的必然选择。推动产品质量品牌的提升，一方面，要通过增加研发投入、提升制造工艺、新技术使用等"硬实力"的保证来提升；另一方面，要将企业管理水平、管理模式创新等"软实力"的提升置于同等高度。只有"硬实力"和"软实力"协同发展，才能不断提升产品与服务满足客户体验式消费的能力。

《促进装备制造业质量品牌提升专项行动指南》中明确指出，质量和品牌是制造业综合实力的集中反映，是制造强国的核心竞争力。中华人民共和国成立以后，尤其是改革开放以来，我国制造业质量和品牌水平持续提高，较好满足了国内和国际市场需求，有力促进了经济社会发展。装备制造业是制造业的基石，我国装备制造业不仅打造出一批优质产品和优秀品牌，也为相关产业发展提供了坚实保障。然而，与世界先进水平相比，我国装备制造业在质量基础能力、质量安全风险、产品品种结构、产品实物质量和自主品牌培育等方面仍然存在差距，质量品牌建设的任务紧迫而艰巨。

在中华人民共和国商务部印发的《商业企业品牌评价与企业文化建设指南》中，强调品牌是"企业（包括其商品和服务）的能力、品质、价值、声誉、影响和企业文化等要素共同形成的综合形象，通过名称、标识、形象设计等相关的管理和活动体现"。品牌的核心意义在于"核心意义是创造良好的客户感受和体验，追求客户满意。"品牌的形象建立在社会公众对其的认知和认同的基础上。而品牌会受到外部因素的影响，其中可能包括负面信息，如对商品品质的质疑、对服务的负面报道等。品牌保护是组织为维护企业品牌，对发生负面或不利影响的情况时，消除影响或降低损害的措施。品牌保护的措施（制度）从组织内部产生，并通过在内部和外部的活动实现。品牌保护是与企业文化的核心内容紧密联系的，只有优秀的企业文化作支撑，才能使品牌在保护中发展壮大。

国家制造强国建设战略咨询委员会质量品牌发展分组专家认为，加强质量品牌建设是制造业高质量发展的必然要求。当前，中国特色新型工业化道路已经进入战略攻坚期，将从量的积累、点的突破转向质的飞跃和体系能力的提升，未来制造业的质量品牌建设将处于大有可为的机遇期。质量是建设制造强国建设的生命线。当前我国制造业总体质量水平仍然不高，制造业要迈向全球价值链的中高端，必须要走以质取胜的发展道路，这关系到我国制造业能否实现从规模速度转向质量效益的战略转型，关系到能否化解人民日益增长的美好生活需要和不平衡、不充分的发展之间的矛盾，关系到我国能否在新一轮国际产业竞争中取得优势地位，意义重大而深远。质量品牌建设是一项系统性工程，需要从国家战略、法律法规、政府监管、市场环境等多维度入手，久久为功、方得始终。工业和信息化部坚持以供给侧结构性改革为主线，扎实推进"中国制造2025"，深入实施消费品工业"三品"战略，开展装备制造业质量

品牌提升专项行动，积极谋划原材料工业质量提升三年行动，取得了阶段性
成效。

3. 质量品牌概念界定的提炼与总结

综上所述，不论是学术界还是工业界，关于质量品牌的研究更多地都是从
宏观层面论述质量品牌建设的意义、必要性、可行性及路径选择，强调质量品
牌建设是企业不断提高自身产品质量水平，逐步以优质、名牌、创新的产品巩
固和扩大市场占有率的过程。

通过学术界关于质量品牌的研究论述，可以看出质量品牌的概念包含了以
下共同要素：（1）质量治理机制；（2）产品的一致性；（3）产品的可靠性；
（4）产品的稳定性；（5）工业基础能力；（6）质量文化；（7）工匠精神。

通过工业界关于质量品牌的研究论述，可以看出质量品牌的概念包含了以
下共同要素：（1）质量基础能力；（2）质量安全风险；（3）产品品种结构；
（4）产品实物质量；（5）自主品牌培育。

然而，现有研究成果欠缺对质量品牌概念的清晰界定，在以下三方面还未
能形成共识：第一，质量品牌概念的内涵究竟应该由哪些要素构成？第二，质
量品牌概念与质量概念的区别与联系到底是什么？第三，质量品牌概念与品牌
概念的区别与联系到底是什么？对上述三个方面问题的回答，对于厘清质量品
牌概念的内涵界定尤为关键。

（四）质量品牌概念内涵的界定

1. 质量品牌概念内涵界定

在同一行业内，品牌种类繁多、差异显著，质量品牌参差不齐。质量品牌
与产品质量的概念大相径庭，其内涵更为复杂丰富。高质量品牌在市场中的美
誉度、知名度、客户忠诚度都远高于其他品牌，其竞争力自然也远胜于其他品
牌。因为一方面，随着产品同质化现象白热化，产品质量竞争力日趋减弱；另
一方面，客户品牌意识逐渐强化，品牌知识持续汲取，对品牌要求不断严格，
质量品牌重要性显著。

本书认为，品牌是企业众多要素的浓缩，而质量品牌就是质量要素的浓
缩。品牌概念的核心本质上强调"差异"，指的是一切能够用于将自身产品与
竞争对手相区分的要素集合。而质量概念的核心本质上强调"特性满足需求的

程度"，指的是产品的特性在多大程度上能够满足客户的需求。因此，理解质量品牌概念的关键，应当落脚在"以质量为核心的品牌"。理解质量品牌建设的关键，应当落脚在"以质量提升为核心的品牌建设"。

结合学术界与工业界对质量品牌的研究成果，本书将质量品牌的内涵界定如下，质量品牌是以质量为核心的品牌，是一切能够用于将自身产品与竞争对手相区分的质量要素集合，最终落脚点是要形成客户能够显著识别的质量差异。这一要素集合包括但不仅限于：质量治理机制、工业基础能力、工匠精神、自主品牌培育程度、质量基础能力、质量文化、质量安全风险、产品品种结构、产品的一致性、产品的可靠性、产品的稳定性等①。上述各类要素，共同支撑起质量品牌的概念内涵。

2. 质量品牌概念与质量概念的联系与区别

质量品牌与质量的联系在于，后者是前者的核心与依托，前者是后者的浓缩与升华。质量品牌的建设，离不开质量的提升。对质量的重视，归根结底是为了提升质量品牌。

质量品牌与质量的区别在于，质量概念更强调产品特性满足客户需求的程度，对"差异"的关注较少。而质量品牌强调由质量带来的、可被客户显著识别出的差异。一个行业中可能有多家企业的产品质量获得客户的认可，但未必都能形成自己独特的、能够被客户显著识别出来的差异。在这一情况下，就是典型的"有质量，无质量品牌"，也是工业界需要重点规避的情形。

3. 质量品牌概念与品牌概念的联系与区别

质量品牌与品牌的联系在于，后者是前者重要的一个组成部分，两个概念在本质上均强调"差异"，均强调最终形成客户能够显著识别的质量差异。

质量品牌与品牌的区别在于，品牌能够用来形成差异的要素集合范围更广，但质量品牌集中于由质量要素集合所带来的、客户能够显著识别的质量差异。一个行业中有一些企业更愿意依托产品质量的提升形成差异，进一步形成更高价值的品牌。另外也有部分企业总是以低价取胜，但产品质量一般，这些企业会因为自己的低价策略形成差异，从而形成品牌，只不过品牌价值较低。显然，前者的策略更能有助于企业、行业、国家塑造真正能够在长期发展中赢

---

① 一致性指的是同一厂家生产的大量产品在质量上是否相同；可靠性指的是每一个特定的产品在性能表现上是否能够经受考验；稳定性指的是在分批交货中不同批次的货物质量是否相同。

得市场竞争的品牌，也是我国装备制造业必须要走的人间正道。

（五）质量品牌的特征分析

基于质量品牌的概念界定，质量品牌具有以下的三点特征。

1. 质量品牌的二元性特征

由质量品牌概念的内涵可知，质量品牌是以质量为核心的品牌，是一切能够用于将自身产品与竞争对手相区分的质量要素集合，最终落脚点是要形成客户能够显著识别的质量差异。而客户对差异的识别，既有客观层面的观察，也有主观层面的感受。因此，质量品牌应该由客户外在感受的质量和客户内在感知的质量两部分构成；客户外在感受的质量也就是产品质量，包括产品品种结构、产品的一致性、产品的可靠性、产品的稳定性等外在的显性要素；而客户内在感知的质量是指质量治理机制、工业基础能力、工匠精神、自主品牌培育程度、质量基础能力、质量文化、质量安全风险等客户内在感知到的要素。产品质量是质量品牌的基础，是客观存在的，并且具有明确测量标准。而客户内在感知的质量由于客户自我感受不同，具有较强的主观意识，难以测量，但同样非常重要，甚至在产品质量发展到一定程度之后更为重要。产品质量与客户内在感知的质量共同决定了质量品牌，前者是客户满意的基础，后者则是客户满意的根本，并成为决定质量品牌建设水平的重中之重。

质量品牌的二元性特征反映了质量品牌如何完整地形成产品差异，塑造竞争优势。因此，提升质量品牌，不仅要严格把关产品质量，更要注重客户内在感知的质量，提升购买过程中的品牌体验感，增强客户心理获得感。

2. 质量品牌的层次性特征

质量品牌的层次性特征反映了质量品牌在何种水平上满足客户的需求。具体而言，根据心理学家米尔顿·罗克奇（Milton Rokeach）提出的"手段—目的"研究范式，客户在购买产品和服务时，其出发点是实现一定的价值，为了实现这一价值需要取得一定的利益，为了实现这一利益需要购买一定的产品和服务的属性。在手段—目的理论的基础上，便产生了定位理论。

定位理论认为，企业的产品需要在客户头脑中形成与众不同的差异，以便在购买时首先想到的是本企业，而非竞争对手。这一过程便被称为"定位"。因此，定位本质上指的是"制造差异"。定位包括价值定位、利益定位和属性定位三个方面。客户在购买产品时，总是为了实现个人某种价值。价值是由产品和服务功能利益组合实现的，不同的客户对产品和服务有着不同的利益诉求，而利益是由不同的产品和服务属性实现的。价值确定产品和服务带来的利益，利益确定产品和服务的属性（见图1-2）。[5]

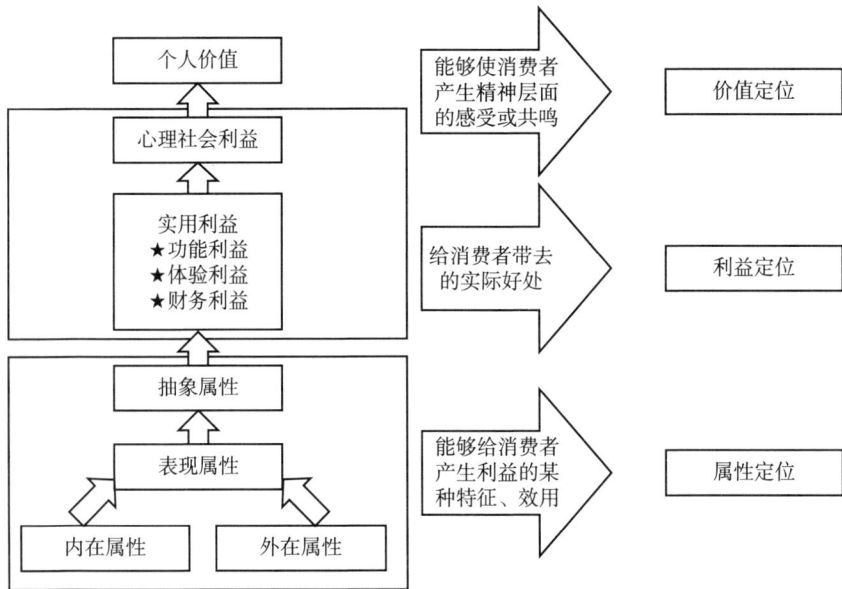

图1-2　定位理论示意

从逻辑关系上看，定位应当遵循"属性定位→利益定位→价值定位"的先后顺序，以便影响客户、产生准确的定位。但实际操作中，"利益定位→价值定位→属性定位""价值定位→利益定位→属性定位""属性定位→利益定位→价值定位"等顺序也被经常使用。但在属性定位不足以支撑差异化时，利益定位必须同时存在。同时，在利益定位不足以支撑差异化时，价值定位必须同时存在。质量品牌包括三个层次：

质量品牌的属性定位层。这一层次反映的是客户认可的、产品在属性（如原材料、制作工艺等）上与竞争对手的差异。客户即使还没有开始使用产品，也可以形成质量品牌的属性定位层。

质量品牌的功能定位层。这一层次反映的是客户认可的、产品在使用功能发挥（如稳定性、可靠性等）上与竞争对手的差异。直观上看，这反映了客户在实际使用产品的过程中对产品差异的感知。

质量品牌的价值定位层。这一层次反映的是客户认可的、产品在主观感受（如质量文化、工匠精神等）上与竞争对手的差异。这一层次的质量品牌，更能够在客户心目中形成持续的感知差异，从而塑造更为长久的竞争优势。

3. 质量品牌的阶段性特征

质量品牌的阶段性特征反映了质量品牌在产品的不同发展阶段中如何更好地满足客户的需求。具体而言包括以下几个阶段。

（1）产品刚刚起步，正处于介绍期时，企业通过产品打开市场，面向客户。企业此时应着力提高产品质量，建立产品特色及优势吸引客户。此阶段产品是品牌具有代表性的载体，产品质量决定品牌对客户的好感度及回购率。因此，介绍期的质量品牌主要表现为产品质量上的差异。

（2）当产品进入成长期后，客户对品牌已有初步认知并将这种认知逐步向品牌转移，品牌开始注入文化、情感等要素加强与客户情感联系，提高客户忠诚度。这一阶段品牌内含要素扩充，在产品基础上加入多种要素形成品牌价值。品牌价值是品牌管理要素中最为核心的部分，也是品牌区别于同类竞争品牌的重要标志。迈克尔·波特在其品牌竞争优势中曾提道：品牌的资产主要体现在品牌的核心价值上，或者说品牌核心价值也是品牌精髓所在。因此，成长期的质量品牌主要表现为品牌价值。

（3）当产品进入成熟期后，品牌各方面特征已完善，在市场和客户中有稳固地位，品牌形象成为质量品牌的直接体现。品牌形象融合了产品质量与品牌价值，这一阶段的产品和服务更强调功能性特征并降低成本，着重于品牌通过服务、情感联系维持现有客户美誉度、忠诚度的程度。因此，成熟期的质量品牌主要表现为品牌形象。

（六）质量品牌的影响因素

质量品牌是以质量为核心的品牌，是一切能够用于将自身产品与竞争对手相区分的质量要素集合，最终落脚点是要形成客户能够显著识别的质量差异。在质量品牌的建设过程中，企业是主体、产品是依托、客户是作用对象。因此，质量品牌的影响因素，离不开企业、产品、客户三个维度。

1. 企业维度的影响因素

企业通常拥有多条产品线及产品型号，这构成了一家企业的产品品种结构，良好的研发能力提升了产品品种结构的用途，生产效率的高低则决定了产品品种结构转化为质量品牌的效率与效果，售后服务和管理效率又进一步扩大了质量品牌的影响效应。因此，企业维度上的质量品牌影响因素，至少应包括产品品种结构、产品研发能力、生产效率、售后服务和管理效率这五者。

产品品种结构——品种结构是企业产品组合中各个组成部分所占的比重和相互关系的总和。它可以反映企业生产的性质和发展水平，资源的利用状况以及满足客户需求的程度。从微观上讲，产品可以分为：军用品与民用品、机械产品与电器产品、优质产品与一般产品、技术密集型产品与劳动密集型产品等之间的比例关系。以产品本身为对象来讲，品种结构指组成产品实体的各零件之间的性能、部位是否协调合理。如车身、车头、刀架、尾座、齿轮箱等零部件在整个机床中的结构关系。品种结构越均衡，质量品牌越强。

产品研发能力——产品研发能力是指相关人员根据自身掌握的知识、技能，通过对流行趋势的判断，设计出符合市场需求的产品的能力。初级产品研发能力包括（1）通过市场调研、客户反馈等渠道，获取产品设计相关信息，并形成相关分析报告；（2）熟悉产品设计的相关标准和流程；（3）能够根据领导或客户的要求，独立完成简单产品设计项目的工作。中级产品研发能力包括（1）能够敏锐观察到市场的变化，掌握产品设计的潮流；（2）能够根据具体得设计要求，独立完成较复杂的产品设计工作；（3）能够及时对产品设计流程中存在的问题进行总结和回顾，并能够提出相应的解决方案。高级产品研发能力包括（1）能够根据相关人员的反馈，制定或修改产品设计流程，确保流程的可执行性；（2）能够准确把握国际市场流行的产品设计思路，并能够将其熟练地应用到现实的产品设计过程中能够指导他人；（3）能够指导他人完成产品设计工作，并能够对问题较多的环节进行总结，以供相关人员借鉴。产品研发能力越强，质量品牌越强。

生产效率——生产效率是指固定投入量下，生产流程的实际产出与最大产出两者间的比率。可反映出达成最大产出、预定目标或是最佳营运服务的程度。也可衡量企业在产出量、成本、收入或是利润等目标下的绩效。生产效率越高，质量品牌越强。

售后服务水平——售后服务是在产品出售以后所提供的各种服务活动。从推销工作来看，售后服务本身同时也是一种促销手段。在追踪跟进阶段，推销人员要采取各种形式的配合步骤，通过售后服务来提高企业的信誉，扩大产品的市场占有率，提高推销工作的效率及收益。售后服务水平越高，质量品牌越强。

管理效率——效率是管理极其重要的组成部分，它是指输入与输出的关系。对于给定的输入，如果企业能获得更多的输出，就提高了管理效率。类似的，对于较少的输入，企业能够获得同样的输出，企业同样也提高了管理效率。因为管理者经营的输入资源是稀缺的，所以他们必须关心这些资源的有效利用。因此，管理就是要使资源成本最小化。然而，仅仅有效率是不够的，管理还必须使活动实现预定的目标，即追求活动的效果。当管理者实现了组织的目标，我们就说他们是有效果的。因此，管理效率涉及的是企业经营活动的结果，也直接影响了质量品牌建设工作的成效。管理效率越高，质量品牌越强。

2. 产品维度的影响因素

产品价格是产品质量品牌的直接反映，产品保值率从正向呈现出质量品牌的强度，产品故障率则从负向映衬出质量品牌的高低，产品功能性是产品质量品牌的决定性因素，这些组合在一起，共同作用于产品的市场占有率，成为产品质量品牌的外在表现。因此，产品维度上的质量品牌影响因素，至少应包括产品价格、产品保值率、产品故障率、产品功能性和市场占有率这五者。

产品价格——价格是产品的交换价值在流通过程中所取得的转化形式。价格围绕价值波动，是产品价值的重要体现。产品价格的形成，一方面，受到成本的驱动，另一方面，受到市场竞争程度的约束，但最为重要的是，产品价格还受到客户感知价值的影响。客户感知价值越高，产品价格也越高，反映出的质量品牌也越好。因此，对于客户而言，产品价格是质量品牌的一个重要的反映指标。

产品保值率——产品保值率一直是产品性价比的重要组成部分。保值率是指产品在使用一段时期后，将其卖出的价格与先前购买价格的比值，它取决于产品的性能、价格变动幅度、可靠性、配件价格及维修便捷程度等多项因素，是产品综合水平的体现。保值率高的产品的优势在于它的价格受降价风潮的影响不大，使客户承受较小的因为产品贬值而造成的经济损失。显而易见，产品保值率越高的产品，其质量品牌也越强。

产品故障率——产品故障率是指产品在其寿命周期内，由于磨损或操作使用等方面的原因，使产品暂时丧失其规定功能的状况。按其故障率的演变情况可分为三个阶段：初期故障期、偶发故障期和磨损故障期。产品在第Ⅰ阶段发生故障多是由于产品设计、制造、零件抱合关系、安装调试、操作不当等而造成的。产品在第Ⅱ阶段虽然可称为安全使用期，但也绝不是不发生故障。这个时期产生故障的多数原因是操作者马虎失职。产品在第Ⅲ阶段发生故障，主要是因为产品零件磨损过度。产品故障率的变化曲线往往呈现出盆状断面形状。产品故障率是衡量产品质量品牌的重要依据，其值越低，质量品牌越强。

产品功能性——产品功能是指产品所具有的特定职能，是产品总体的功用或用途。一言以蔽之，就是指产品能够做什么或能够提供什么功效。客户购买一种产品实际上是购买产品所具有的功能和产品使用性能。产品功能与客户的需求有关，如果产品不具备客户需要的功能，则会给客户留下不好的产品质量印象；如果产品具备客户意想不到但很需要的功能，就会给客户留下很好的产品质量印象；如果产品具备客户所不希望的功能，客户则会感觉企业浪费了客户的金钱付出，也不会对产品质量形成良好的评价与认知。从这一意义上说，产品功能性越强，质量品牌越强。

市场占有率——指企业某一产品（或品类）的销售量（或销售额）在市场同类产品（或品类）中所占比重。反映企业在市场上的地位。通常市场占有率越高，质量品牌越强。市场占有率有三种基本测算方法：（1）总体市场份额，指某企业销售量（额）在整个行业中所占比重。（2）目标市场份额，指某企业销售量（额）在其目标市场，即其所服务的市场中所占比重。（3）相对市场份额，指某企业销售量与市场上最大竞争者销售量之比，若高于 1 表明其为这一市场的领导者。

3. 客户维度的影响因素

客户是质量品牌的最终评判人。任何一个质量品牌，需要首先被客户知晓，然后让客户对其产生好感，并产生购买行为，使用后对品牌形成满意，并最终带来品牌忠诚。因此，客户维度上的质量品牌影响因素，至少应包括品牌知名度、品牌美誉度、品牌购买意愿、品牌满意度和品牌忠诚度这五者。

品牌知名度。品牌知名度是指潜在购买者认识到或记起某一品牌是某类产品的能力。它涉及产品类别与品牌的联系。品牌知名度的最低层次是品牌识别。这由根据提供帮助的记忆测试确定，如通过电话调查，给出特定产品种类的一系列品牌名称，要求被调查者说出他们以前听说过哪些品牌。虽然需要将品牌与产品种类相联系，但其间的联系不必太强。品牌识别是品牌知名度的最低水平，但在购买者选购品牌时却是至关重要的。另一个层次是品牌回想。通常是通过让被调查者说出某类产品的品牌来确定品牌回想，但这是"未提供帮助的回想"，与确定品牌识别不同的是，不向被调查者提供品牌名称，所以要确定回想的难度更大。品牌回想往往与较强的品牌定位相关联。品牌回想往往能左右潜在购买者的采购决策。采购程序的第一步常是选择一组需考虑的品牌作为备选组。显然，品牌知名度越高，质量品牌越强。

品牌美誉度。品牌美誉度是市场中人们对某一品牌的好感和信任程度，是品牌在客户心中的良好形象，是企业形象塑造的重要组成部分。品牌知名度是美誉度的基础，而品牌美誉度才能真正反映品牌在客户心目中的价值水平，品牌美誉度和品牌知名度都是衡量品牌价值外延度的重要指标。美誉度以知名度为前提，没有很好的知名度，品牌美誉度便无从谈起。但知名度可以通过宣传手段快速提升，而美誉度则需要通过长期的细心的品牌经营，十年如一日地保持良好的品牌形象，才能建立起来。因此，品牌美誉度越高，质量品牌越强。

品牌购买意愿。品牌购买意愿指的是客户愿意采取特定购买行为的可能性。客户对某一产品或品牌的态度，加上外在因素的作用，构成客户的购买意愿，购买意愿可视为客户选择特定产品的主观倾向，并被证实可作为预测消费行为的重要指标。此外，品牌购买意愿可以被视为客户对特定商品的购买计划，是客户购买该产品的可能性，也是客户买到适合自己某种需要的商品的心理顾问，是消费心理的表现，是购买行为的前奏。因此，品牌购买意愿越强，质量品牌越强。

品牌满意度。品牌满意度是客户通过对一个品牌产品或服务的可感知效果与对比预期相比较后，所形成的愉悦或失望的状态。根据不同的感受状态可分为，不满意、满意、满足、愉悦四种情绪。品牌满意度是衡量品牌与消费者之间沟通的尺度，一个拥有高满意度的品牌，其客户的购买率及重复购买率也在相应提升，它正如一个人在人心中的印象，积极地确立一个在客户心中良好的印象对品牌来说至关重要。因此，品牌满意度越高，质量品牌越强。

品牌忠诚度。品牌忠诚度是衡量品牌忠诚的指标。由客户长期反复地购买使用品牌，并对品牌产生一定的信任、承诺、情感维系，乃至情感依赖而形成。品牌忠诚度高的客户对价格的敏感度较低，愿意为高质量付出高价格，能够认识到品牌的价值并将其视为朋友与伙伴，也愿意为品牌做出贡献。品牌忠诚度是品牌价值的核心。它由五级构成，即无品牌忠诚者，这一层客户会不断更换品牌，对品牌没有认同，对价格非常敏感，以同质化行业和习惯性消费品为典型代表；习惯购买者，这一层客户忠于某一品牌或某几种品牌，有固定的消费习惯和偏好，购买时心中有数，目标明确。如果竞争者有明显的诱因，如价格优惠、广告宣传、独特包装、销售促进等方式鼓励客户试用。让其购买或续购某一产品，就会进行品牌转换购买其他品牌；满意购买者，这一层的客户对原有客户的品牌已经相当满意，而且已经产生了品牌转换风险忧虑，也就是说购买另一款新的品牌会有风险，会有效益的风险、适应上的风险等；情感购买者,这一层的客户对品牌已经有一种爱和情感,某些品牌是他们情感与心灵的依托,之所以能历久不衰,就是已经成为客户的朋友,生活中不可缺的用品且不易被取代;忠诚购买者,这一层是品牌忠诚的最高境界,客户不仅对品牌产生情感,甚至引以为骄傲。不论处于品牌忠诚度的哪一层级,品牌忠诚度越高,质量品牌就越强。

综上所述,质量品牌的影响因素被归纳为图 1 – 3 的形式。企业、产品、客户三类维度各自包含 5 种影响因素,全图共有 15 种不同的影响因素。三类维度从内循环来看,呈现出"企业注重质量品牌建设→产品质量提升→客户感知质量品牌提升"的推力过程;而从外循环来看,又显示出"客户对质量品牌的依赖→产品质量亟待提升→企业进一步提升对质量品牌的重视"的拉力过程。一推一拉,彰显出质量品牌建设的内在影响机理。

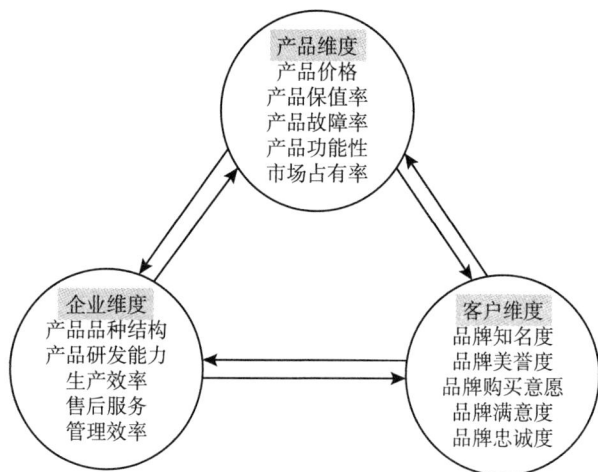

产品维度
产品价格
产品保值率
产品故障率
产品功能性
市场占有率

企业维度
产品品种结构
产品研发能力
生产效率
售后服务
管理效率

客户维度
品牌知名度
品牌美誉度
品牌购买意愿
品牌满意度
品牌忠诚度

图 1 – 3　质量品牌影响因素示意

二、船舶工业质量品牌的内涵及特征研究

在对质量品牌的概念进行梳理后,本书接下来将对船舶工业的特点进行简介,并在此基础上进一步梳理船舶工业质量品牌的内涵及特征,明确其重要意义。

（一）船舶工业简介

船舶工业属于复杂程度高、综合性强的大型装备制造产业。船舶作为流动的国土相当于一个微缩的、完整的海上城镇，在船上不但要实现各种专业化的作业功能，还要保证船员的各项生活需求。因此，船舶工业除了总装制造外，还有庞大的配套体系，涉及大量复杂的设备和系统，如动力系统、机电系统、电子通信系统、专业化设备及系统等。

民用船舶按照用途分可分为运输船、工程工作船、渔业船等。运输船又可分为客船和货船，货船主要包括干散货船、油船、集装箱船、冷藏船、滚装船、液化天然气船（Liquified Natural Gas Carrier，LNG）、载驳货船等。客船可分为普通客船、客滚船、豪华邮轮等；工程工作用船分为挖泥船、起重船、航标船、布缆船、测量船、破冰船、消防船、港作拖船等。渔业船分为渔政船、渔船、渔业辅助船等。其中，应用最广泛、商业船队中吨位占比最大的是运输船中的干散货船、油船、集装箱船和 LNG 船，这四种船型也被称为四大主流船型。

干散货船主要运输铁矿石、谷物、煤炭、钢材等干散类货物。按照其吨位大小可以分为好望角型、巴拿马型、大灵便型船、灵便型。每一类船舶按其吨位的不同特点决定其运输货物的种类和航线，一般来讲，吨位较大的船型负责运输需求量大的铁矿石、煤炭、谷物等，主要航线为长距离航线；吨位较小的船型负责运输钢材、化肥、水泥、糖类等货物，主要在区域间运输。

油船主要运输原油等液体类货物，按照其运输货物种类可以分为原油船、成品油船和化学品船。每一类船型又可按照吨位进行细分，多数原油船吨位从 6～30 多万载重吨不等，吨位从小到大可分为巴拿马型、阿芙拉型、苏伊士型和超大型油轮（Very Large Crude Carrier，VLCC）；成品油船吨位从 3～12 万载重吨不等，可以分为中程、远程 I 型、远程 II 型；化学品船主要用于全球范围内石油煤炭化工品、植物油、糖浆等液体化学品运输，吨位在 0.5～5.5 万载重吨。

集装箱船即为运输集装箱的船舶。根据其载箱量可以分为超巴拿马型、巴拿马型、亚巴拿马型和直线型集装箱船。由于超大型集装箱船在远距离运输方面具有经济性，建造的集装箱船订单大型化趋势发展越来越明显。

LNG（Liquefied Natural Gas）船是在零下 163 摄氏度低温下运输液化气的专用船舶，是高技术、高难度、高附加值的"三高"产品，是一种"海上超级冷冻车"。LNG 船的储罐是独立于船体的特殊构造。在该船舶的设计中,考虑的主要因素是能适应低温介质的材料,对易挥发或易燃物的处理。船舶尺寸通常受到港口码头和接收站条件的限制。12.5 万立方米是最常用的尺寸,在建造船舶中最大的尺寸已达到 20 万立方米。LNG 船的使用寿命一般为 40 ~ 45 年。世界大型 LNG 船的储罐系统有自撑式和薄膜式两种。[6]

船舶总装制造产业处于产业链的中游制造环节,其上游产业包括原材料、船舶设计、船舶配套等,其下游客户为航运公司或租赁公司。原材料主要是指钢材、合金材料以及特殊材料等;船舶设计可分为基础设计、详细设计等;船舶配套较为复杂,可分为船舶动力系统、船用电力电气系统、甲板机械、船用舾装设备、船用通信导航系统、船舶自动化系统、舱室设备、压载水系统、船用管系、专用设备等;船舶金融为船舶制造企业和航运企业提供买方和卖方信贷、保函等金融类服务。

从船舶成本构成来看,人工成本占到全船成本的 30% 左右、钢材等原材料占全船成本的 25%、设计管理成本占全船的 5%、船舶配套占全船成本 40% 左右。船舶配套和原材料占整船成本相当大的比重,船舶总装制造企业成本中约 65% 左右需要外购[7]。

(二) 船舶工业特性分析

1. 资金、技术、劳动力密集产业,存在较高的进入壁垒

船舶制造业属于典型的资金、技术、劳动力密集产业。船舶制造业生产条件要求高、固定资产投入和流动资金需求量大、技术工艺流程复杂,劳动力需求量大,因此船舶制造业存在较高的进入壁垒。

资金密集主要体现在两个方面:一是固定资产投入量大,船舶总装制造厂需要建在水岸旁边,对岸线长度、码头设施有一定的专业化要求,同时需要配备船坞、龙门吊等重型固定资产,前期固定资产投入量大。二是资金流动性要求高,由于单船成本较高,一艘超大型集装箱船单船价格可以达到 1 亿 ~ 2 亿美元,因此船舶企业所需大量的流动资金用于资金周转、原材料购买等。因此船舶制造业对于资金需求量非常大,资金流动性要求非常高。当船舶市场处于低迷阶段时,中小型船企因为流动资金链断裂而破产倒闭的可能性就会增加。技术密集方面,船舶建造是一项复杂的系统工程,在国民经济 116 个产业部门中,船舶制造业与其中 97 个部门发生关联,关联面达到 84%。船舶尺寸庞

大、结构复杂，由 10 万余个零件组成，涉及船体、机械、电气等数 10 个专业工种直接参与施工。因此对于企业的生产管理、工艺流程要求非常高，对于员工的技术素质要求也较高。劳动力密集方面，由于船舶订单个性化的特征，难以像汽车一样采取流水线式的自动化生产方式，基本以手工生产为主，因此船舶对于劳动力需求量非常大，一个大中型船厂需要的劳动力在 1 ~ 3 万人（含外包工）。[8]

2. 受宏观经济影响密切，呈现典型的长周期特性

宏观经济形势变化通过国际贸易量、海运量层层传导至新造船市场，与船舶市场高度正相关。国际贸易量和世界经济增长之间存在高度正相关关系，而国际贸易量又是海运量的主要影响因素。海运量的变化直接导致对船舶需求量的变化，从而影响新船订单量。因此船舶市场对宏观经济高度敏感，几乎每一次全球性的经济金融危机都会导致船舶市场进入萧条期。此外，由于船舶生产周期长，世界经济的变化反映到船舶完工交付量存在一定的滞后性，一般来讲滞后 2 年。

20 世纪以来的一百多年时间中，世界船舶市场经历了 4 个明显的长周期，每次周期 30 年左右。每个长周期中又有以 10 年为周期的中周期波动。第二次世界大战以后，船舶市场在全球经济复苏的带动下进入了发展周期，但在第一次石油危机的影响下由繁荣转入衰退，此后在日本、中国经济接替快速发展的带动下，又迎来了船舶市场新一轮的繁荣周期。此轮极度繁荣时期在 2008 年金融危机的影响下戛然而止，由于完工交付量的延时性，2011 年为历史上船舶完工量的最高峰，全球完工量达到了 1.66 亿载重吨，此后完工量大幅下降。此轮受金融危机影响的船市危机已经长达 10 年。从 2017 年开始，新船交易量有所回升，但市场基本面缺乏强有力的经济发展动力支撑。[8]

3. 市场竞争高度国际化，汇率对船舶企业盈利影响较大

船舶制造业是我国最早走出去参与国际竞争的行业，也是国际化水平较高的产业。船舶行业的高度国际化体现在两个方面：一是相当一部分订单来源于海外客户，我国完工出口订单总额占船舶工业生产总值比重达到 30% 以上[8]；二是主要竞争对手来自国际市场，我国船舶企业的竞争对手不仅仅来自国内，更多的竞争来源日本、韩国的船舶企业，日本、韩国作为老牌船舶建造强国在船舶建造领域具有较强的技术、管理优势，同时日韩对于船舶产业均高度重视并给予大量的政策倾斜，日本、韩国船舶企业的国际竞争实力非常强，中国船

企与日韩船企在国际大单上的竞争相当激烈。

由于船舶市场高度国际化的特点,船舶交易一般以美元结算,因此汇率变化对船舶企业盈利水平影响较大。若人民币升值会压缩船舶企业的盈利空间。以一艘22000TEU集装箱船来计算,单船价格为1.6亿美元,若人民币升值5%,则将损失利润约合人民币5 040万元[8]。

4. 订单式生产模式,长周期低首付蕴含经营风险

船舶产业是典型的订单式生产模式,生产周期较长,加之目前的首付款较低,船舶企业承担较大风险。由于船坞船台资源有限,从接到订单到开始排期生产需要1～2年;同时,船舶生产周期较长,从开始生产到下水交付需要1～2年。因此,从订单签约到最后完工交付往往需要2～4年的时间。由于船舶订单采取分阶段付款制,较长的生产周期为船舶企业增加了诸多风险,在2～4年的时间中,市场形势可能发生深刻改变,若船东中途出现撤单、弃单等情况将对船企带来巨大的损失。金融危机以来,航运市场萧条就导致很多船东出现撤单、弃单的现象,而订单多采取大尾款的付款方式,即签约时首付款比例很低,仅为10%左右[8],船东出现撤单后,船企因收不到尾款,资金链出现断裂而破产的现象时有发生。

(三) 质量品牌建设对船舶工业发展的重要意义

一方面,船舶工业开展质量品牌建设是落实《中国制造2025》国家战略的必然体现。与发展的速度和规模相比较,我国制造业总体品牌建设明显滞后。知名品牌数量及影响力与发达国家相比存在较大差距,多数企业市场营销和战略管理能力弱,缺乏面对国际竞争的经验。部分企业以代工制造为主业,没有建立自主的营销渠道和品牌。部分企业对品牌的认知还停留在形象和广告上,没有认识到品牌的价值内涵。很多企业品牌培育能力不足,难以把所具备的能力和优势转化为客户感知的品牌价值。作为我国制造业的重中之重,船舶工业同样需要加快质量品牌建设的步伐。

另一方面,我国船舶工业开展质量品牌建设也是自身发展过程中的必经之路。当前,全球航运业低迷,对船舶行业需求减少,全球新增订单量、手持订单量均位于历史低点,新增订单数量不及预期,全球船舶制造业面临形势十分严峻。同时,从三大指标上来看,我国虽然已经成为名副其实的世界第一造船大国。但在竞争力角度上来观察,日本、韩国在质量、效率等方面仍处于领先地位，我国赶超尚需时日。此外，我国船舶工业力量分布相对还略显分散，有待进一步聚焦。因此，从中长期来看，我国船舶工业必须要依托质量品牌建设，提升自身在客户心目中的定位，在竞争日趋激烈的全球市场中抢占先机，立于不败之地。

（四）船舶工业质量品牌的内涵界定

综上所述，结合船舶工业的自身特征，本书将船舶工业质量品牌的内涵界定为以下内容。

船舶工业质量品牌是指船舶企业在造船、机电、动力、总装等各个环节向客户提供产品或服务时，一切能够用于将自身与竞争对手相区分的质量要素的集合，包括但不仅限于：船舶产品质量治理机制、船舶工业基础能力、工匠精神、自主船舶品牌培育程度、船舶工业质量基础能力、质量文化、质量安全风险、船舶产品的品种结构、一致性、可靠性、稳定性等①。这一集合最终体现为客户认可的、企业与竞争对手之间的差异。这一差异将直接决定客户对造船、机电、动力、总装等各环节产品的购买决策。

（五）船舶工业质量品牌的特征分析

基于内涵界定，再综合考虑质量品牌的特征，以及船舶工业的特点后，本书认为船舶工业质量品牌具有以下四点独到的特征。

第一，船舶工业质量品牌的经济性——船舶工业属于资金密集型行业，客户在挑选合作伙伴与产品时会将"物有所值"放在首位。"物有所值"就是表明质量品牌有经济性的表征。考虑到船舶工业的独特性，客户对经济性的考虑应当在所有行业中稳居前列。

第二，船舶工业质量品牌的广义性——船舶工业的质量品牌不仅涵盖产品本身，同时还应该涵盖过程和体系的质量。既有全面质量管理的特点，也具备全产品生命周期的特点。

第三，船舶工业质量品牌的时效性——由于船舶工业具有长周期的特点，当前市场竞争也日趋激烈。因此，船舶工业的客户和其他相关方对企业和产

---

① 一致性指的是同一厂家生产的大量产品在质量上是否相同；可靠性指的是每一个特定的产品在性能表现上是否能够经受考验；第三，稳定性指的是在分批交货中不同批次的货物质量是否相同。

品、过程和体系的需求和期望是不断变化的，船舶企业应不断地调整对质量品牌的要求。

第四，船舶工业质量品牌的相对性——船舶工业的客户和其他相关方可能对同一船舶产品的功能提出不同的需求，也可能对同一船舶产品的同一功能提出不同的需求，需求不同质量要求也不同，只有满足需求的船舶产品，才会被认为是质量好的船舶产品。质量的优劣是满足要求程度的一种体现，质量的比较应在同一等级基础上做比较。等级是指对功能用途相同但质量要求不同的产品、过程和体系所做的分类或分级。从这一意义上说，船舶工业的质量品牌标准体系构建，对于质量品牌的建设至关重要。

三、国外船舶工业质量品牌的发展过程分析

"他山之石，可以攻玉"。与我国船舶工业相比，国外船舶工业在质量品牌的建设上有诸多值得学习与借鉴之处，接下来，本书将对国外船舶工业质量品牌的发展过程加以凝练，总结突出亮点，以供我国船舶工业所用。

（一）日本船舶工业质量品牌发展过程分析[9]

自 1949 年美国占领军当局批准日本造船业重新开工至 1956 年，日本仅用了 7 年的时间就一跃成为位居全球第一的造船大国。第二次世界大战后的日本作为战败国，受到政治和经济的限制，舰船生产一度停止。1947 年以后，美国放宽了对造船的限制，并通过向日本船厂订船及向日本投资的方式，帮助恢复和发展造船工业。朝鲜战争期间，日本作为美国同盟承接了大量订货订单和修船业务。1952 年海上警备队（海上自卫队前身）成立后，舰船需求的增加进一步拉动日本船舶工业发展。日本船舶工业正是利用国内外需要大量船舶的有利时期得到快速发展。1956 年，日本造船业新船完工量达到 174.6 万总吨，首次超过英国，位居世界第一。20 世纪末，受船市需求兴旺以及日元贬值等利好因素影响，日本造船完工量世界占比最高达到 50%。但 21 世纪以来，日本船舶业并没有进行大规模的扩充，发展重点依然放在提升船舶性能等方面。

日本政府的大力支持是本国造船业得以快速发展壮大的主要原因之一。第二次世界大战后，日本制定的《造船法》等造船业相关法律达 30 多项，以促进本国造船业发展。日本政府在 1961 年将部分船用设备指定为享受《机械工

业振兴临时措施法》的产品对象；20 世纪七八十年代，日本政府在两次结构
调整时期缩减产能的同时，积极通过计划造船、加快拆船、发展公务船舶等方
式增加供给；同时针对产能淘汰做好相应的退出机制，在资产处理和人员就业
等方面均出台相应的制度保障；此外，日本政府鼓励船企利用造船业务现有优
势积极培育新的经济增长点，为帮助中小企业发展，在金融、税收和就业方面
采取了紧急贷款、防止连带破产等政策；1996 年，把船配产业作为"推进事
业"，在技术革新、技术改造等方面给予低息贷款、实行税制保护；1999 年，
出台《产业活力再生特别措施法》对包括船配产业在内的特定行业给予财务、
税金、金融等方面的支持。

日本造船企业高度重视多元化发展，除船舶制造外，还从事发动机、工程
装备、机械设备等非船业务发展。1957—1962 年全球船舶市场停滞时期，日
本船企的多元化经营方针助其渡过了难关。截至 2013 年日本大型船企中，大
多为综合性重工企业。如三井造船的造船业务比重在 50% 左右，三菱重工业
株式会社（三菱重工）、川崎重工业株式会社（川崎重工）、住友重工株式会
社（住友重工）等大型船企造船业务占比均在 10% 左右。

（二）韩国船舶工业质量品牌发展过程分析

韩国船舶工业的快速发展以 1973 年韩国现代蔚山船厂建成投产为标志。
20 世纪 70 年代在船舶业起步的韩国后来居上，在 21 世纪初期超过日本成为
世界第一造船大国，并在继续提高造船能力的同时，逐渐由大变强，跻身世界
主流海洋工程装备供应商方阵。2002 年，日本造船业三大指标被韩国超越。

韩国的船配产业起步比日本晚，但政府的支持力度比日本更大。韩国在
20 世纪 60 年代提出"造船立国"，并出台了《造船工业振兴法》等多项法律，
从计划造船、直接补亏、对进口船舶及配套产品限制、对船厂扩大规模或具体
产品提供补贴、对技术研发提供资金支持、优惠信贷、促进配套业协同发展等
方面，为本国造船业快速发展提供了有利条件。特别是"计划造船制度"对
处于起步阶段的日、韩造船业高速发展起到极大推动作用。20 世纪 80 年代，
韩国政府对船配产品采取限制进口的措施，将韩国已经能够生产且质量和数量
能满足要求的产品列入限制进口项目。1989 年，船市持续低迷，政府将造船
业列为整顿行业，严格控制新增产能。1993 年底韩国政府取消对新增造船设
施的限制措施后，韩国造船业开始了第二次扩张。但 1997 年亚洲金融危机爆
发后，韩国多家造船企业宣布破产。韩国船企通过企业改组积极应对危机，生

产经营情况明显改善。进入 21 世纪后，韩国造船业抓住船市兴旺时期进一步扩张规模，同时，加快全球布局，在中国、巴西、越南、菲律宾、印度及欧洲等地投资或合资建厂。2008 年金融危机爆发后，韩国造船业逐步将发展重心转移至高技术船舶和海洋工程业务，整体规模告别快速增长时代。

韩国船企将船市低谷期作为实施兼并重组、构建新业务体系的绝佳时机，加快向综合性重工集团发展。如现代重工业株式会社（现代重工）通过收购现代韩国石油公社，2013 年，精炼业务销售占比已经超过造船；2008 年收购金融公司促进金融业务发展；2011 年成立绿色能源部门促进新能源业务发展等。

（三）欧美船舶工业质量品牌发展过程分析

欧美船舶工业在历史上曾经十分辉煌。然而，在 20 世纪末，欧美船舶工业在韩、日强有力的竞争下，受到了沉重的打击，致使欧洲船舶工业的份额连年下降。曾作为西欧船厂优势产品的大中型集装箱天然气船、滚装船等订单大部分被韩国船厂夺去。虽然欧洲船厂仍左右着造船市场的某些部门（如旅游船等高技术船舶），但对于欧洲造船商来说，他们并不轻松。从手持订单来看，欧洲造船厂在某些领域的竞争力已经很弱。普遍存在的问题是建造成本上扬、订单不足、与工会关系欠佳和职工过剩等问题。很多欧洲国家造船量在下降，份额在缩小。截至 2001 年末，欧洲造船工业协会成员国占世界新船订单 10%（368 万总吨），新船完工量为 372 万总吨，手持订单量为 1 080 万总吨。与亚洲忙于完成新船建造不同，欧洲造船厂近期的活动是以围绕金融改组、为企业破产或关闭出谋划策而进行的，继德国的不来梅·富坎船厂、比利时的博伊尔沃尔夫船厂等欧洲重要船厂破产之后，克瓦尔纳集团于 1999 年 4 月宣布退出船舶工业。与此同时，一些具有较强竞争实力的西欧主要造船公司，为应对 21 世纪更加激烈的国际竞争正在进行大规模的联合。在西班牙，两大国有造船集团（巴赞舰艇建造集团和西班牙造船公司）在 2000 年底实现合并组建成伊萨尔（IZAR）造船集团。德国霍瓦特·德意志（HDW）造船公司和意大利芬坎蒂尼造船公司宣布在商船和舰艇的研究开发方面加强合作。此外，更大范围的国际造船合作正在酝酿，西班牙、法国、德国和意大利的主要造船商正在商谈加强跨国合作的计划。东欧船舶工业当前也正在进行大改组、大改革和大调整，对造船企业进行破产兼并以促进重组和向国内外出售国家股权以推进民营化是东欧各国船舶工业企业改革的两种主要方式。西欧各国大都是老牌的造船大国，各国都对本国的船舶工业进行金融产业政策等方面的支持。造船工业是欧盟唯一享受全行业补贴的产业。欧盟规定目前造船的补贴上限为订单船价的 9.9%，各国可视情况对其船厂提高上限的补贴。另外，欧洲各国加大了对船舶工业的技术改造投资力度，以支持技术发展、革新和通过多方位合作来提高竞争力。欧盟委员会已明确将船舶工业列为"最适宜信息技术应用的理想领域"。各国正在加速发展造船信息化建设，促进信息技术在船舶工业中的应用，实施了战略信息技术开发计划（European Strategic Plan Of Research Information Technology，ESPRIT），并以此计划为基础，各国共同实施了 NEUTRABAS、MARITIME 等课题，德国、挪威、英国还独自开展了 LTIS、MAUTI – CUS、RIGHTSHIP 等造船信息系统的开发工作。

当前，欧美各国政府均意识到船舶工业是一种现代大工业，一种综合性产业。各国均不同程度地以自己的方式对本国船舶工业予以大力支持。美国政府以各种名义为船舶工业提供低息信贷担保，大力支持船舶工业生产高附加值的新型船舶（如豪华游轮、双层结构超级油轮等）。美国颁布了《船舶振兴法》，力争重振美国的商船建造业，期望占有世界份额的 10%。英国免征船厂所得税、增值税、退给船厂相当于船价 2% 的费用，作为船厂交纳的各种间接税收补贴。西欧其他国家也都免征船厂增值税，有的造船补贴达到船价的 10% 以上。这些国家对船舶工业的支持，促进了本国船舶工业的发展，也保护了民族工业的生存与发展。

（四）国外船舶工业质量品牌发展经验归纳与总结

国外船舶工业质量品牌发展的历程，凸显出以下四点经验。

1. 政府的支持与引导，在船舶工业质量品牌的建设过程中具有重要的指导意义

以日、韩为例，日本通过推进重组、开拓海外市场和培育新经济增长点等方面扭转当前造船国际份额下降的趋势。从具体措施来看，对于船厂或产品的直接补贴、限制进口船舶或配套产品等违背公平贸易原则的产业政策基本取消，支持措施主要集中在加强对科研开发的资助、提供优惠信贷或担保推动船舶出口、推进产业结构调整和重组等方面。韩国政府则大力鼓励船企向发展海洋工程转型。从日、韩在不同时期对造船业的产业扶植政策来看，他们在发展过程中高度重视技术研发和船舶业相关人才的培养，推动配套业务和造船业务

协同发展，采用优惠信贷政策推动产品出口。此外，在历次经济危机中，政府积极通过行政、税收、信贷等手段推动产业结构调整，适时规制造船能力，保证产业健康发展。在产业调整时期，政府通过债转股等方式协助骨干船企应对危机，重点扶植培育数个有国际竞争力的大型造船集团以维持产业竞争力。

2. 技术的引领与带动，是船舶工业质量品牌建设过程中的核心驱动力

欧美船舶工业虽然当前市场份额不大，但始终坚持走科技引领型的发展道路，保持着产品的先进性、可靠性及稳定性，长期在技术上占据优势地位。日、韩都是从引进国外技术开始的，但在引进技术的基础上都形成了具有自主知识产权的技术和产品。1925 年，三菱重工购买了瑞士苏尔寿有限公司（SULZER）的柴油机专利技术，在制造柴油机的同时通过消化吸收国外先进技术及零部件的修改设计，在 1932 年自行设计制造了 MS 型柴油机，并于 1955 年推出了自主品牌 UEC 型机。日本船配产品也大多有过类似的经历。而且，日本对企业进行引进技术的二次开发提供资助，对二次开发获得的技术限制对外转让，其船配产品的质量和水平在发展中不断得以提高。韩国对引进技术的消化、吸收更是系统性的，比如，成立"国产化推进协议会"推进国产化工作；1981 年编制了《造船材料设备国产化促进方案》等，有计划、有目标地推进造船设备国产化。此外，韩国还鼓励企业通过合资经营、专利协议、合作生产和技术援助等方式引进技术，截至 1991 年，这些引进项目达到 187 项。最为关键之处还在于，面临中国船舶工业的巨大竞争挑战，日、韩都在不断增强自身船舶工业的竞争能力，尽可能遏制本国船舶工业向中国转移，充分发挥技术竞争优势，积极推行产品差别化战略。同时，积极对船舶工业进行调整和重组，以进一步提高竞争力作为其战略的总体方向。不同的是，韩国船舶工业更强调实现产业由"量"的发展向"质"的发展路径转变，以便及时实现由成长期向成熟期的顺利过渡；而日本船舶工业在强化其技术竞争优势的同时，则更加注重促进其产业的蜕变，积极捕捉新的市场机会，充分利用新技术发展所带来的机遇，实现其船舶工业的蜕变，遏制其衰退趋势，构建新的竞争优势平台。

3. 资源的协调发展，是船舶工业质量品牌建设过程中的重要保障

在发展船舶工业的过程中，日、韩两国都十分注重整合资源协调发展。为规避企业间不良竞争、减少内耗，日本将船配企业按专业进行分工，逐步整合并形成集中生产优势，增强了国际市场竞争力，也促使船配设备国产化率大幅度提高。日本船配企业还借鉴欧洲企业的经验建立和完善了全球服务体系，消除船东选择设备时的后顾之忧。韩国也十分重视专业化发展，如在船用柴油机领域按功率大小指定生产企业，6 000 马力以上的大型柴油机指定现代重工公司（后增加斗山集团）生产，6 000 马力以下中型机指定双龙重工株式会社（现 STX 集团）生产。同时，还十分重视船配企业与造船企业的合作，鼓励船企与配套企业签署长期合作协议，从技术、信息、资金等方面入手，以投资入股、联合研发、出资设立船舶配套新产品研发基金等方式促进船舶工业发展。另外，韩国政府还出面协调大型船企之间的关系，在政府的干预下，现代重工业株式会社、大宇造船海洋工程有限公司、三星重工株式会社等大型船企改变了互不购买对方船配产品的作法，优先在韩国国内采购。

4. 行业组织的沟通协调，是船舶工业质量品牌建设过程中的组织依托

日、韩两国都十分重视行业组织在发展船舶工业过程中的沟通协调作用。日本最具代表性的船舶工业公益法人团体就是日本舶用工业会（Japan Ship Machinery & Equipment Association，JSMEA）。该行业协会一方面，可以为日本政府制定产业政策提供支撑，另一方面，可以代表企业协调国际竞争和合作关系。韩国行业协会的作用则更为明显，通过成立"造船机质材工业协同组合"，配合政府和企业进行配套设备研究、开发、生产、销售等工作；通过成立配套企业行业协会，对船舶配套企业实行统一管理。2019 年，韩国造船海洋工程装备协会还成立了造船海工装备发展协会，协助政府在造船技术支援、上下游企业间关系改善、展开共赢协作等方面制定具体实施方案。

四、国内船舶工业质量品牌的发展过程分析

在了解完国外船舶工业质量品牌的发展过程之后，本书进一步深入分析我国船舶工业质量品牌的发展过程，从中发现中外船舶工业在此方面的显著差异及其相互优势，使读者对全球船舶工业的质量品牌发展有一个总览，并为本研究的后续分析揭开一副完整的背景画面。

（一）中船重工质量品牌发展过程分析

中国船舶重工集团有限公司（中船重工）由中国船舶重工集团联合鞍山

钢铁集团、中国航天科技集团在 2008 年共同发起设立，并于 2009 年在上海证券交易所上市。2010 年，公司注入剥离核心军品总装业务后的武船重工及其 5 家全资子公司和中船重工船舶设计研究中心有限公司的部分股权；2013 年，公司注入大船集团和武船集团的军工总装业务；2018 年，公司收购大船重工 42.99% 的股权和武船重工 36.15% 的股权。[10]

中船重工涵盖 10 大产业，业务包括军品业务和民品业务。公司军品业务主要包括航空母舰、常规动力潜艇、大中小型水面战斗舰艇、大型两栖攻击舰、军辅船等；民品业务主要包括散货船、集装箱船、油船、海工船、海洋工程装备、科考船及其他装备等。

2011 年，中船重工以营业收入 210 亿美元名列第 462 位，成为中国首家进入世界 500 强品牌排行榜的船舶企业。2017 年，中船重工以 421.492 亿美元的营业收入位列第 233 位，较 2016 年大幅提升了 48 位，连续第 7 年进入世界 500 强品牌排行榜，同时位居船舶航运类企业全球排名第一。2018 年，中船重工以 444.31 亿美元的营业收入位列第 245 位，连续 8 年跻身世界 500 强品牌行列，蝉联全球造船企业首位。2019 年，中船重工以 461.144 亿美元的营业收入位列第 243 位，较上年提升两位，连续 9 年跻身世界 500 强行列，再次蝉联全球造船企业首位。需要特别指出的是，在全球范围内，船舶工业仅有中船重工和三菱重工业两家企业跻身世界 500 强品牌。

（二）中船工业质量品牌发展过程分析

中国船舶工业股份有限公司成立于 1958 年，隶属于中国船舶工业集团，前身为沪东重机股份有限公司，于 1998 年在上海证券交易所上市。2007 年，公司并购上海外高桥集团、中船澄西船舶修造有限公司等优质船舶造修厂，并以原有柴油机业务和资产出资设立子公司沪东重机有限公司，实现柴油机业务下沉，同时改名为"中国船舶"。公司整合了中船集团旗下大型造船、修船、海洋工程、动力及机电设备等业务板块，具有完整的船舶行业产业链，是一家具备国际竞争力的民用船舶制造企业。[11]

中船工业公司下属主要有外高桥造船、中船澄西和沪东重机三家子公司。上海外高桥主要业务为造船，包括三大主力船型（大型散货船、集装箱船和大型油船）以及海洋工程；中船澄西主要业务为船舶修造，建造船型包括灵便型散货船和特种船；沪东重机主要业务为大功率中、低速柴油机动力业务。

2016 年 7 月 20 日，《财富》中英文网同时发布了 2016《财富》世界 500

强排行榜，中国船舶工业集团公司以 301.909 亿美元的营业收入位列第 349 位，这是中船工业首次进入世界 500 强排行榜。令人瞩目的是，中船工业首次跨越 500 强门槛，便一举超过 151 家企业，升至第 349 位。2017 年，中船工业在世界 500 强品牌排行榜中进一步跃升至第 364 位。2018 年，中船工业在世界 500 强品牌排行榜中公司排名第 393 位。

（三）国内其他船舶企业质量品牌发展过程分析

1. 中船防务

中船海洋与防务装备股份有限公司前身为广州广船国际股份有限公司（成立于 1993 年），于 1993 年在上海证券交易所上市，是我国第一家造船类上市公司。2013—2015 年，公司先后全资收购了中船龙穴造船有限公司、中船黄埔文冲船舶有限公司、广船国际扬州有限公司，完成了对中船集团在华南地区优质造船资产的整合，实现境内核心的军工资产上市，并于 2015 年 5 月 11 日更名为中船防务。[12]

中船防务公司下属主要拥有广船国际、黄埔文冲和澄西扬州三家子公司，业务涵盖防务装备、船舶修造、海洋工程、非船业务四大板块，主要产品包括军用舰船、特种辅船、公务船、油船、支线集装箱船、客滚船、半潜船、极地模块运输船、海洋平台等船舶海洋工程产品以及钢结构、成套机电设备等非船产品。

2018 年，《财富》中国 500 强排行榜显示，中船防务排名第 331 位，2017 年排名第 262 位。2019 年以 192.136 亿元排名 433 位，比 2018 年下降 102 位。

2. 扬子江船业

江苏扬子江船业集团公司从 1956 年建社开始，至今已有 64 的历史。其雏形是江阴市城区修造船生产合作社，到 1958 年的交通机械厂，再到 1962 年的船舶修造厂。船舶制造逐步由木船、水泥船过渡到铁驳、机动船，直至当前的出口 10 万吨级远洋船。[13]

扬子江船业下辖江苏新扬子造船有限公司、江苏扬子鑫福造船有限公司、江苏扬子江海洋油气装备有限公司及江苏扬子江船厂有限公司 4 家造船企业，分布于长江下游江苏省境内的靖江市、泰兴市和太仓市的黄金水道两岸，距上海、南京两大城市均 170 公里。

扬子江船业造船产量自 2009 年起连续位居中国造船行业前 5 强，集团人均造船产量、利税水平居中国造船企业前茅。2018 年，在中国 500 强企业中位列第 449 位，并入围全球造船 10 强企业。

3. 中国动力

中国船舶重工集团动力股份有限公司前身为船舶工业系统国营 482 厂（始建于 1958 年），由中船重工集团作为主要发起人设立，并于 2004 年在上海证券交易所上市。2015 年，公司启动重大资产重组，收购哈尔滨广瀚动力技术发展有限公司、德尔福（上海）动力推进系统有限公司、上海齐耀重工有限公司、武汉长海电力推进和化学电源有限公司、武汉海王核能装备工程有限公司、武汉船用机械有限责任公司、中船重工齐耀科技控股有限公司、中国船舶中国船柴、河南柴油机重工有限责任公司、淄博火炬能源有限责任公司、风帆有限责任公司等中船重工集团舰船动力 5 家科研院所孵化的部分企业及集团下属企业资产，并于 2016 年 5 月完成重组并正式更名为"中国动力"。公司在原有化学动力板块的基础上新增燃气动力、蒸汽动力、全电动力、海洋核动力、柴油机动力、热气机动力板块，成功转型为拥有 7 大动力板块的舰船综合动力上市平台。公司 2016 年完成重大资产重组后，从单一化学动力转变为涵盖 7 大动力业务的综合控股型公司，主营业务涵盖燃气动力、蒸汽动力、化学动力、全电动力、海洋核动力、柴油机动力、热气机动力等 7 大动力业务板块，此外还拥有部分海工、港机、船用辅机等业务，是中国乃至世界范围内产品种类最齐全的动力装备供应商。[14]

中国动力主要产品有燃气轮机集成产品、汽轮机组及余热锅炉、高性能铅酸动力电池、车用启动电池、电力推进系统集成、专用电力系统集成、民用核电工程安全监测系统、柴油机动力产品、热气机动力产品。公司产品广泛应用于汽车、船舶及海洋工程、工程机械、石油化工、陆用电站、民用核电、分布式能源等领域。

4. 潍柴重机

潍柴重机股份有限公司前身为山东巨力股份有限公司，成立于 1993 年，并于 1998 年在深圳证券交易所上市。公司主要开发、制造和销售船舶动力和发电设备、发电机组及动力集成系统，提供全系列船用主推、电推、发电设备、泵用动力发动机等产品，覆盖远洋、近海、内河和发电 4 个领域。同时，公司提供发动机、齿轮箱、轴系、螺旋桨及遥控系统等推进系统的集成产品及内部设计、匹配、集成管理等整套解决方案。[15]

（四）国内船舶工业质量品牌发展经验与现存问题

中华人民共和国成立以来，我国船舶工业的发展选择了总装和配套协调发展的道路，这从客观上对我国船舶工业的质量品牌建设带来了最为重要的影响。20世纪50年代初，我国新建了一批关键配套企业（包括6个苏联援助项目）。从1978年开始，我国船舶工业开始了最大规模的技术引进工作。在船配设备领域，我国购买了近50项世界知名船用设备制造技术，包括船用低、中速柴油机、发电机组、起重机械等，在引进技术的基础上相继成功研制部分自主品牌产品，如自主品牌低速机43/82、34/82型机。在国家的大力扶植下，通过从国外引进生产制造技术，船舶工业基本满足了当时船舶生产的需求，国产设备的装船率曾达到80%以上。20世纪90年代以来，我国取消了对技术引进和国产化的优惠政策，除了少数船舶主机企业外，大部分企业的技术引进难以为继、技术更新基本中断，加上前期没有注重消化、吸收和再创新，国内产品的技术水平开始和国际水平拉开差距，国产设备平均装船率到20世纪90年代末仅为30%左右。进入21世纪以来，随着我国加入世界贸易组织（World Trade Organization，WTO），外资进入中国更为便利，船东（包括国内船东）可直接进行全球采购，国外配套企业更愿意直接在中国投资建厂或合资生产，原先引进国外技术、国内生产的模式更加难以推行。这期间由于造船市场的繁荣，我国船舶工业得到了较快的发展，但更多地体现在生产规模扩大和经营状况好转上，自主品牌产品始终没有打开局面。随着国际船舶市场态势较为稳定，部分国内企业只能在国际大品牌和造船总装企业的"夹缝"中生存，在质量品牌的建设上还有极大的提升空间。

以2017年的市场数据为例可以看出，我国船舶产业集中度较日、韩明显偏低。2017年，我国造船完工量排名前10家企业占比为58%，相比之下，韩国前10家企业完工量占比高达95%，日本也达到了70%以上。进入2018年以后，形势依然较为严峻。我国船舶工业较常采用载重吨（Dead Weight Tonnage，DWT）来衡量市场竞争力，然而以综合吨（Compensated Gross Ton，CGT）和金额计算时则与国外同行差距较大。如果以DWT作为测算依据，中国、日本、韩国分别成交2 759万DWT、957万DWT、2 990万DWT，在整体市场份额中占比分别为39.6%、13.7%、42.9%。以CGT计算，中国、日本、韩国分别成交874万CGT、322万CGT、1 090万CGT，占比分别为33.6%、

12.4%、41.9%。以金额为计算标准,中国、日本、韩国分别成交 179.7 亿美元、48.6 亿美元、218.5 亿美元,占比分别为 30.6%、8.3%、37.2%。在我国强调高质量发展的今天,中国船舶工业需要与国际多接轨,多采用 CGT 的数据,在高附加值船型的竞争中树立优势,同时向金额第一的目标努力。

五、国内外船舶工业质量品牌对比分析

从行业、企业、产品等多个层面可以看出,国内外船舶工业在质量品牌的建设上存在着以下的不同。

(一) 行业层面对比分析

基于行业层面的对比分析可以看出:一方面,我国船舶工业在质量品牌的建设上还存在着低水平重复建设严重、产业集中度低的问题。我国两大主要造船集团旗下船厂众多,国际接单时各自为战,没有统一的质量品牌识别,在国际上缺乏品牌竞争力,产业集群效应没有获得充分发挥;另一方面,我国船舶工业在质量品牌的标准体系建设上虽然做了大量工作,但在主导国际标准体系的建设方面不够积极主动,与日、韩还有一定差距,致使我国企业应对国际标准体系方面较为被动。

(二) 企业层面对比分析

基于企业层面的对比分析可以看出:我国船舶企业在技术研发上的投入不足,是我国船舶工业质量品牌建设过程中较为突出的一个问题。我国船舶工业存在的核心问题之一就是技术发展相对滞后,在性能、质量、规格和品种方面与国外同类产品相比存在着较大的差距,而且对已引进技术的消化、吸收和再创新也不彻底。目前来看,完全依靠自主创新逐步追赶世界先进水平不现实、也不可取。在技术引进过程中,一方面,应该吸取 20 世纪七八十年代"重技术引进,轻消化、吸收和自主创新"的教训,要做到在引进基础上进行二次开发;另一方面,应该注意技术引进的方式,建议更多考虑专利授权、专利购买、合作研发等模式。尽管我国在船配领域对外资没有任何限制,但是若仅仅只是单纯引进外资,外方可能更注重在我国进行投资生产,而不是共享技术,

这不符合我国船舶工业发展的长远利益。

(三) 产品层面对比分析

基于产品层面的对比分析可以看出：虽然我国船舶工业在总量上位居全球市场第一，但更多地集中于散货船、普通中小型油船、中小型集装箱船等中低端产品，在大型油船、液化天然气船（Liquified Natural Gas Carrier，LNG）船、液化石油气船（Liquefied Petroleum Gas，LPG）、大型集装箱船、特殊功能船舶等高附加值产品的市场竞争中缺乏品牌竞争力，在此类产品的接单中表现疲软。2018 年，在万箱以上的集装箱船订单中，韩国三大船厂以及日本今治造船成为大赢家。韩国三大船厂共获得 43 艘、70.9 万传输扩展单元（Twenty-feet Equivalent Unit，TEU），日本今治造船获得 17 艘、18.7 万 TEU，我国船舶工业仅有扬子江船业获得 5 艘 1.3 万 TEU 的集装箱船订单。从这一角度来看，船舶工业产品结构的调整，任重道远。

(四) 国内船舶工业质量品牌建设的优劣势分析

虽然中国已经成为世界第一造船大国，但是与日、韩相比在效率、管理、技术等方面还存在较大差距，还不能称之为造船强国，需要重视并大力开展船舶工业的质量品牌建设。与日、韩相比，我国船舶工业最大竞争的优势是人力成本相对较低。但劣势也较为突出，主要体现在以下五个方面。

第一，产能结构性过剩，对需求变化适应性差，不能在质量品牌建设中主动出击。高端产品有效供给能力不足使得我国船舶工业难以满足未来市场增量来自技术复杂船型的发展趋势。2018 年，我国造船业产能利用率在 60% ~ 65%，除总量过剩外，更主要地表现为结构性过剩，高端产品竞争力不足进一步加重了产能过剩。我国现有产能仍以散货船建造为主，完工船型中散货船占比均在 60% 左右，三大主流船型合计占比超过 90%，LNG 船等高端产品占比很低，主建船型与市场需求不符严重制约了我国船舶工业的发展。

第二，产业组织结构分散，缺乏强势的国际知名品牌。我国船舶产业集中度较日、韩明显偏低。2017 年，我国造船完工量排名前 10 家企业占比为58%，相比之下，韩国前 10 家企业完工量占比高达 95%，日本也达到了 70%以上。我国两大主要造船集团旗下船厂众多，国际接单时各自为战，没有统一的品牌识别，在国际上缺乏品牌竞争力。

第三，全要素生产率低，严重削弱了劳动力成本优势，也削弱了质量品牌的影响力。2018 年，我国人均造船产量整体上仅为日韩的 1/2，每修正总吨工时消耗为日韩的 2 ~ 3 倍（日、韩约为 10 ~ 15 小时/修正总吨，我国约为 20 ~ 40 小时/修正总吨）。单位岸线、船坞面积生效效率也与日、韩有一定距离。其根本原因为我国生产管理水平仍然较为粗放，日本、韩国在船企中广泛推行精益管理，在降本增效方面起到明显作用。由于我国造船效率低也严重削弱了劳动力的成本优势。我国效率较差的部分船企劳动力成本已经与日、韩企业相当，我国劳动力优势正在逐步下降。

第四，配套业发展滞后，严重影响造船业的成本和竞争力，拉低了全产业的质量品牌高度。船用配套设备价值量最大，占全船总成本的 40% ~ 60%。而我国船舶配套业滞后于造船业发展，是我国船舶工业产业链长期存在的短板，一直影响着我国船舶工业整体国际竞争力和盈利水平的提升。2018 年，日本的本土设备装船率超过 95%，韩国也达到 90%，而我国本土化船用设备平均装船率不足 60%，在高技术船舶和海洋工程装备配套领域，本土化配套率仅为 5% ~ 10%，核心设备仍主要依赖进口。

第五，资本结构不合理，加大企业运营风险，增加了质量品牌建设的内部风险。我国船舶工业的杠杆率较高，导致船舶企业资金链十分脆弱且极易断裂，在船市低迷时期容易引发财务和经营风险。截至 2018 年，我国船企的负债率普遍在 70% 以上，而韩国船企约在 60% ~ 70%，日本船企约为 40% ~ 50%。我国船企杠杆率较高的原因主要包括首付款低、贷款额巨大和垫付大量造船资金等方面的问题。

第二章

国内外典型装备制造业质量品牌建设

船舶工业是装备制造业中的一个重要分支，了解装备制造业中质量品牌的建设，能够很好地指导船舶工业。因此，本书遴选了国内外典型装备制造业在质量品牌建设中的代表性案例，并从中总结提炼出普适性的成功经验。

一、国内外典型装备制造业质量品牌发展策略研究

质量品牌历来都是构成一个国家制造业核心竞争力的基本要素，关乎国家经济社会发展和制造强国全局建设。一个好的发展势头是，随着质量品牌建设取得积极的成效为我国制造业实现由大变强奠定了坚实基础。当前及未来，构筑质量品牌竞争优势是提升制造业供给体系质量的有力举措。因此，针对国内外典型装备制造业质量品牌发展策略研究，本书选择中国、日本、韩国、欧洲共四个国家作为典型进行分析。第一，分析各国开展质量品牌建设的主要原因；第二，总结各国政府是如何支持本国质量品牌建设；第三，基于需求和国家支持，分析中、日、韩、欧质量品牌建设的特点；第四，总结提炼中、日、韩、欧的装备制造业质量品牌发展策略。

（一）日本

日本装备制造业的质量品牌建设在全球有着令人瞩目的地位，本书将从这一工作的原因开始，梳理其先进做法。

1. 日本开展质量品牌建设原因

多个方面决定了日本装备制造业开展质量品牌建设的动机。

（1）国家及行业需求。

日本是装备制造业的第二大国，其振兴装备制造业的成功经验值得中国借鉴。日本装备制造业通过大量引进国外的先进生产技术与管理方法并与本国传统经验相结合，建立起以技术创新为先导，大力发展高科技产业为主体的装备制造业管理新模式，从而形成了极强的国际竞争优势。另外，资源匮乏的自然条件使得日本一直以来都是十分重视产品的质量品牌建设，注重价值增值机会，因此对于日本来说质量品牌的管理是政府和企业关注关切的课题。

（2）国家政策支持。

基于制造及管理的服务系统及相关体系结构信息技术战略整合平台的打造，日本政府积极研究和开发信息技术投资促进税制，强化税制的减税比率等扶持政策，鼓励装备制造业进行信息技术开发创新。装备制造业不仅是高新技术的载体，更是其发展的动力。基于计算机辅助设计和辅助制造的设计开发能力，以及制造附加价值高的独创性产品的生产开发能力，为创造装备制造业的新价值提供了有利条件。

截至 2016 年底，日本人均制造业增加值为 7 993.99 美元，位居世界第一；日本人均制造业的出口值为 5 521.02 美元，位居世界第四；日本工业化程度以 37.04% 位居世界第四；日本出口质量以 85.69% 位居世界第二；日本对国际制造业的影响以 14.13% 位居第二；日本对世界贸易的影响力以 6.53% 位居世界第三。[8]

（3）发展阶段需要。

第二次世界大战后日本大量引进国外的先进生产技术，积极学习国外的优秀管理方法，逐步建立起一套以重视利用新技术、优化传统装备制造业和重点开发附加价值较高的新科技产业领域的全新管理模式，为保持其国际竞争力奠定了坚实的基础。20 世纪 50 年代后期，在造船、重型电机等传统装备制造业得到改造的基础上，日本政府开始重点发展汽车、半导体等电子科技新兴装备制造业。70 年代，随着汽车、半导体、家用电器、机械设备、电子信息产品、电机、机器人等行业的快速发展，日本装备制造业实力迅速增强，出口贸易居世界第 3 位。虽然在 90 年代中期，日本整体经济急转直下陷入长期低迷状态，日本的国际竞争能力国际竞争力排名（International Institute for Management Development Lausanne，IMD）从 1993 年的第 1 位下降到 2002 年的第 30 位，但其贸易顺差占国内生产总值（Gross Domestic Product，GDP）的比率始终保持着较高水平，日本装备制造业的总体能力并没有明显下降，并且通过技术创新和产业升级始终处于世界制造业强国的地位。

（4）行业比较优势。

日本是一个自然资源十分贫乏的国家，装备制造业一直以提升产品附加价值与重视员工培养为核心。在产品创新过程中融入服务的思想，注重创造性劳动从而提升企业竞争力。在产品趋于同质化的时代，制造业向服务制造业转变是企业的发展趋势，"产品＋服务"策略的实施不仅可以为企业带来更多的价值增值机会，而且可以加大差异化进而提升竞争优势。日本在实施先进生产模式和管理技术的同时，积极推进员工培养制度，调整内部组织结构，强化内部人员管理，建立起以员工为中心的集反应、研发、服务为一体的高质量的创新体系。

日本优良制造业的共同特征是注重现场主义。日本利用现场人员对生产问题的果断处理能力、研发的创新能力、服务流程与市场需求了解能力等的协同沟通，为竞争赢得主动权，以便最大限度地以市场需求为导向，解决生产过程中的许多实际问题，从而向研发部门反馈在实际生产过程中得到的信息。日本制造业还提倡培养"多能工"，通过员工技能管理和"多能工"培养，有效地激发员工的学习热情，提高整体作业水平，同时加强员工后备队伍建设，提高企业的市场应变弹性。

"多能工"形成员工之间、工种之间以及工序之间的协同整合，提高了企业的快速反应能力、研发能力以及服务能力，通过跨部门有效沟通与合作，提高企业核心竞争力。

2. 日本支持质量品牌建设的举措

日本支持质量品牌建设的举措，从学习欧美先进模式开始，同时在这一过程中又能做到中西合璧。

（1）日本注重学习欧美优秀的质量管理模式。

从最早的统计质量管理到美国的全面质量控制和全面质量管理；从学习和模仿美国设立日本经营质量奖，到后来积极引进 ISO 质量认证、学习欧洲的全面质量管理理念。日本企业通过不断学习和创新，调整自己的质量评审规则和基准，始终站在世界质量管理发展的前沿，保持产品质量的国际竞争力。

（2）日本企业独特的管理结构。

日本企业重视对企业内部员工的提拔和奖励，特别是对在质量改进方面有特殊贡献的技术人员和高级技术工人，安排其担任重要的管理岗位甚至进入企业的董事会。日本企业采用终身雇佣的用工制度和年功序列的报酬体系，增强了职工的主人翁意识，职工能够全身心地投入企业，不遗余力地为企业做贡献。[9]

（3）日本政府对于质量模式的严格控制。

日本企业的质量改进从质量小组到企业整体的质量控制、集团性质的质量控制再到全面质量管理，质量模式的创新和发展都是企业发起的。即使日本科技联盟和日本社会经济生产率安定本部两大质量推进机构也都是独立法人机构，日本政府只是从法律和政策上向企业提供保护和保障。日本质量管理模式的成功和自下而上的、自觉自发的企业行动是分不开的。

3. 日本质量品牌建设的特点

日本质量品牌的建设，文化先行、措施跟进，成体系、可复制。

（1）重视培育质量品牌文化。

由于日本经济的崛起受益于产品的高质量，所以日本企业对质量非常重视，视高质量为企业生存的基础之一，追求高质量是一种不言而喻的事情，并不视为发展战略。随着世界经济一体化，竞争也是全球范围内的竞争，由于竞争的作用，二者也是殊途同归，质量水平都达到了极高的水平。

（2）坚持全面质量管理。

目前日本大多数企业都实行全面质量管理（Total Quality Management，TQM）。日本企业界把质量管理提到了经营思想革命的高度，他们普遍认为，抓住质量管理的中心环节，即可带动企业经营管理的全链条。在生产经营中，日本企业通过构建以质量为核心的综合质量管理体系，组织企业所有的部门、全体人员积极参与，从而科学、经济的开展研发、生产和售后等生产经营活动，为用户提供满意的产品和服务。"质量管理"不局限于生产过程，而是强调"以市场、顾客、消费者为中心"，动员企业所有的部门和人员，在设计、试制、生产、销售和服务的全过程中实行系统、全面的质量管理。

（3）坚持以数据说话的原则。

"一切用数据说话"生动地反映了日本企业全面质量管理方法的科学性。日本企业认为，开展质量管理主要是运用数理统计分析等手段，把生产过程中的各个因素在各种情况下对产品的质量所起的作用，用数据准确地表现出来，从而把影响产品质量的因素排除在产品制成之前，以确保产品质量更稳定可靠。

（4）坚持"持续改善"的质量品牌推进原则。

"持续改善"是日本企业成功的关键。全体人员自发开展的持续性的、小的、渐进性的改进，要尽可能地不产生费用或少产生费用。如日本企业在基层普遍建立班组自主管理活动（JK）活动小组，开展"小集团活动"，品管圈（Quality Control Circle，QCC）是实践"持续改善"的重要形式之一，活动过程中的每个节点遵循戴明环（Plan - Do - Check - Action，PDCA）程序开展。

4. 日本装备制造业质量品牌发展策略

日本发展质量品牌的策略中，有以下几个值得关注的关键点。

（1）抓住以信息产业为主导的产业结构转换机遇。

日本采用了在已有技术基础上引进必要技术和关键设备的集成创新方式，形成了从消化吸收到模仿创新再到自主创新的赶超路径。抓住以信息产业为主导的产业结构转换机遇。

（2）重视自主开发创新能力的提升。

在引进技术后进行消化吸收方面，日本始终走在世界前列。日本擅长把来自各国不同的先进技术加以集成创新，最典型的例子就是钢铁技术、热轧技术、冷轧技术，这些技术分别来自奥地利、美国、德国、瑞士和苏联等，然后加以融合形成日本式最先进的整套钢铁技术。

（3）政府应注重营造环境的间接支持模式。

在政府政策方面，针对不同产业的税收减免、政策性贷款、政府补贴等财税政策，据统计，日本每年为高技术产品研制提供的政府拨款占日本全年研发费用的比例高达40%左右。可以说是政府方面为其营造了很好的环境进行支持。[16]

（二）　韩　国

1. 韩国开展质量品牌建设原因

韩国装备制造业在开展质量品牌的建设过程中，同样也是国家驱动，政策配套跟进。

（1）国家政策支持。

韩国在装备制造业现代化的过程中十分强化政府的干预作用，韩国政府扶植产业发展的政策最主要表现在经济发展五年计划上。从1962年起，韩国政府连续制定了经济发展的五年计划，每个计划的内容都与当时的国家经济发展战略目标和指导原则相一致，在不同阶段有不同的产业重点，且保持相互之间的连续性。明显地提高了影响制造业竞争力能力的机械零部件及材料的国产化程度，大大降低了机械产品的贸易逆差和对进口的依赖，并制定了相应的金融和税收扶持政策。

此外，韩国政府的产业政策鼓励还主要表现在政府为企业出面担保、发放贷款和税收优惠等方面，韩国政府通过倾斜政策扶持韩国企业在国际上的垄断地位，"现代""三星"等都是政府扶持起来的具有国际竞争力的大型企业集团。韩国政府还采用集中投资的方式，通过向大企业提供优惠贷款，促进企业规模化经营。

2018 年，韩国积极采取"请进来，走出去"的战略，一方面，努力构筑高效率的装备制造业技术分工体系，以吸收发达国家先进的技术；另一方面，积极采取生产当地化策略，把国内处于夕阳阶段的传统装备制造业转移到其他发展中国家，实现国内装备制造业升级。

（2）发展阶段需要。

从 20 世纪 70 年代起韩国进入了重化工业时期，此时的装备制造业主要以通用类装备（即一般的机械制造）为主导产业，造船、汽车等产业具有一定的比较优势。20 世纪 80 年代韩国进入了组装加工产业阶段，以家电和造船、汽车为主导产业，机械等也迅速发展起来。20 世纪 90 年代韩国进入了 IT 产业时代，主要以半导体、电子计算机、通信器材等为主导产业。

2018 年，韩国政府力促韩国制造业摆脱"数量及追击型"产业模式，韩国发展为"创新先导型制造业强国"。要将制造业附加值比率从目前的 25% 提高至 30%，将新产业和新项目占制造业生产额比重从目前的 16% 提高到 30% 的经合组织平均水平。蓝图的最终目标是将韩国发展为"世界四大制造业强国之一"，把现在排名世界第六的出口规模提高到世界第四，并提出四大促进战略，包括改革产业结构、培育新产业、改革产业生态系统、推动企业家型政府等。[17]

（3）行业比较优势。

韩国的装备制造业比较优势形成主要是通过技术引进、自主技术开发实现的。在技术引进中，韩国始终把引进技术的着眼点放在装备制造业现代化上，通过对引进技术进行全面剖析，综合改造，不断创新，最终形成自己的技术体系。

从 20 世纪 80 年代开始，韩国开始重视和加强装备制造业的自主技术开发，逐年加大科技投入力度，广泛建立科研机构，培养和引进科研人才。到2020 年，韩国政府用于科技事业的投资占 GDP 的比重达到 5% ~6%，赶上或超过西方发达国家的水平。[17]

2. 韩国支持质量品牌建设的举措

韩国的以下举措，值得我国船舶工业学习借鉴。

（1）引进国际先进质量管理体系，推动韩国企业质量品牌水平提升。

起步阶段，韩国制造业厂家基本作为国外厂家的代工或者零部件配套厂家。在国外先进管理方式的熏陶以及国外厂家对产品质量的严格要求，韩国政府和企业意识到质量是企业发展的生命线。在此期间，韩国国家标准化结构颁布了"工业标准化法"，将质量标准作为法律固化到企业内部执行，将国际标准与国内标准进行对接，使韩国产品从出厂就具备出口的基本条件。

为了提高产品的质量以打响企业品牌，韩国积极引进 ISO9000 质量管理认证体系等国际先进质量体系。一些大型企业针对各自的情况提出了不同的质量管理方法。

（2）定期修订质量认证制度，提供稳定可靠质量。

为了保证韩国工业标准的时效性，每隔五年一项标准就需重新修订一次。在该标准的基础上设置（Knowledge Storyboard）标志自愿认证制度，授权指定第三方机构为标志的认证机构。为保证厂商持续提供稳定可靠的质量，不断地对生产厂商进行跟踪，开展监督检查。通过韩国从政府到企业对质量的关注，韩国产品通过合格的质量和有竞争力的价格迅速打开了国际市场，奠定了韩国制造业企业的基础。

（3）政府主导产业政策，重视技术创新研究。

韩国工业的特色是政府主导产业政策，国家科研院对战略技术进行预先研究，高等院校重点从事基础研究，而工业主要发展任务由财阀企业具体执行，形成了一套完整的国家创新体系。

（4）协调消费者需求价值与质量品牌。

韩国企业在满足质量要求的前提下，提高产品的个性化特征，突出产品创新的核心竞争力。在管理方法上，引入了六西格玛管理等先进管理理念，将质量融入企业基因之中，形成企业文化。通过 10 年的努力，韩国企业成功地将品牌附加值从质量扩展到创新，涌现如三星、LG 及现代等在国际上具有品牌号召力的高科技制造企业。

3. 韩国质量品牌建设的特点

纵观韩国装备制造业质量品牌的建设过程，有以下的一些特点值得关注。

（1）政府主导多方联合共同推动 S – PPM 计划，助力中小企业提高质量水平。

该计划主要由韩国政府中小企业厅推动进行，主要负责决定质量革新计划的政策方向以及对预算的执行进行监督，并评估该项目的执行进展情况。大韩商工会议所内设立了专门的 S‑PPM 促进总部，负责为整个项目提供智力支持，进行项目的课题研究、教育和培训。与中小企业对接的采购企业系统的执行 S‑PPM 计划，通过例如，加大企业订单额度或提供优惠结算条件的手段提高参与 S‑PMM 计划的中小企业的积极性。参与 S‑PMM 计划的中小企业可以因此获得提高产品质量的技术培训以及经费支持，在被大企业采购时能优先得到采购，并在人才培养上得到政府海外派遣学习的优先权。在此多方联动的作用配合下，形成了一个完善的质量管理、培训、支持综合平台。

（2）制造业面临隐忧，未来打造韩国版"工业 4.0"品牌。

随着中国制造业的崛起，韩国在中低端制造业的优势逐渐丧失，而在高端产品上韩国也缺乏美、德、日等国的革新性创新优势，因此企业品牌存在隐忧。为了保持品牌上的优势，韩国政府从传统领域及新兴领域两方面入手。一方面，鼓励原有企业加大研发投入，巩固原有企业的技术优势，如 2014 年韩国三星的研发投入排名德国大众之后高居全球第二。另一方面，在新兴技术领域培育新企业新品牌，2015 年韩国推出了《制造业创新 3.0 战略实施方案》——韩国版的"工业 4.0"，通过加强投资研发 3D 打印、大数据、物联网等 8 项核心智能制造技术，缩小与相关技术领先国家的差距。

（3）以财阀大集团为主体牵动装备制造业升级。

韩国政府以大规模直接投资和贷款担保等方式，通过大量引进成套设备，在较短的时间内快速组建装备制造业大型企业集团，实行规模经营，以便迅速进入国际市场增强竞争力。亚洲金融危机爆发以后，这种做法受到了不少经济学者的指责，认为韩国政府将经济资源不均衡地分配给少数大型装备制造业企业集团的不平衡发展战略，挤压了轻工业和农业部门的发展，抑制了中小型装备制造业企业的壮大，大型企业集团的垄断阻碍了产品质量和技术进步的提高。

4. 韩国装备制造业质量品牌发展策略

在韩国装备制造业质量品牌的发展策略中，可以清晰看到重点突出、技术支撑、政府主导等多个特征。

（1）动态的主导产业战略，渐进式装备制造业升级。

韩国在不可能全面发展所有装备制造业的情况下，先后选择了一般机械制造，家电、造船和汽车，电子及通信设备制造业，新兴装备制造业等对韩国比较可行的主导产业，并随着工业化发展的不同阶段及时调整变化，使渐进式的装备制造业升级建立在动态的主导产业基础上。

（2）提升装备制造业产业科技水平，打造高水平质量品牌建设。

韩国一方面，通过技术革新，努力提高装备制造业产品的附加值和科技含量，另一方面，通过研发、引进和消化国外尖端技术，为发展新兴装备制造业奠定基础。韩国通过学习、消化、吸收国外先进技术，组建大型集团，并最终过渡到自身技术创造的模式来推动装备制造业升级。

（3）正确发挥政府作用，打造全球质量品牌的制高点。

政府逐步减少对中小企业的微观控制，更多地让市场机制对中小型装备制造业企业发挥微观调节作用，仅通过计划规定中小企业的发展方向，并应用法律、财政、金融等手段保证其实现。在此基础之上，培育韩国中小企业的质量品牌意识，使其思维方式转变为以客户为中心的现代企业管理思维。

（三）　德　国

1. 德国开展质量品牌建设原因

德国装备制造业的发展在全世界声名远播，其质量品牌建设的工作，受到了以下影响因素的直接推动。

（1）国家政策支持。

德国装备制造业发展强势，始终处于世界领先水平，这与其稳定的装备制造业市场制度与法律框架、严谨的工业标准和质量认证体系、多元化的科研创新体系、以"双元制"为核心的特色职业教育体系以及"理性严谨"的装备制造文化是分不开的，也正是这些独到且科学的政策措施，形成了德国科学稳定的装备制造管理系统，使得德国装备制造业始终立于世界强国之林。在此基础上，德国继续推出"工业4.0"，在新一轮技术革命和产业变革中，确保在装备制造领域继续保持全球领先的地位。

工业4.0战略运用信息物理系统等技术手段，顺应以智能制造为主导的第四次工业革命大趋势，实现制造业生产方式与组织形式的变革。这是德国政府推出的《高技术战略2020》十大未来项之一。从整体来看，德国的工业制造技术强，信息技术弱，通过工业4.0战略继续维持其全球工业高端地位，是德国工业4.0战略的基本要义。

（2）发展阶段需要。

从装备制造业的整体实力来看，德国已经具有相当完备且高水平的产业体系，实力十分雄厚，不管是模具、数控机床的制造，还是与动力相关的装置和机械传动设备，都处于世界领先地位。其产品门类丰富齐全，同时，德国大小企业优势互补的特点也造就了德国装备制造业极具特色的产业形态优势。

德国是一个后发的工业化国家，在西方各个国家中，德国装备制造业的发展可谓是由落后到繁荣的典型，德国后发先至，此后一直将装备制造业的发展水平保持在世界先列。

（3）行业比较优势。

在欧盟体系中，德国创新水平与其他国家相比，在以下方面占优：德国企业科研投入情况最好，起到主导作用；德国创新网络健全，知识产权保护氛围好；德国创业者极为活跃，创新活力强；德国注重科研成果转移转化，其转化项目收益遥遥领先。在高素质人才和教育方面，德国总体上与欧盟相当，这也是德国未来可以大力培育潜力的方面。在政府创新体系方面，德国由于存在诸多的中间层，在欧盟体系中居于弱势，需要进一步改进创新制度。此外，德国已形成 15 个高端产业集群，未来将更注重新兴产业的集聚。

2. 德国支持质量品牌建设的举措

德国在支持质量品牌建设的过程中，以下的一些举措值得关注。

（1）高度重视变革管理。

领导者是质量品牌建设的推动者，因此对于其管理方法应予以重视。变革管理是通往"学习型组织"的途径。成本压力和变得更好的愿望是推动变革的主要原因。有两大关键群体影响变革管理：领导者（需要提高领导力）和员工（需要区别对待，加强沟通）。如今对企业的要求众多、复杂且日益增加，领导力是成功变革的中心推动力，尤其是战略领导正变得越来越重要。企业的最终决策是管理层做出的，领导应该是变革的榜样、带头人以及变革过程的推动者。

（2）重视质量管理。

质量保障技术很关键。奥迪高管认为，对于复杂的系统可以进行分解，划分为不同的细节环节，从各个细节环节做起确保质量，从而保障整体的质量。工具问题，例如，紧固螺栓（拧螺丝），不同规格和等级的螺栓、螺母都有明确的技术参数拧紧力矩，使用专用工具按要求操作即可。工业 CT 可以对汽车的金属和非金属零件进行断层扫描，对被测试件的内部缺陷进行观测。

实施质量成本管理。高质量意味着高成本，有些成本可以降低。例如，错误预防成本（主要来自领导层，不易确定）、实际检验成本（通常比较容易计算和确定）、内部错误成本（废品、返工、重复检查）和外部错误成本（保修）。对于错误成本要进行评估，无差错生产最好，有的差错生产部分可以删除无须继续生产，有的差错生产部分可以通过附加程序进行修复然后继续生产，有的差错生产部分可以通过限制冻结其影响然后继续生产。

（3）明确制造业发展的基本方向。

无论进行数字化转型，还是智能化转型，转型本身是手段而不是最终目标，制造业转型的根本目的是建设制造强国，实现高质量发展。制造业转型要以制造业为根基，着力发展实体经济，提升产业竞争力和国家竞争力。只有明确了未来的发展方向，才可以更好地进行制造业的质量品牌管理。

3. 德国质量品牌建设的特点

工匠精神在德国装备制造业质量品牌的建设过程中根深蒂固，也塑造了其质量品牌建设的突出特点。

（1）形成深入骨髓的德国工匠精神。

工匠精神是指工匠对自己的产品精雕细琢，努力把品质从 99% 提高到 99.99%。工匠精神已经深入德国人的骨髓，"标准主义、完美主义、专注主义和信用主义"是德国工匠精神的具体体现。德国工匠精神不仅体现在工作态度上，在日常生活中也表现得淋漓尽致，已经内化为德国人的生命。

（2）缔造立体化的工匠精神培训体系。

德国人认为企业追求利润应该建立在客户满意的基础上，他们把信用当作企业的生命线。看来，绝大多数德国企业开展经营活动时，对《道德情操论》和《国富论》是并重的，持久实现自我利益最大化的前提是关注客户利益的最大化，他们把诚信放在首位。

（3）创设民主化的自主创新模式。

德国人普遍认为，权力是一种不公平的现象，等级是为了工作顺利进行才设立的，等级的差异应减少到最低限度。在企业内部，上司与下属的定位是相互服务的关系，上下级之间有充分的对工作的讨论空间。民主式管理营造了十分宽松的管理和创新氛围。在推进精益管理中，并非自上而下硬性推动，而是自下而上进行，班组级、部门级的关键绩效指标（Key Performance Indicator,

KPI）指标全部由班组和部门员工共同讨论决定。

（4）构建多层次的工匠关爱机制。

4. 德国装备制造业质量品牌发展策略

（1）培育工匠精神是提高德国制造业产业竞争力的基础。

在德国的制造业企业中，每一名员工都是"工匠"，包括企业的负责人，他们首先将自己定位为一名技术人员，希望通过技术改变世界，然后才是商人。在产品制造过程中不断创新、不断提升技术水平才是工作本身最大的意义，他们不会通过降低产品质量而降低产品生产成本。在每一位"工匠"的共同努力之下，更多的是高品质的产品，这样企业就不会用低价竞争的形式获取市场，而是凭借高品质产品进入高端市场，通过品质提升制造业企业的市场竞争力。因此，提到"德国制造"，人们便会油然地想到：严谨、优质、结实、耐用。"德国制造"早已不仅指产地名，更是代表着一种精密文化。

（2）培育工匠精神需要推进制造业标准的完善和执行，提升质量品牌意识。

德国制造业企业一旦选择进入某一行业，就会专注于该行业产品的设计、研发及生产，不会因为其他行业利润丰厚而转产。德国的制造业者们奉行的是"小事大作""小企大作，"追求的是用高品质的产品占领市场，把企业做强。德国员工少于250人、总资产小于4 300万欧元的中小企业占到其制造业企业总数的99%以上，这些企业创造了德国全国60%的就业岗位、56%的生产总值，为超过82%的在校生提供职业培训。德国中小企业虽然规模较小，却在世界范围内有着超强竞争力，他们几十年甚至几百年专注于一项产品领域，力图做到最强，并成为大业。

（3）在质量管理上坚持标准、追求完美。

标准在德国无处不在，其标准涵盖了汽车、机械、服务业、家电等所有产业门类，超过3万多项，成为"德国制造"的基础。德国的标准化组织，如德国标准化学会（Deutsches Institut für Normung，DIN）、德国电气工程师协会（Prufstelle Testing and Certification Institute，VDE）、德国机械制造标准委员会（Verband Deutscher Maschinen-und Anlagenbau，NAM）每年都会制定上千个工业领域的行业标准，并对每个制造业企业进行严谨、公正、客观的质量认证和监督，得到了国内外的高度认可。

（四）中国

1. 中国开展质量品牌建设原因

我国装备制造业经历了一个快速的跨越式发展历程，在此过程中，国家和行业对质量品牌的建设尤为关注，倾注了大量的人力、物力与财力。其原因归结于以下几个方面。

（1）国家及行业需要。

总的来说，质量品牌的建设是发展中国家的必然选择，"中国制造2025"的提出均为中国的装备制造业发展提供了方向，随着我国装备制造业总体呈现出良好的发展态势，装备制造也朝着自动化、集成化、信息化方向发展。[4]但2016年，中国的装备制造业处于发展的新阶段，质量治理机制不完善，基础能力薄弱等问题亟须解决。

（2）国家政策支持。

第一，"中国制造2025"的提出：坚持质量是坚持制造强国的生命线，没有一流的制造质量，就不可能建设成为制造强国，我国必须走以质取胜的发展道路。

第二，质量治理机制不完善：我国国家质量治理体系尚未形成，包括质量工作体制不健全、质量管理运行机制不完善，市场配置资源的决定性作用尚未得以充分发挥，市场的价格发现功能、服务配套功能、信息反馈功能、调节激励功能更不足。在一定程度上，既影响政府管理效能，又制约企业创新的主观能动性。

（3）发展阶段需要。

截至2020年初，我国的装备制造业处于发展的新阶段，改革开放以来，我国装备制造业快速发展，总体规模和实力迈上了一个新的台阶。但大而不强，一个突出的问题是基础能力薄弱、发展滞后。长期以来，我国相当部分关键基础材料、核心基础零部件（元器件）不能自给，大量依赖进口；国产核心基础零部件（元器件）可靠性低，性能和质量难以满足主机需求，致使主机面临"空壳化"困境。落后的基础工艺，也带来了我们基础工业资源消耗大，环境污染严重，企业运行效益低，基础体系缺乏等等问题，难以支撑行业的健康发展。

如果不解决这个问题，我国将面临来自发达国家重振制造业和发展中国家以低成本承接国际产业转移的双向挤压，导致我国资源、能源、环境、劳动力制约的压力，我国工业将会"失血"，特别是一些关系到国家经济命脉和国防安全的重大装备的基础材料和基础零部件，一旦国外禁运，遭遇锁喉之痛，后果将十分严重。因此，我国支持和发展质量品牌建设具有重要意义。

（4）行业比较优势。

中国的装备制造业正在全球价值链中由低端向中高端跃升。同时培育一批具有国际竞争力的自主品牌，形成一批质量水平一流的世界级制造企业和产业集群。就轨道交通装备制造业而言，现在中国已经形成了自主研发、配套完整、设备先进、规模经营的完备体系。高铁已经成为"中国建设速度"的显著象征和中国技术与标准"走出去"的闪亮名片；这两年中国在加大创新投入，集中精力攻克一些关键技术和关键部件。截至 2020 年初，我国装备制造业总体呈现出良好的发展态势，装备制造也朝着自动化、集成化、信息化方向发展。具体来讲，自动化体现在装备能根据用户要求完成制造过程的自动化，并对制造对象和制造环境具有高度适应性，实现制造过程的优化；集成化则体现在生产工艺技术、硬件、软件与应用技术的集成，从而使工业装备在性能和质量等方面实现升级。

相较于全球其他制造国家，我国制造业起步晚、底子薄，但近代尤其是自改革开放以来，我国制造业在技术创新、人才培养等方面已经取得了诸多进展，由我国制造的许多高端装备也进入了国际市场。

2. 中国支持质量品牌建设的举措

在不断的探索过程中，我国政府以及装备制造业多措并举，持续推动了质量品牌的建设。

（1）健全多元共治、协同有效的质量治理机制。

健全"用脚投票"的市场机制，着重解决市场中质量信息不对称的问题，引导生产要素向高效率产业聚集。健全质量监督检查和责任追究机制，以涉及健康安全、国计民生等领域产品为重点，完善产品质量安全风险预警机制，完善强制性产品认证事中和事后监管。健全质量品牌发展市场机制，加快培育技术与知识产权意识，依法打击知识产权侵权和不正当竞争行为。

（2）优化产业结构，提高产业发展的质量人员保障能力。

加快落后产能淘汰与质量主导型产业培育。制定市场准入负面清单，全面清理和废止不利于全国统一市场建设的政策措施，同时制定质量竞争型产业发展目录。提升新兴产业和智能制造标准化引领作用，实施制造业标准化提升计划，融合政府主导制定的标准与市场自主制定的标准，形成新型标准体系。建立完善的质量品牌人才培养体系，发挥高校和科研机构的智库作用，构建多层次质量和品牌人才培养体系，加强质量专业人才的有效供给。

（3）加强优质产品有效供给能力。

改善产品结构，提升产品质量。稳定和保持传统行业和品种结构优势。鼓励企业制定实施先进技术标准，提高生产技术装备水平，加快产品更新换代，优化产品结构。加快解决影响质量的关键共性技术问题，依托工业强基工程，以机械、石化、钢铁、建材等经济总量较大的行业和战略性产业为重点，实施质量提升工艺优化行动。推动区域产品质量整体提升，按照区域主题功能定位和工业布局，综合考虑能源资源、环境容量、市场空间等因素，优先重点产业布局，实现产品和服务质量协同发展。提高质量服务的社会化水平，加强社会中介组织的建设力度，推动质量服务的市场化进程。

（4）完善质量品牌平台建设，提高品牌培育能力。

建立完善的质量品牌公共服务平台，加强质量品牌服务社会中介组织建设，推动质量品牌服务市场化、平台化运行，为企业提供专业化服务。建立完善的质量品牌活动推进平台，引导社会中介组织加强质量和品牌指标体系、信息渠道和共享机制研究，建立特色鲜明的质量和品牌信息共享平台。加强质量品牌信息共享平台建设，发挥政府部门、中介组织、企业、消费者和新闻媒体的合力，完善质量和品牌活动推进平台。

3. 中国质量品牌建设的特点

在长期的探索中，我国装备制造业质量品牌的建设形成了与其他国家和地区不同的特点，这些特点也成为我国船舶工业质量品牌建设的时代背景。

（1）制造业质量竞争力稳步提升。

对于我国各个行业的质量竞争力而言，总体上来看，计算机、通信和电子行业较强，医药制造业竞争力也进入较强竞争力发展阶段；仪器仪表制造业、铁路、船舶、航空航天和其他运输设备制造业、电气机械和器材制造业、专用设备制造业、汽车制造业、通用设备制造业、化学纤维制造业、烟草制造业等八个行业略弱一些，处于中等质量竞争力发展阶段，具备一定的竞争优势和发展潜力；而食品制造业、印刷和记录媒介复制业等行业还处于欠竞争力。

（2）"中国制造"的品牌效应尚未发挥。

质量是品牌的第一要义。2006—2016 年，我国制造业鲜有企业进入世界品牌前 100 位，进入前 300 位、500 位的企业数量屈指可数。中国品牌 500 强中，制造业上榜品牌数量约占 70% 以上，但制造业品牌价值增速不断下滑，制造业品牌的数量、种类、含金量、影响力与我国经济发展规模相比极不相称。

我国制造业规模与竞争力不匹配。虽然我国制造业总量位居全球第一，但制造业竞争力不强，整体制造业竞争力在 15 个制造大国中仅排名第 13 位；世界 500 强企业中，我国制造业总体竞争力不强；我国制造业质量效益有待提高。2016 年国家监督抽查产品抽样合格率分布情况显示，有 8% 的产品的抽查合格率不足 80%。[4]

（3）经济新常态对质量和品牌提出的新挑战。

我国经济发展正处于转型的关键时期，各种生产要素成本增加，传统的低成本优势已逐渐丧失；人口老龄化、新增适龄劳动人口增长放缓，人口红利逐渐衰退；我国以往的重发展不重环保所造成的环境欠账，加之自然资源有限，已严重制约着我国制造业的发展；传统制造强国凭借技术、人才等优势在先进制造、工业互联网等高端领域抢占先机。综上所述，我国制造业正面临着前所未有的多重挤压，一系列内因和外因相互交错，使我国经济迈入新常态。

（4）供给侧结构性改革对质量和品牌的新使命。

质量是供给侧结构性改革的重要抓手。提升质量有助于减少无效和低端供给，有助于扩大有效供给、满足消费需求，有助于提高出口竞争力，有助于提高全要素生产率的经济发展效益。提升质量成为供给侧结构性改革的一个重要突破口和重要抓手，这既是抓当前的紧要之策，更是谋长远的战略之举。

4. 中国装备制造业质量品牌发展策略

从上述内容可以看出，我国装备制造业在建设质量品牌的过程中，重点考虑了如下的一些发展策略。

（1）从战略层面上全面设计中国装备制造业发展的方向与重点。

从发展战略阶段考虑，我们不可能在短期内使所有的产业都达到国际领先水平，因此，在战略上要先从关键技术、瓶颈环节入手，从国家层面对重点产业关键环节进行整体研发，突破发达国家的技术垄断与技术壁垒。如通信产业的 3G 标准的应用、汽车生产中的品牌设计、电子产业中的重要芯片的知识产权。

（2）实施优质制造工程。

设立财政专项资金，实施"优质制造工程"，以事关国计民生的重大装备及热点消费品为重点，加快质量技术基础建设，提高产品质量保障能力。针对电动汽车、汽车钢板、数控机床、高铁装备、高端检测仪器、家用电器、医疗器械、通信设备、中药、婴幼儿奶粉十大领域，实施质量提升行动，着重解决与质量技术基础有关的问题。

（3）出台质量促进法。

通过出台质量促进法完善我国的质量法律体系。国内质量法律主要是《产品质量法》《消费者权益保护法》等，关注的是质量安全和质量问题的管理，而对于质量发展和质量促进仍是空白。质量促进法的制定，将会促进我国经济发展的转型升级。应加快质量促进法的出台，重点明确立法总则、主体内容和法律责任，完善我国质量法律体系，推动质量提升和品牌发展，促进我国经济发展的转型升级。

二、国内外先进装备制造企业质量品牌建设案例研究

质量综合地反映了一个国家的经济、科技、教育和管理水平。德国、日本和美国等发达国家的实践经验表明，要想实现经济的快速发展，首先必须严抓质量、形成品牌。我国经济社会正处于转型发展期，支撑我国经济发展的各种资源和要素都发生着巨大的变化，因此亟须通过提高质量效益对冲经济下行所带来的压力。从供给侧的视角来看，当前我国制造业供需结构不合理，低端产能过剩，占用大量资源，而优质、有效供给能力不足，质量提升内生动力不足。加强质量提升与品牌发展，扩大有效供给，将是我国制造业质量面临的新使命。

自《中国制造2025》颁布后，国家和各省（区市）陆续出台了质量发展纲要和行动计划，进一步明确了"实施质量强国战略"，全社会提升质量品牌的共识已经形成。为实现质量强国的战略目标，质量提升与品牌发展需解决两个关键问题：一是制造业质量与品牌需要适应经济新常态的新要求；二是制造业质量与品牌需要肩负起供给侧结构性改革的新使命。

制造业中以汽车、航空、高铁为核心的三个领域，本书选择两个具有典型代表的企业，航空领域选择美国波音公司，作为拥有百年历史的航空航天飞行器制造商，形成军民融合的品牌特色；汽车领域中日本的丰田汽车公司拥有自己独特的质量品牌建设策略，值得我们进行深入探究。

（一） 美国波音公司

1. 企业质量品牌发展历程及战略

波音公司在航空业中具有举足轻重的地位，近几年来，该公司产品虽然在市场中存在着诸多质量方面的问题，但在历史上，波音公司对质量品牌的建设过程，仍然值得我们关注和学习。吸收精华，弃其糟粕，是我国船舶工业学习质量品牌建设的应有之义。

（1）先进质量体系。

波音公司于20世纪80年代中期开始实施全面质量管理战略，不断探求全面质量管理方法，将自身的管理实践总结提炼形成了具有本公司特色的质量品牌发展战略，即"先进质量体系"（Advanced Quality System，AQS）。波音公司在1996年编发了第一版D1-9000A《先进质量体系》，包括ISO9000的基本质量要求和统计过程控制（Statistical Process Control，SPC）方法和手段，尤其是将国际航空航天质量组织制定的AS9100系列标准要求与本企业自身特点、需求和经验相融合。[18]

AQS是一种发展的改变运作方式的全面质量管理方法，它借鉴了全面质量管理思想中的持续改进、过程管理和精益生产的理念，融合了目标管理的思想精华，尤其注重系统化和程序化地应用各种统计方法和工具，使全面质量管理活动更加量化和具有可操作性。通过AQS，波音公司形成了一套适合于本企业的质量品牌建设模式。

（2）引入SPC工作。

波音公司强调质量管理的实施要有科学方法和科学措施来保证，将SPC工作纳入质量品牌建设体系，在质量管理体系上构建过程控制方法体系，解决开展过程控制所需的组织机构、程序和资源等问题。

波音公司编制《先进质量体系》的一个主要目的就是提供减小质量特性波动的生产过程持续改进方法。AQS对波动的控制从顾客需求开始直到整个产品寿命周期，给出了减少关键特性波动控制的流程图，注重通过完善产品设计来控制波动，规定了实施质量管理采用的统计分析方法和工具的管理流程及工作流程，将全面质量管理使用的各种统计方法和工具系统化、程序化，将所有统计技术分析方法和工具汇总成册，说明每一种方法和工具的使用范围和使用条件，给出了遇到问题时的解决途径；强调应从设计就开始分析存在的波动，设计者应与顾客和供应商共同合作，需要的情况下应成立综合产品组（Integrated Product Team，IPT），挖掘更多顾客和设计的要求。

（3）数字化制造和并行工程。

波音公司在数字化研制与并行工程推广应用过程中，形成了完整的标准体系。1997 年，波音公司针对基于模型定义（全三维）数字化产品的研制模式，协助美国机械工程师协会，开始进行有关标准的研究和制定工作，于 2003 年成为美国国家标准《数字化产品定义数据的实施》（Y14.41）。在该标准基础上，波音公司制定了公司的基于模型定义技术应用规范 BDS－600 系列标准。波音公司制定了 D6－51991《供应商数字化产品定义质量保证》标准。该标准作为波音公司质量管理体系的补充，规定了供应商数字化数据系统控制要求，明确了波音供应商数字化产品定义质量保证/控制体系，编制了数字产品定义/基于模型的定义检查单，评估和确认供应商的数字化产品定义质量保证能力。[19]

2. 企业质量品牌建设的核心

历史上，波音公司的质量品牌建设，强调了以下几个核心方面。

（1）核心技术。

大力推行数字化制造和并行工程，通过建立"设计制造团队"和使用数字化研制技术，消除研制中的不协调和质量隐患。

（2）创新能力。

创新性建立质量认证标准，AS9100 标准认证、软件 CMMI 分级评定等方式，强化供应商的资格管理。

（3）质量体系。

提出具有自身特色且高于、严于 ISO9001 标准的质量管理体系要求；建立和运行全方位的绩效量化测量体系，从产品质量、过程受控情况、完成任务情况和经济效益、顾客满意度等方面进行测量和评价；建立供应商绩效测量体系和监督管理体系，对供应商的绩效从质量、交付期和总体绩效等方面量化评价，并督促改进。

（4）品牌管理。

从战略层面到具体流程和活动，长期、全面、系统地实施追求卓越的持续改进；全面运用统计控制技术等科学方法实施质量品牌过程的波动管理，将其作为 AQS 重要的内容。

（二）日本丰田公司

1. 企业质量品牌建设发展历程及战略

日本丰田公司素以强调质量品牌建设而闻名世界，其发展历程及发展战略中，有诸多值得我国企业学习之处。

（1）建立质量管理体系项目组织机构。

丰田汽车公司从管理层与工作层两个层面设置工作小组，质量品牌管理小组由公司最高领导者以及各工厂领导和各部门负责人构成，其职能是对公司机构、部门职能和生产管理流程进行决策，对公司内部资源进行优化配置，对公司重大事项进行决策等；而工作小组主要是公司质量部门以及内部管理部门的领导带头，由各部门相关人员构成，其基本职能是对公司相关业务活动进行组织协调、落实培训活动，做好同咨询专家业务的交流，负责召开例会，对生产项目进行监督等。

（2）从生产源头上对质量进行控制。

为保证在源头上控制产品质量，丰田汽车质量品牌管理制度要求，任何作业人员在发现产品存在质量问题的情况下都有权停止全线生产，从而对质量问题进行处理。所以丰田汽车公司内部生产线中，每一名作业岗位都设置了两条拉线，其一属于呼救线，其二属于停车线，如果处于工位中的操作人员在生产过程中发现异常，要求他能够自行及时处理，如果操作人员不能处理，则应当第一时间拉呼救线寻求援助，现场管理和技术人员按照呼救信号立即前往该工位，从而对异常问题快速处理。

（3）方针目标管理。

丰田公司的质量管理体系包含了内部所有部门，属于全过程和全体职工参与的质量管理（Company – Wideal Quality Control，CWQC）。为真正确保质量管理体系实际功能的发挥，关键在于进一步完善管理制度。方针目标管理即是对丰田汽车公司质量管理体系构建发挥出强大支持作用的管理制度，丰田公司从 1963 年就已经引入方针目标管理，每年年初时，丰田以公司方针与目标的形式，向所有管理者和基层职工发布公司策划与制定的战略发展指南以及当年度的发展目标，包括实现目标所需要采取的方法举措，同时把内容非常详细的分解为各工厂的生产任务目标和各部门的工作目标等。[20]

2. 企业质量品牌建设的核心

（1）核心技术。

全过程和全体职工参与的质量管理，简称 CWQC 是丰田公司在质量品牌建设方面的核心技术，丰田以公司方针与目标的形式，向所有管理者和基层职工发布公司策划与制定的战略发展指南以及当年度的发展目标。

（2）创新能力。

使用 IE 解决主要问题是丰田质量品牌管理的创新方法，各类产品生产过程及服务过程中的增值链问题。新产品进入生产阶段后，运用 IE 的知识来解决生产的组织与运行问题，如，如何缩短生产线，如何进行零部件和制成品的全球配送，如何保持生产或服务的质量等。

（3）质量体系。

精益生产（Toyota Production System，TPS）：做到质量与成本管理的经济性、基本适应性协调统一。丰田汽车公司设置了领导与工作小组，能够对公司生产、销售、组织管理等几乎所有经营活动进行有效的质量监控，从而确保质量监督体系得以顺利构建。

（4）品牌管理。

丰田生产方式的准时化生产、看板管理、全面质量管理、生产的分工与协作以及以消除浪费为核心的改善活动等，所有这一切都离不开人的积极参与，都离不开具有积极性、主动性、创造性的人。所以，推行丰田生产方式，必须尊重人性，调动人的积极性，培养人的责任感和自主精神，促使人们去寻求脚踏实地完成工作的更好方法，构建更加系统化的质量品牌管理体系是促进汽车企业产品质量提升的必然要求，也是确保汽车企业不断发展壮大的前提条件。

（三）中国航天科技集团有限公司

1. 企业质量品牌发展历程及战略

中国航天科技集团有限公司在质量品牌的建设过程中同样不甘人后，形成了一套体系化的操作模式与要点。

（1）严控质量体系管控模式。

建立国内本行业标准体系，能够对系统内配套产品质量进行有效的控制。

（2）建立完善国内产品生产标准。

作为中国航空质量品牌建设的核心环节：创建航空建设团队文化，以标准化管理为导向，坚持对国家、对人民高度负责的态度，始终坚持把质量安全摆在最核心、最重要的位置，弘扬苦干实干的作风，铸造了"勇攀科技高峰、争创世界一流"的航天精神，形成了"标准成为习惯，习惯符合标准"的建设共识，凝聚了人心，鼓舞了士气，提升了战斗力。

（3）建立完善国内产品生产标准。

建立了面向全球的产品协同设计手段，能够对各级各类合作伙伴的产品设计、仿真、制造过程进行高效协同。

2. 企业质量品牌建设的核心

该企业建设质量品牌的过程中，有以下一些关键的核心点。

（1）核心技术。

自 1956 年开始，经过 64 年的不懈努力，中国航天技术得到了长足的发展。"长征"系列火箭已具备各类轨道、各种质量和各类航天器的综合发射能力，入轨精度达到国际先进水平，近地轨道运载能力达到 25 吨，地球同步转移轨道运载能力达到 14 吨，太阳同步轨道运载能力达到 15 吨。中国卫星覆盖了科学、通信、气象、资源、遥感、导航等主要领域，许多单项技术已达到世界先进水平。中国发射的卫星总数居世界第三位，截至 2018 年 11 月 30 日，在轨工作卫星 283 颗，仅次于美国（849 颗）居世界第二位，比第三位俄罗斯（152 颗）多 130 余颗。中国不仅独立开展了月球探测活动，独立实施了载人航天工程、独立建设了全球导航卫星系统，还将建设具有长期运行能力的空间站。[21]

（2）质量体系。

质量控制体系的建立和有效运行是支撑航天产品研制的重要保障，在国内生产配套模式下，航天企业建立了具有中国航天特色的质量控制体系。但在全球化配套模式下，该体系如何适应国际配套关系，特别是在产品出现质量问题、需要技术归零时，如何做到追溯产品质量，保障产品质量及可靠性，航天企业还需要做进一步深入研究。

（四）国内外装备制造业质量品牌发展经验归纳与总结

质量品牌是构成国家核心竞争力的基本要素，通过前面分析美国波音、日本丰田、中国高铁三个企业的质量品牌建设经验，我们可以分析出共性的经验。

1. 注重形成质量品牌文化

企业的质量品牌文化会推动形成独特的质量管理模式的形成，如日本"敬业文化"，认为在生产的过程中，生产出高质量的产品、世人公认一流水平是理所当然的。反映在产品、生产、服务等方面，形成了产品技术含量高、设计精巧合理、生产工艺精益、服务质量优秀的特点，而这一切也正是日本品牌的优势所在；美国品牌文化注重企业、供应、客户是质量价值链的统一体，创造开放、诚信、高效的商业模式；德国工匠文化，将自己的产品精雕细琢，将品质提高到99.99%，完美主义、标准主义均为其代名词。这些虽为内容不同的企业质量品牌文化，但是它们为品牌注入了灵魂，创造和形成企业员工的质量意识，有助于推动企业的质量品牌建设。

2. 形成全方位的质量控制体系

对比日本的全方位建立质量控制体系，着重解决市场中质量信息不对称的问题，引导生产要素向高效率产业聚集。健全质量监督检查和责任追究机制；德国完善产品认证事中、事后监管；美国现代统计质量控制之父休哈特（其提出的著名的控制图）、提出量控制"三部曲"。统计质量控制、质量成本测量和控制、全面质量管理、故障分析及零缺陷等。

3. 重视企业的质量品牌信息获取

"无测量、无管理"（No Measurement，No Management）。这是德国职业经理人耳熟能详的一句话。意思是说，管理的前提是可以量化、可测量、估算被管理的事物，重视客观数据和信息的事实来进行决策和管理；制造业的质量工具的使用，像日本采用的"精益小组"，通过工作小组来获得相应的质量信息。

三、国内外典型装备制造业质量品牌影响因素研究

通过分析国内外先进装备制造企业质量品牌建设案例，深入探究其发展历程以及在质量品牌建设的战略与核心内容，在总结归纳其发展经验后，深入研

究其质量品牌的影响因素，为中国的制造业质量品牌建设积累经验。

（一） 国家发展质量品牌的特点

综合前述案例素材可以看出，不同国家在发展质量品牌时存在着一些共性与差异，如表 2 - 1 至表 2 - 2 所示。

1. 共性

表 2 - 1　　　　　　　　　　国家发展质量品牌的特点的共性

国家发展质量品牌的特点	
共性	各个国家做法
（1）政府出台政策，鼓励制造业质量管理创新 （2）政府出台法律法规进行规范	日本：日本政府积极研究和开发信息技术投资促进税制，强化税制的减税比率等扶持政策，鼓励装备制造业进行信息技术开发创新
	韩国：希望夺取下一代产业的国际先导权。韩国产业通商资源部和科学技术信息通信部 2019 年 6 月 20 日公布了第四次工业革命国际标准抢滩战略。韩国政府计划在 4 年内提出 300 个国际标准，将韩国提出的国际标准比重从目前的 12% 提高到 20%。此外，韩国政府还计划将被选入国际标准化机构主席团的韩国人数量增加 1 倍，争取达到美国、日本和德国等国际标准主导国的水平
	德国：工业 4.0 战略运用信息物理系统等技术手段，顺应以智能制造为主导的第四次工业革命大趋势，实现制造业生产方式与组织形式的变革。这是德国政府推出的《高技术战略 2020》十大未来项之一。从整体来看，德国的工业制造技术强，信息技术弱，通过工业 4.0 战略继续维持其全球工业高端地位，是德国工业 4.0 战略的基本要义

资料来源：张静. 韩国要跻身"世界制造业四强"[N]. 环球时报，2019 - 06 - 21.

宋谦，杜伊凡，王静. 辽宁省装备制造业国际竞争能力分析——日本经验的借鉴 [J]. 沈阳工业大学学报（社会科学版），2015，8（1）：53 - 56.

张富禄. 德国制造业转型发展的基本经验及启示 [J]. 中州学刊，2019（3）：29 - 34.

2. 差异

表 2 - 2　　　　　　　　　　国家发展质量品牌的特点的差异

国家发展质量品牌的特点	
差异	各个国家做法
不同国家制造业发展处于不同的阶段	日本：仍处于技术创新和产业升级，始终处于世界制造业强国的地位，虽然在 20 世纪 90 年代中期，日本整体经济急转直下陷入长期低迷状态，日本的国际竞争（International Institute for Management Development Lausanne，IMD）从 1993 年的第 1 位下降到 2002 年的第 30 位
	韩国：随着中国制造业的崛起，韩国在中低端制造业的优势逐渐丧失，而在高端产品上韩国也缺乏美、德、日等国的革新性创新优势，因此企业品牌存在隐忧。为了保持品牌上的优势，韩国政府从传统领域及新兴领域两方面入手
	德国：处于智能制造的阶段，工业 4.0 战略运用信息物理系统等技术手段，顺应以智能制造为主导的第四次工业革命大趋势，实现制造业生产方式与组织形式的变革。制造业转型的根本目的是建设制造强国，实现高质量发展。制造业转型要以制造业为根基，着力发展实体经济，提升产业竞争力和国家竞争力
	中国：中国的装备制造业正在全球价值链中由低端向中高端跃升。同时培育一批具有国际竞争力的自主品牌，形成一批质量水平一流的世界级制造企业和产业集群。就轨道交通装备制造业而言，现在中国已经形成了自主研发、配套完整、设备先进、规模经营的完备体系。高铁已经成为"中国建设速度"的显著象征和中国技术与标准"走出去"的闪亮名片；2016 年，中国在加大创新投入，集中精力攻克一些关键技术和关键部件

资料来源：张静．韩国要跻身"世界制造业四强"［N］．环球时报，2019 - 06 - 21.

宋谦，杜伊凡，王静．辽宁省装备制造业国际竞争能力分析——日本经验的借鉴［J］．沈阳工业大学学报（社会科学版），2015，8（1）：53 - 56.

张富禄．德国制造业转型发展的基本经验及启示［J］．中州学刊，2019（3）：29 - 34.

林忠钦．中国制造 2025 与提升制造业质量品牌战略［J］．国家行政学院学报，2016（4）：4 - 9.

（二）企业发展质量品牌的特点

同样地，伴随国家发展质量品牌的共性与差异，各家企业在发展质量品牌时也存在着共性与差异，如表 2 - 3 和表 2 - 4 所示。

1. 共性

表 2 - 3　　　　　　　　　　企业质量品牌管理特点的共性

企业质量品牌管理特点	
共性	各企业表现
1. 形成完整的质量管理体系	美国波音自身的管理实践总结提炼形成了具有本公司特色的质量品牌发展战略，即"先进质量体系"（Advanced Quality System，AQS） 丰田公司的质量管理体系包含了内部所有部门，属于全过程和全体职工参与的质量管理，简称 CWQC。为真正确保质量管理体系实际功能的发挥，关键在于进一步完善管理制度。方针目标管理即是对丰田汽车公司质量管理体系构建发挥出强大支持作用的管理制度 中国高铁形成"一个引领、三项支持、三大控制"，上端是目标体系，包含质量管理工作目标和实体质量控制目标两部分；下端是控制体系，包含质量意识、质量行为、实体质量 3 个功能模块
2. 制定质量管理的标准	波音公司针对基于模型定义（全三维）数字化产品的研制模式，协助美国机械工程师协会，形成美国国家标准《数字化产品定义数据的实施》。波音公司制定了公司的基于模型定义技术应用规范 BDS - 600 系列标准 日本丰田公司形成精益生产：做到质量与成本管理的经济性、基本适应性协调统一。丰田汽车公司设置了领导与工作小组，从而确保质量监督体系得以顺利构建 中国高铁针对高速铁路的技术特点，构建并不断完善我国高速铁路产品的技术标准、运营维修技术标准、工程建设标准，涵盖了工务工程、动车组、通信信号、牵引供电、运营管理、安全风险防控、系统集成 7 个方面的技术体系，为我国高速铁路建设和运营提供基础性支撑
3. 质量管理需有创新能力	美国波音公司创新性建立质量认证标准，AS9100 标准认证、软件 CMMI 分级评定等方式，强化供应商的资格管理 日本丰田公司使用 IE 解决主要问题是丰田质量品牌管理的创新方法，各类产品生产过程及服务过程中的增值链问题。新产品进入生产阶段后，如：如何缩短生产线，如何进行零部件和制成品的全球配送，如何保持生产或服务的质量 中国高铁的质量品牌建设创新了完善的高速铁路产品技术标准体系。及时对铁路的关键技术、产品、方法等进行研究梳理，总结提炼高速铁路技术创新成果，统一组织制定铁路行业层面的技术标准

资料来源：苗宇涛，范艳清，李司晨. 波音公司质量管理及可借鉴之处［J］. 质量与可靠性，2015（2）：60 - 63.

宋谦，杜伊凡，王静. 辽宁省装备制造业国际竞争能力分析——日本经验的借鉴［J］. 沈阳工业大学学报（社会科学版），2015，8（1）：53 - 56.

林忠钦. 中国制造 2025 与提升制造业质量品牌战略［J］. 国家行政学院学报，2016（4）：4 - 9.

2. 差异

表 2 - 4　　　　　　　　　　企业质量品牌管理特点的差异

企业质量品牌管理特点	
差异	各企业表现
1. 根据企业所处制造业不同特点，形成不同的管理方法	美国波音自身的管理实践总结提炼形成了具有本公司特色的质量品牌发展战略，即"先进质量体系"（Advanced Quality System，AQS） 丰田公司的质量品牌管理方法属于全过程和全体职工参与的质量管理，简称CWQC。对丰田汽车公司质量管理体系构建发挥出强大支持作用的管理制度 中国高铁形成"一个引领，三项支持，三大控制"
2. 形成不同的产品类型，形成不同的质量品牌形象	波音公司主要是数字化产品，突出产品的高科技，在民用和军用不同的领域形成不同品牌策略 日本丰田公司形成精益生产。主要是突出成本与生产收益的一致性 中国高铁针对高速铁路的技术特点主要是构建了高质量，攻坚困难环境，打造中国高铁高技术的独特性

资料来源：苗宇涛，范艳清，李司晨. 波音公司质量管理及可借鉴之处 [J]. 质量与可靠性，2015（2）：60 - 63.

宋谦，杜伊凡，王静. 辽宁省装备制造业国际竞争能力分析——日本经验的借鉴 [J]. 沈阳工业大学学报（社会科学版），2015，8（1）：53 - 56.

林忠钦. 中国制造2025与提升制造业质量品牌战略 [J]. 国家行政学院学报，2016（4）：4 - 9.

（三）装备制造业质量品牌特点

全球装备制造业在截至目前的质量品牌建设中，普遍存在着以下的特点。

1. 质量标准可量化

对于制造行业来说，大多是劳动密集型企业，生产的产品大多是实物产品，产品的特性（功能性、安全性、经济性、可靠性、可信性、时间性、时效性）决定了产品的质量，它的质量特性大多是可以通过量化的指标来衡量的。

2. 坚持"持续改善"的质量品牌推进原则

质量品牌历来都是构成一个国家制造业核心竞争力的基本要素，关乎国家经济社会发展和制造强国建设全局。制造业的技术创新更新换代快，因此，相对应质量品牌建设原则也应该持续更新，才可以更好地适应发展。

3. 坚持以数据为原则

制造业中开展质量管理主要是运用数理统计分析等手段，把生产过程中的各个因素在各种情况下对产品的质量所起的作用，用数据准确地表现出来，从而把影响产品质量的因素排除在产品制成之前，以确保产品质量更稳定可靠。

（四）装备制造业质量品牌影响因素

伴随质量品牌建设的特点，全球装备制造业质量品牌建设过程存在着以下的一些核心影响因素。

1. 关键质量技术

质量品牌的提升离不开相关技术手段的支撑，从被调研的制造企业来看，尽管在质量品牌提升过程中有很多成功的经验，但在技术手段上亟须进一步提升。在先进的技术和产品开发方面，需要各种行业相关应用系统和使用工况的长期积累，形成相关的应用手册，需要有长期积累的数据库、设计规范和计算数学模型。

2. 质量管理方法

不同类型的企业会根据自身特点制定相应的质量管理方法，如全面质量管理、"先进质量体系"（Advanced Quality System，AQS）；丰田公司的质量品牌管理方法 CWQC。

3. 企业生产质量文化

在前述提到的德国的工匠文化、日本的敬业文化、中国的"大国工匠"等，企业的生产质量文化建设是质量品牌建设的精神和灵魂，因此企业应该注重培养独特的企业文化。

4. 国家政策环境

每个国家的政策环境都会影响其制造业的质量品牌发展，如政策性的鼓励创新或质量监管的法律法规的出台，德国工业 4.0 时代政策、中国制造 2025 等都会影响企业的质量品牌建设的方向。

5. 质量技术创新能力

质量品牌建设是动态的过程，在不同的质量技术控制下，会形成不同的质量标准，如果想要建设高质量的品牌企业，需要不断进行质量技术的创新，保持企业的创新活力。

第三章

国外船舶工业质量品牌发展现状

一、船舶动力行业

（一）曼恩（MAN）

德国曼恩集团在船舶动力行业享誉盛名，产品以质量著称，其质量品牌发展历程与现状，包括以下几点内容。

1. 历史沿革

（1）发展历程。

德国曼恩集团是世界500强企业，是世界主要卡车、客车和柴油发动机制造商之一，总部设在德国慕尼黑。其卡车品牌"斯太尔"和客车品牌"尼奥普兰"在中国已取得相当的成功。MAN是一个欧洲领先的工程集团，在世界120个国家有约62 000名员工在商用车辆、工业服务、印刷系统、柴油发动机和涡轮机五大核心领域工作，能力全面，提供系统解决方案，年销售额达150亿欧元（2004年）。曼恩集团通过成立全资子公司和与当地公司合资经营的模式，在印度、波兰、土耳其、中国、美国、阿联酋、南非、乌兹别克斯坦、葡萄牙和奥地利设有子公司。[22]

（2）公司战略演变。

成立：技术革新

1898年"纽伦堡机械制造股份公司"（1841年建立）与"奥格斯堡机械工厂股份公司"（1840年建立）合并为"奥格斯堡联合机械工厂和纽伦堡机械

制造公司股份公司"。1908 年改名为"奥格斯堡—纽伦堡机械工厂股份公司",简称 M. A. N. 。动力运输和钢结构建筑是这个时期的主要话题。曼恩早期的先辈们负责过许多技术革新项目,对新技术的完全开放是这些早期企业家和工程师的成功的基石。

第二次世界大战后:战略性收购和处置

第二次世界大战后,M. A. N. GHH 失去了所有在国外的经营活动,并且在战争中损失惨重。盟军部队控制了所有 GHH 公司,分割公司把钢铁生产设施分给独立的个体所有。因此,公司将重点转向德国的南方工厂和商业车辆。这个过程一直支持战略性收购和处置,最重要的是接管商用车制造商 Büssing (1971 年)、德意志造船厂 (1966—1967 年) 的股份处置,和收购印刷机械制造商 Faber & Schleicher 以及将其融合到曼罗兰股份公司 (1979 年)。2009 年 5 月 19 日曼恩集团圆满地完成了从德国股份公司 (MAN AG) 转变为一家欧洲股份公司,称之为曼恩欧洲股份公司 (MAN SE)。2011 年 7 月,曼恩集团被德国大众集团收购。[12]

曼恩动力设备公司新战略:为了未来

扩大业务和可持续的技术及解决方案,并在 2030 年之前成为公司的主要收入来源。这一战略调整,将包括产品范围的扩大,扩大至混合动力、存储与数字化服务技术等。

(3) 行业地位变化。

从世界上第一台柴油发动机到第一辆 3 吨级卡车,这是曼恩集团在商用车生产方面的开始,这个成功的开始不仅铸就了曼恩商用车领域辉煌历史的开端,更带来了此后商用车技术的不断革新。

MAN 作为一家汽车制造商,核心是研发和设计高性能的发动机产品。其技术水平在全球发动机制造领域一直保持着领先地位。

(4) 公司愿景。

可靠、创新、灵动、开放,曼恩的品牌价值让产品受到全球客户的青睐,更让曼恩的团队备受尊重;同时也是企业的生存之道:创设于人,共同成长。

2. 业务发展

曼恩集团的业务发展主要可以从以下几方面展开描述。

(1) 业务板块总览、产品谱系演变。

曼恩集团主要下辖三大子公司,每个子公司供应全球各个不同地区市场,三大子公司分别为:曼恩商用车公司、曼恩动力设备公司、曼恩拉丁美洲公司。MAN 旗下的产品主要由卡车、巴士客车和发动机零部件三部分组成。

（2）各板块发展现状：基本信息、财务现状。

曼恩商用车公司，总部位于德国慕尼黑的曼恩商用车公司是曼恩集团中最重要的，也是最大的企业，是世界领先的商用车和柴油发动机制造商之一。

2002 年占有西欧商用车市场份额的 13.7%，研发资金 1.71 亿欧元；2004 员工约 34 000 名，年销售额 74 亿欧元，其中，63 300 辆卡车，6 100 辆公车。

曼恩动力设备公司，2010 年曼恩柴油机公司与曼恩透平机械公司合并组建为曼恩动力设备公司，曼恩动力设备公司是一家跨国公司，总部设在德国奥格斯堡，生产大口径柴油发动机和涡轮机用于海洋和固定应用，如船舶推进系统，动力装置的应用和涡轮增压器。是全球领先的船用和固定应用大口径柴油机以及透平机械供应商之一。

曼恩拉丁美洲公司，前大众卡客车公司，是巴西卡车市场领军者。

（3）各板块重点产品。

基本情况：

卡车产品线涵盖各种用途的轻、中、重型，范围从 6 吨到 50 吨。

客车品牌：MAN，尼奥普兰。

发动机领域：德国独家生产慢速二冲程柴油发动机的企业，也生产天然气发动机，开发、生产、销售卡车、公交车、旅游客车和大中型客车底盘及 110 马力至 1 400 马力的发动机，其中，纽伦堡工厂所生产的发动机可用于驱动车辆、船舶和为工业生产提供能量。

汽车零部件：轴、分动器、卡车和轿车的车架和底盘冲压件。

市场占有情况：

卡车（占集团销售额的 61%），售后零部件和服务（18%），客车（14%），发动机和零部件（7%）。

在航运方面，曼恩的动力产品运输了全球一半以上的货物。

技术特点：

曼恩动力设备公司看到了气体动力技术方面的巨大潜力，能从可再生能源中产生能量，并转化为合成燃料，比如，天然气。利用气体动力技术，可以生产出一些完全的碳中和的合成气体，可以大大减少物流和能源产生过程中的二氧化碳排放。该公司还提供了多种替代驱动技术，包括混合动力驱动，以进一步减少重型燃料发动机在航运业的份额。

（4）业务并购与重组。

2010 年曼恩柴油机公司与曼恩透平机械公司合并组建为曼恩动力设备公

司，是全球领先的船用和固定应用大口径柴油机以及透平机械供应商之一。

3. 质量建设

曼恩集团的质量建设从以下几个方面开展。

（1）公司顶层设计规划/方案。

曼恩集团注重质量建设，多年来坚持提供灵活，高质量的技术服务支持。曼恩集团高度重视售后服务，会最大限度地提高服务效率，最周到的维修服务。

（2）研发领域。

2002 年占有西欧商用车市场份额的13.7%，研发资金1.71 亿欧元。

（3）企业管理水平和效率及提升措施。

掌握尖端技术铸就更高品质。德国曼恩是技术领先的商用车制造商和运输方案供应商，产品种类覆盖中/重/超重型卡车、特种车、城市客车、豪华车、高端发动机和车用零部件等，生产基地和服务网络遍布世界各地。

驾驶员培训。德国曼恩细致、周到、全面的服务可确保卡车不会在行驶中出现故障，从而顺利抵达目的地。德国曼恩的支持服务体系可为客户定制个性化方案以实现更佳的车辆运营方式，从而获得更高的效率和更大的利润。

为客户提供全方位服务。为客户提供全套服务以及量身定制的个性化运输解决方案，将客户的总使用成本控制在最低水平，实现效益最大化。

（4）信息化、数字化及网络化建设。

曼恩正在从商用车制造商向智能化和可持续运输解决方案供应商转变，正是由于这一点，曼恩在 2016 年创立了数字化品牌里奥（RIO），目的是作为一种与交通世界互联的方式，通过一个开放的云平台使得交通运输更加经济和生态友好。为了强调 RIO 是一个可以跨品牌的开放平台，从 2017 年开始，RIO 成为大众集团卡客车产品矩阵中一个独立的品牌。

通过构建这一平台，曼恩可以为客户提供定制化的数字解决方案，方案涉及"曼恩数字化服务"项目下的各种车辆。这就意味着在未来，曼恩的客户无论在什么地方都可以实时看到车辆的各种数据以及导出的数据分析报告。因此，客户也就能收到曼恩针对他们以及他们的车辆给出的改进建议。

4. 品牌管理

曼恩集团的品牌管理历程及特色，包括以下几点内容。

（1）公司品牌发展历程。

德国曼恩发展至今已经有超过 260 年的历史，1758 年，"圣安东尼炼铁厂"在德国奥伯豪森建立，德国曼恩的根基也由此扎根并快速增长。1897 年，在曼恩工作的"Rudolf Diesel"发明了世界上第一台柴油发动机，从此柴油机便以他的名字命名，德国曼恩的这项发明可以说是今天商用车诞生的基石。

（2）当下品牌定位、品牌特色。

始于 1758 曼恩集团（MAN）是欧洲商用汽车行业的领军者，致力于为顾客提供创新的运输解决方案，同时实现有盈利的国际增长和企业价值的可持续性提升。

（3）企业品牌管理的重点措施、成效。

适时转型，随着新能源汽车的逐渐兴起，传统发动机制造商开始受到影响。为寻求更大的发展空间，曼恩能源方案开始了从发动机制造商到能源解决方案提供商的转型。曼恩能源方案除了保持在柴油发动机领域的优势外，还将业务范围扩大到混合动力、存储与数字化服务技术等更多领域。

（二）瓦锡兰

瓦锡兰公司是另一家在船舶动力行业的著名企业，对它的分析框架与之前的曼恩集团相似。

1. 历史沿革

（1）发展历程。

瓦锡兰是来自芬兰的动力系统公司，是面向海洋和能源市场的智能技术和完整生命周期解决方案的全球领导者。通过强调可持续创新、全面效率和数据分析，瓦锡兰最大限度地提高了客户的船舶和发电厂的环境和经济绩效。2018 年，瓦锡兰净销售额总计 52 亿欧元，拥有约 19 000 名员工。该公司在全球 80 多个国家/地区的 200 多个地点运营。瓦锡兰在赫尔辛基纳斯达克上市。[23]

（2）公司战略演变。

2017 年的战略项目，收购、合资企业。

2016 年的战略项目，收购、合资企业和制造业务。

2015 年的战略项目，收购、合资企业和网络扩展。

（3）行业地位变化。

瓦锡兰成立于 1834 年，最初是一家锯木厂，如今已经成为船舶和能源市场智能技术和整套生命周期方案的全球领导者。

（4）公司愿景。

我们的愿景是迈向100%可再生能源的未来。

瓦锡兰的宗旨是通过智能技术实现可持续发展的社会。我们通过合作、伙伴关系，市场洞察力和积极参与生态系统产生变革性结果来塑造我们的市场。

2. 业务发展

（1）业务板块总览、产品谱系演变。

瓦锡兰有近180年的提供陆用和海上动力系统及服务的历史。运营业务涵盖电厂、船舶动力及维修服务三个领域。

（2）各板块发展现状（见表3-1）。

表3-1　　　　　　　　　　瓦锡兰经济数据统计　　　　　　　单位：百万欧元

经济数据	2011年	2012年	2013年	2014年	2015年	2016年	2017年	2018年
净销售额	4 209	4 725	4 607	4 779	5 029	4 801	4 911	5 174
净利润	293	344	425	389	429	357	375	386
总资产	4 597	5 036	5 209	5 280	5 589	5 391	5 648	6 059

资料来源：瓦锡兰官网。

（3）各板块重点产品（见表3-2、表3-3和图3-1）。

表3-2　　　　　　　　瓦锡兰不同地区净销售额情况　　　　　　单位：百万欧元

地区	2011年	2012年	2013年	2014年	2015年	2016年	2017年	2018年
芬兰	30	N/A	N/A	N/A	N/A	121	115	56
其他欧洲国家	1 220	N/A	N/A	N/A	N/A	1 460	1 411	1 429
欧洲	N/A	1 202	1 328	1 402	1 566	N/A	N/A	N/A
亚洲	1 594	2 009	1 713	1 989	2 051	1 774	1 933	1 867
美洲	845	994	1 068	840	1 006	1 039	1 132	1 245
其他国家	520	520	498	548	407	407	321	577

资料来源：瓦锡兰官网。

表 3 – 3   **瓦锡兰业务净销售额**   单位：百万欧元

业务种类	2011 年	2012 年	2013 年	2014 年	2015 年	2016 年	2017 年	2018 年
服务	1 816	1 908	1 842	1 939	2 184	2 190	2 215	2 426
能源方案	1 365	1 498	1 459	1 138	1 126	943	1 401	1 517
海洋方案	1 022	1 301	1 309	1 702	1 720	1 667	1 307	1 232
其他	6	17	– 2	N/A	N/A	N/A	N/A	N/A

资料来源：瓦锡兰官网。

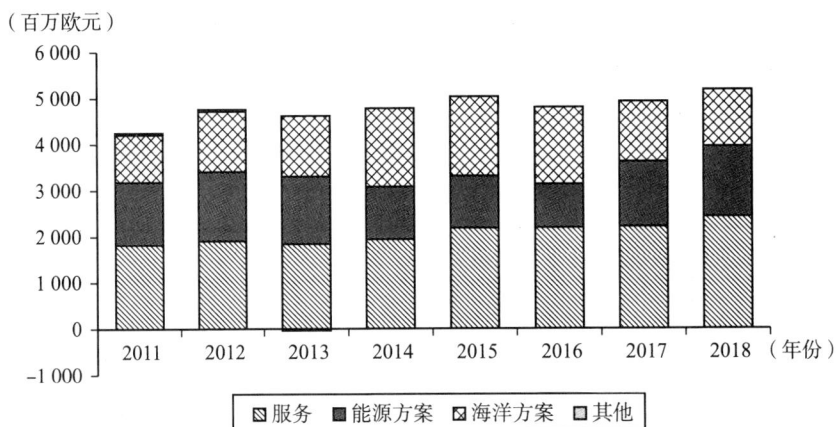

图 3 – 1   瓦锡兰业务净销售额对比

资料来源：瓦锡兰官网。

（4）业务并购与重组：具体事项、并购重组的效果。

瓦锡兰将其业务重组为两大领域——瓦锡兰海洋业务和瓦锡兰能源业务，旗下全新的销售与服务团队将服务于各自的市场。通过这一变革，瓦锡兰致力于通过更好地满足客户整个生命周期的需求，为客户提供更高的价值。全新组织架构将于2019 年 1 月 1 日正式实施，截至 2020 年初，已经基本完成业务架构的重组工作。

将组织架构整合为两个业务领域将使瓦锡兰加速增长，并推进实施智能海洋和智能能源战略。瓦锡兰通过增加对特定市场需求的关注，提供量身定制的完整生命周期解决方案，整合新订单和后续服务，从而真正实现提升客户价值。最后，这一调整还使瓦锡兰能够更有效地为客户提供更高的灵活性和更快的响应时间。

3. 质量建设

（1）公司顶层设计规划/方案。

第一，生产灵活。第二，供应链管理。第三，经常与客户和领先的行业合作伙伴合作。

（2）研发领域。

芬兰船用发动机制造商瓦锡兰公司将投资大约 2 亿欧元在芬兰瓦萨成立智能技术研发中心。作为该项目的一部分，瓦锡兰将投资 8 300 万欧元用于新中心的现代化测试和生产技术，瓦萨地区的智能技术中心总投资将达 2 亿欧元，包括办公室和工厂建筑、物流和基础设施等。到 2020 年，瓦锡兰在原瓦萨中心的所有功能部门和人员将搬迁至新的中心工作，还有来自 Runsor 的物流和维护站业务。作为行业内独特的智能技术中心，新中心将邀请行业内的其他运营商的研究人员开展合作，打造一个合作园区同瓦锡兰的客户和供应商、大学机构一起进行研发和产品发展。

（3）企业管理水平和效率及提升措施。

瓦锡兰提供资产和生命周期管理服务，通过升级、现代化、燃料转换和安全解决方案来优化客户安装的性能。资产管理的目标是能源供应的可靠性和优化，通过连通性公司在整个生命周期内优化资产性能，并为客户提供战略投入以通过智能技术促进其业务增长。资产管理将推动生命周期解决方案的未来增长，并启用新的"即服务"业务模型。为了确保未来的增长和利润，主要重点将放在优化当前业务并为开发未来业务模型奠定坚实的基础。

（4）信息化、数字化及网络化建设。

瓦锡兰的使命是通过更多集成的解决方案，包括机器人技术、智能制造、集成的供应链、技术路线图、更少的人工干预和简化的新流程来数字化当前的业务。

2018 年瓦锡兰宣布与网络安全公司圣殿骑士有限公司高管建立合作伙伴关系建立一个网络学院，提供旨在支持和增强更广泛的航运界集体网络成熟度的课程。该伙伴关系引入了梅克尔特（MCERT），这是一个国际网络情报和事件支持平台，可增强海洋生态系统的网络弹性。

4. 品牌管理

（1）公司品牌发展历程。

瓦锡兰成立于 1834 年 4 月 12 日，当时卡累利阿州州长批准了托赫马耶尔维（Tohmajärvi）市的一个急流建造锯木厂。几年后，锯木厂成为 N. L. Arppe 的财产。

1835 年，瓦锡兰收购了机械和桥梁建设有限公司的多数股权，并获得了对赫尔辛基的海塔拉蒂（Hietalahti）船厂（建于 1865 年）和图尔库的克莱顿－伏尔甘（Crichton－Vulcan）船厂（建于 1741 年）的控制权。瓦锡兰的总部很快从卡累利阿迁至赫尔辛基。

1978 年，瓦锡兰从瑞典的博福斯收购了诺哈佛（NOHAB）柴油业务 51% 的股份，标志着瓦锡兰国际制造业务的开始。其余股份于 1984 年收购。

1984 年，瓦锡兰为国际投资者发行第二批股票，是第一家在伦敦证券交易所上市的芬兰公司。

2001 年，瓦锡兰扩展到生物发电领域，收购了芬兰公司赛梅特奥（Sermet Oy），后者专门从事以生物燃料、石油和天然气为燃料的中小型锅炉厂。

2005 年，瓦锡兰在中国的第一家独资生产企业在无锡开业。

2007 年，瓦锡兰与现代重工有限公司签署协议，在韩国成立一家拥有 50/50 股权的合资企业，为液化天然气（LNG）船制造双燃料发动机。

2008 年，瓦锡兰服务在纳米比亚、智利、巴西、马达加斯加、阿塞拜疆、中国、土耳其和迪拜开设并扩大了办事处和研讨会。

2009 年，瓦锡兰是全球 100 家最具可持续性的公司之一。

2016 年，瓦锡兰通过提供公用事业规模的太阳能光伏解决方案进入太阳能业务。

2017 年，自动无线感应充电系统已在混合动力沿海渡轮上成功测试。这是世界上第一个为其电池提供高功率无线充电功能的商业渡轮。

（2）当下品牌定位和品牌特色为智能海洋和智能能源。

（3）企业品牌管理的重点措施及成效。

瓦锡兰重视风险管理，瓦锡兰的结构化风险管理流程提供了一系列被动、主动、防护和预防性工具，这些工具不仅可以保护其免受威胁，还可以将某些风险转化为机遇。

瓦锡兰的风险管理流程已嵌入瓦锡兰的文化和实践中，并且经过量身定制，以适应企业的业务职能和流程。该过程可以看作是一个连续的循环，包括上下文建立、风险评估、风险处理、沟通和咨询以及最后的监视和审查的重复步骤。

（三）韩国现代重工

1. 历史沿革

（1）发展历程。

现代重工业株式会社成立于 1972 年，是一个世界级的综合型重工业公司，也是韩国海洋装备产业的代表，有 7 个事业部分，其中，造船事业部包括蔚山本部、尾浦造船厂、三湖造船厂三个部门。现代重工在世界船舶海工领域具有较大的影响力，处于一流地位。2015 年，现代重工营业额 516 亿美元，员工人数 2.7 万人，人均产出近 198 万美元。

韩国现代重工集团截至 2017 年 12 月 31 日，旗下共有 28 家境内分支机构，分别是 5 家上市公司与 23 家非上市公司。拥有 26 家海外分支机构，其中，欧洲 6 家、亚洲 6 家、美洲 5 家、中东与非洲 5 家。[24]

（2）公司战略演变。

现代重工集团一直以来积极践行多元化发展战略，在加速提高造船能力的同时，不断增强抵抗市场风险能力。通过收购与兼并，合理资源配置，不断优化对具有发展潜力的新兴市场的投入，重点加大对豪华邮轮、大型 LNG 船、海洋工程装备等市场的投入。

（3）行业地位变化。

韩国造船业的领头羊——现代重工集团是全球最大的造船公司，它在韩国海军舰艇的设计和建造中扮演了关键角色。

（4）公司愿景。

现代重工要的经营理念是要成为具有创造性睿智、积极意志和坚强的推进力的全球企业领军者。

2. 业务发展

（1）业务板块总览及产品谱系演变。

现代重工设有 7 个部门：造船事业部、海洋设备工程部、工业成套设备部、大型发动机及机械部、电气电子设备部、建设装备部和绿色能源部。

（2）各板块发展现状（见表 3-4）。

表 3-4　　　　　　　　韩国现代重工经济数据统计　　　　　　单位：百万韩元

经济数据	2015 年	2016 年	2017 年	2018 年
营业收入	27 488 602	22 300 438	15 468 836	13 119 891
营业利润	-2 336 466	391 530	14 646	-522 520
净利润	-1 363 223	656 668	2 703 291	-453 610
总资产	49 732 836	49 249 175	30 408 848	24 729 899

资料来源：韩国现代重工官网。

（3）各板块重点产品（见表3-5和图3-2）。

表3-5　　　　　　　　　　现代重工各产业板块占比

类别	2018 年		2017 年	
	收入（百万韩元）	占比（%）	收入（百万韩元）	占比（%）
造船	9 633 638	73.43	9 918 814	64.1
海工及工业平台	2 266 464	17.27	4 018 539	26.0
发动机和机械	574 529	4.38	786 514	5.1
绿色能源	347 476	2.65	256 776	1.7
建筑设备	78 312	0.60	61 440	0.4
其他	219 472	1.67	313 137	2.0

资料来源：韩国现代重工官网。

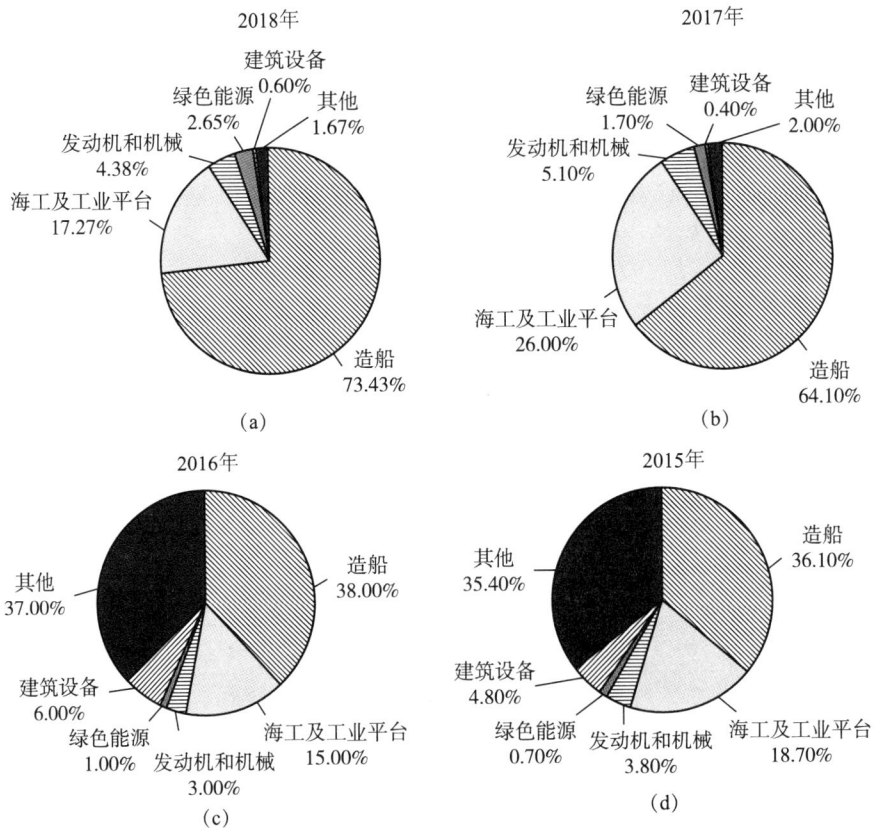

图3-2　现代重工各板块占比变化

资料来源：韩国现代重工官网。

（4）业务并购与重组。

2019年1月31日现代重工以价值2.1兆韩元（约19.8亿美元）的换股协议收购世界第2大造船商大宇造船海洋工程公司的绝大多数股份，双方合并后将成为市场占有率超过20%的造船业巨头，合并后现代重工将持有新公司26%的股份，本身持有的大宇造船55.7%股份的韩国产业银行（Korea Development Bank，KDB）将持有新公司18%的股份。

3. 质量建设

（1）公司顶层设计规划/方案。

现代重工集团致力于通过提供出色的产品和服务来赢得客户的信任。为此，集团内的每个公司都已获得并维持 ISO9001，即质量管理体系（Quality Management System，QMS）的国际标准。此外，集团通过制定质量管理政策来战略性地管理质量水平，同时通过关注客户的投诉，开展以客户为中心的质量管理活动。包括第一，最大限度地降低质量故障成本。第二，建立符合质量标准的文化。第三，积极合作以提高质量。

（2）研发领域（见表3-6）。

表3-6　　　　　　　　　现代重工研发费用情况　　　　　　　　单位：亿韩元

2018年	2017年	2015年	2014年	2013年
785	90.7	229	277	260

资料来源：韩国现代重工官网。

（3）企业管理水平和效率及提升措施。

现代重工集团通过为每个可持续发展计划指派专业人员和部门来运行高效且可持续的管理系统。相关部门对计划活动、执行、评估和全公司战略计划进行全面管理。收集的信息用于计划和执行新的可持续发展计划，也用于综合报告。

（4）信息化、数字化及网络化建设。

2015年7月20日，韩国现代重工集团与埃森哲（Accenture）公司合作设计"互联智能船舶"，通过应用数字技术帮助船主更好地管理船队，充分挖掘潜能，节约运营成本。

4. 品牌管理

（1）公司品牌发展历程（见表3-7）。

表3-7 现代重工品牌发展历程

时间	重大事项
1970—1979 年	现代建设株式会社成立造船事业部 电子电气设备事业部成立 发动机事业部成立 全球最大船舶发动机工厂竣工 公司名称改名为（现代重工业株式会社）
1980—1989 年	设立了现代海洋研发中心 完成了世界最大滚装船 完成了世界上最大的矿石运输［365 000dwt（载重吨）］
1990—1999 年	世界最大排灌工厂竣工 完成了全球最大集装箱船（5551TEU 级） 完成了全球最大汽车搬运船 在韩国股票市场上市
2000—2009 年	完成了世界上最大的浮式生产储油船 完成了世界最大发动机［9.336 万马力，12K98MC（marine camshaft compact）］ 完成了韩国第一个完全自主研发的中速柴油发动机（HiMSEN） 完成了全球最大环保柴油发动机（8.9 万马力，HYUNDAI SULZER RAT96C） 全球最大 LPG 船命名（CMM 社） 成功收购三湖重工—现代重工业集团成立 完成了全球第一艘完全利用平地造船方式完工的船舶 完成了世界最大的螺旋桨推进器（直径9.1 米） 世界最大 21.6 万立方米超大型 LNG 船建造 建成了世界上最大的液化气运输船 生产了世界上最大动力的船用发电机 建设了韩国的第一个宙斯盾级驱逐舰 世界首次海底 LNG 坦克建造 完成了韩国第一个石油开发项目（越南 rong doi） 世界首次远程控制阀研发成功收购现代集团（现代综合商社）股份 世界首个 FPSO 专用 H 船坞竣工 世界首个 T 字形船坞竣工

续表

时间	重大事项
2010 年—至今	完成世界最大 FPSO 订单并命名 成功研发环保型船舶发动机 现代重工正式进军电动汽车电池市场 现代重工医疗机器人研发全面开展 连续 5 年被评为世界 500 强企业 世界最大 FPSO 正式开工 世界最大规模沙特 MARAFIQ 发电所项目竣工 新能源事业部正式成立

资料来源：韩国现代重工官网。

（2）当下品牌定位、品牌特色。

现代重工通过造船行业积累的技术，进军到海洋设备、工业成套设备、发动机、电子电气设备、工程机械及新能源领域，成长为世界领先的综合性重工业企业。

（3）企业品牌管理的重点措施及成效。

第一，通过持续增长来提升公司价值。积极寻找并培育具有增长潜力的业务；确保了对未来增长至关重要的核心能力；建立灵活的业务管理系统；帮助建立稳固的全球业务组织。

第二，坚持公平，透明的商业惯例。尊重法律并遵守适当的商业道德；支持公开和公平的竞争；与供应商建立了公平的业务关系。

第三，奉行安全环保的商业惯例。提供舒适安全的工作环境；通过严格的安全守则来预防事故；积极开发和采用环保技术。

第四，秉持基于相互尊重和信任的劳资文化。在信任和平等的基础上培育充满活力的组织文化；履行所有职责和责任以增强企业竞争力；努力提高员工的生活质量，并鼓励员工自我发展。

第五，作为全球企业公民，为社会的发展做出贡献。致力于增强社区文化和福利；通过创造就业机会和缴税为国家发展做出贡献；通过创造全世界人民珍视的产品为人类繁荣做出贡献。

二、船舶机电设备行业

在船舶动力行业的分析基础上，本书将进一步分析船舶机电设备行业的质量品牌建设，同样选取各国最具代表性的企业开展深入研究。

（一）康士伯

1. 历史沿革

（1）发展历程。

康士伯集团公司是国际知名的跨国工业集团公司，其业务领域主要涵盖四个方面：军用防务系统（Defense System，KDS），生产军用遥控系统和通信系统、导弹防御和监测系统等；军用安全系统（Protection System，KPS），主要生产"保护者"遥控作战组件系列产品；油气技术（Oil and gas technology，KOGT），研制生产油气开采、分析、输送和监控设备，是水下油气开采产品研发生产领域的领先者之一；海事装备（KM），研制商用船舶和海上开采平台的定位、导航系统、自动化控制系统及相关设备。

该集团总部位于挪威康士伯市，在全球 25 个国家拥有约 7 500 名员工，近 80% 的营业收入来自海外市场。挪威贸易、工业和渔业部拥有康士伯集团50.001% 的股份。2013 年，康士伯集团的四项主营业务均有不同程度增长，其中，增长最快的仍然是海事装备（KM）与军用安全系统（KPS）。集团年营业额为 163 亿挪威克朗，创造利润 12 亿挪威克朗。2003 年康士伯集团的全资子公司康士伯海事公司在上海投资设立了康士伯控制系统（上海）有限公司。2009 年在江苏镇江成立了康士伯船舶电气（江苏）有限公司。2011 年 8 月，康士伯海事（中国）工程和生产中心在江苏镇江正式投产，并且成为康士伯在挪威以外的主要海事生产制造基地之一。此外，康士伯还在中国广州和大连设有办事处。[25]

（2）公司战略演变。

对于康士伯来说，重要的是要保持技术和产品地位，无论是长期处于世界领先地位还是有潜力成为世界领先地位。战略的重点：第一，康士伯国防与航天。取得具有战略意义的重要合同，并通过自己的活动以及与合作伙伴的合作，在某些地理区域实现增长。第二，康士伯海事。确保康士伯作为领先的海事技术供应商的地位。第三，康士伯数字。在海上和离岸工业数字化领域处于领先地位。

（3）行业地位变化。康士伯由最开始的武器公司发展为现在的在全球自动化、导航和控制系统领域占据主导地位全球领先的技术公司。

（4）公司愿景。我们的目标是通过优化海上作业并减少环境影响的集成解决方案来塑造未来。

2. 业务发展

（1）业务板块总览、产品谱系演变。

康士伯为多个行业的组织工作，包括深海、数字、国防、商船、石油和天然气、渔业、航空航天业。

康士伯的业务范围主要包含以下板块：康士伯国防与航天、康士伯海事、康士伯数字及其他。

（2）各板块发展现状（见表3-8）。

表3-8　　　　　　　　　康士伯经济数据统计　　　　　　单位：百万挪威克朗

经济数据	2009 年	2010 年	2011 年	2012 年	2013 年	2014 年	2015 年	2016 年	2017 年	2018 年
营业收入	13 816	15 497	15 128	15 652	16 323	16 613	17 032	15 845	14 490	14 381
净利润	828	1 500	1 418	1 304	1 225	880	755	651	559	704
新订单量	17 605	13 584	15 016	14 605	15 043	22 097	15 238	14 319	13 430	16 574
员工总量	5 423	5 681	6 681	7 259	7 493	7 664	7 688	7 159	6 830	6 842

资料来源：康KONGSBERG官网。

（3）各板块重点产品（见表3-9和图3-3）。

表3-9　　　　　　　　　　康士伯各板块营业收入　　　　　　单位：百万挪威克朗

业务种类	2012 年	2013 年	2014 年	2015 年	2016 年	2017 年	2018 年
康士伯海事	7 279	8 148	9 568	10 197	8 597	7 429	7 544
康士伯国防与航天	7 347	6 834	5 742	5 798	6 316	6 333	6 104
康士伯数字	N/A	N/A	N/A	N/A	722	690	637
其他	975	1 341	1 303	1 037	210	38	95

资料来源：康KONGSBERG官网。

（百万挪威克朗）

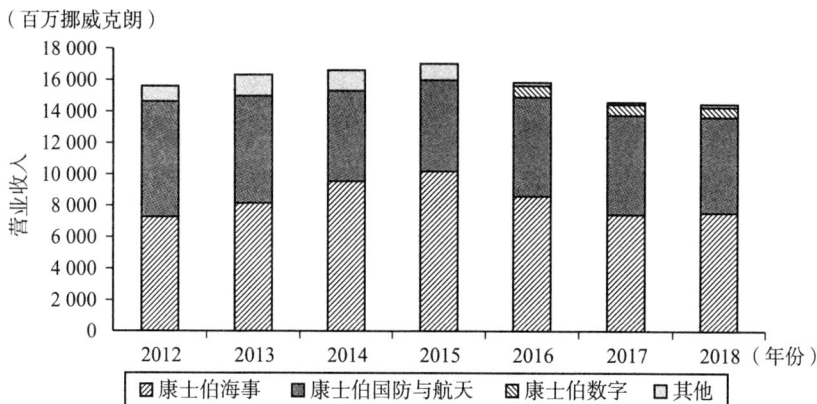

图 3 - 3　康士伯各板块占比

资料来源：康 KONGSBERG 官网。

（4）业务并购与重组：具体事项、并购重组的效果。

康士伯于 2018 年 7 月宣布达成协议收购劳斯莱斯商船（Rous - Royce，RRCM）。此次收购预计将于 2019 年 4 月 1 日完成，将使集团的海上收入增加一倍以上。

2018 年第四季度，康斯伯国防与航空航天（KDA）达成了一项收购挪威航空工业维修（AIM）的协议。此次收购将 KDA 定位为挪威武装部队（包括维修）的重要战略合作伙伴。

3. 质量建设

（1）公司顶层设计规划/方案。

康士伯的治理模型与"挪威公司治理实践准则"紧密相关。康士伯非常重视质量管理和控制。康士伯的质量管理系统控制着其所有活动，以便交付满足客户质量要求的产品和服务。所有业务领域都有集成的管理系统，涵盖了相关主题，例如，质量、外部环境、健康、安全和环境、合规性、可持续性、企业社会责任和信息安全。

康士伯的质量管理解决了项目和产品，包括，质量计划、质量保证和质量控制。康士伯的管理系统可确保高效运行，并根据有关时间，成本和性能的目标和要求交付产品。在整个价值链中进行系统的内部质量审核。

（2）研发领域（见表 3 - 10 和图 3 - 4）。

表 3 – 10			康士伯科研支出情况			单位：百万挪威克朗
业务种类	2012 年	2013 年	2014 年	2015 年	2016 年	2017 年	2018 年
科技研发支出总额	832	807	894	849	1 056	849	796
康士伯国防与航天	264	178	208	195	328	200	140
康士伯海事	496	514	550	556	602	513	517
其他	71	115	136	97	126	136	139

资料来源：康 KONGSBERG 官网。

（百万挪威克朗）

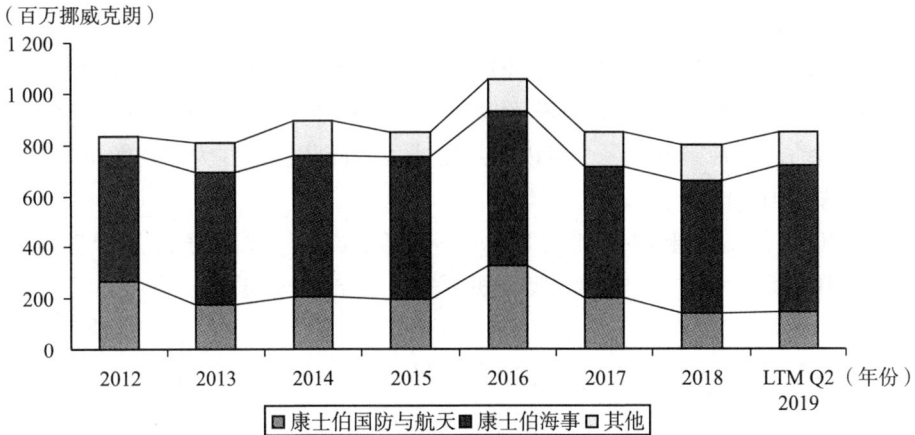

图 3 – 4 康士伯科研支出情况

资料来源：康 KONGSBERG 官网。

（3）企业管理水平和效率及提升措施。

第一，重视与供应商的关系，必须是公平，持久的伙伴关系。

第二，在康士伯之外，与社区紧密合作，以确保康士伯与社区的关系是互惠互利的。

（4）信息化、数字化及网络化建设。

第一，康士伯动态数字。最简单形式的数字孪生可以 3D 和 2D 可视化资产和（或）过程；添加与资产相关的数据以促进资产信息和文档的单一来源；添加实时数据，并结合高保真物理模型，可以改善计划、运营和维护活动；在机器学习算法上进行分层，并将其与高保真物理学相结合，可提高模型准确性并推动以数据为依据的决策；使决策自动化，并朝着自治方向迈进。

第二，动态数字双绞线。跨学科和价值链的可见性和洞察力，提高了组织生产力；实时虚拟监控和工作安全；预测性诊断，对任何正在发展的故障进行早期诊断，预测可能的故障并防止停机；生产优化和能源效率；启用远程操作，提高自动化程度并自治。

4. 品牌管理

（1）公司品牌发展历程。

康士伯拥有悠久而自豪的历史，从 1814 年在挪威的起点到今天的国际公司，康士伯一直属于一个创新的技术环境。该公司的前身是康士伯武器，由波尔·斯滕斯特鲁普于 1814 年 3 月 20 日成立。

第二次世界大战结束后，康士伯武器被指定为重建和发展挪威工业的主要公司之一，并在 1953 年由其所有者挪威议会发起了对该公司的大规模现代化改造。其动机是希望建立一个可以满足挪威武装部队需求并为北约做出贡献的国家高科技国防产业。

1970 年代，康士伯武器（Kongsberg Weponds）被划分为几个独立的部门，具体负责以下内容：维修飞机零件、生产汽车零件、开发和生产燃气轮机、海底石油装置、海事设备、绘图机、CNC 和国防设备。动态定位和海底安装是革命性的技术，这使孔斯贝格市拥有了今天仍然盛行的技术优势。

1987 年是公司历史的转折点。尽管创新水平很高，但却没有利润。拥有所有股份的挪威政府决定出售除国防部门以外的所有部门，国防部门继续挪威军事技术公司（Norsk Forsvarsteknologi）的名义继续经营。

进入世纪之交，康士伯抓住了机遇，为车辆提供了遥控武器解决方案。康士伯的解决方案被证明是有效的，美国国防军很快成为主要客户。

（2）当下品牌定位、品牌特色。

康士伯是一家全球领先的技术公司，为在极端挑战性条件下运行的客户提供性能卓越的关键任务解决方案。在其 200 多年的骄人历史中，该集团满足了苛刻的客户需求，并适应不断变化的市场环境。

（3）企业品牌管理的重点措施、成效。第一，按时交付承诺给客户的东西、约定的质量和价格。第二，开发和销售有吸引力的产品和解决方案，并赢得新的合约。第三，始终拥有适合市场需求的组织。第四，为新机遇和市场定位自己。第五，持续关注创新。

（二）麦基嘉

1. 历史沿革

（1）发展历程。

麦基嘉公司成立于 1937 年，以全球领先的整体方案及服务引领海洋工程和船舶设备产业，其背后由强大的麦基嘉、哈特拉帕（Hatlapa）、波什格伦（Porsgrunn）、普斯耐驰（Pusnes）、瑞普（Rapp）和启亨（Triplex）众品牌及产品系列为支撑。麦基嘉是卡哥特科集团成员，2017 年销售总额约 33 亿欧元，旗下员工近 11 000 人。[26]

（2）公司战略演变。

企业以无可比拟的整体解决方案和服务塑造海洋工程和船舶设备产业，其背后由强大的众品牌及产品系列为支撑。我们正在驱动自己从一家主要的领先设备供应商转型成为一个真正引领市场，为客户提供增值服务和解决方案的专家。

（3）行业地位变化。

麦基嘉品牌自创立之后稳步成长，目前能够提供其他市场领先的品牌，每一个品牌都是进一步对麦基嘉整体设计解决方案和服务能力的完善，麦基嘉按照客户需求来设计产品。

（4）公司愿景。

麦基嘉的愿景是塑造海洋工业和船舶设备产业，其基石是在整条价值链上提供操作性能卓越、成本竞争力强且具有创新性的优质产品和服务。

2. 业务发展

（1）业务板块总览、产品谱系演变。

麦基嘉业务有以下几类：商船和客船；海洋石油、天然气与可再生能源业；渔业、科考和海洋资源船；海军作战与运输船；港口与码头。

（2）各板块发展现状（见表 3 – 11）。

表 3 – 11　　　　　　　　麦基嘉经济数据统计　　　　　　单位：百万欧元

经济数据	2017 年	2018 年
销售总额	538.1	570.7
营业利润	– 5.2	– 4.2

续表

经济数据	2017 年	2018 年
总资产	837.0	887.7
订单收入	579.6	521.4
员工总量	11 128	11 589

资料来源：麦基嘉官网。

（3）各板块重点产品（见表 3 – 12 和表 3 – 13）。

表 3 – 12　　　　　　　　麦基嘉销售情况　　　　　　单位：百万欧元

销售情况	2017 年	2018 年
设备销售	365.7	328.7
服务销售	205.0	209.4
软件销售	—	—
销售总额	570.7	538.1

资料来源：麦基嘉官网。

表 3 –13　　　　　　麦基嘉不同国家（地区）销售情况　　　单位：百万欧元

国家（地区）	2017 年	2018 年
芬兰	4.4	4.9
其他 EMEA（欧洲，中东，非洲）	185.2	219.8
美国	56.1	58.5
其他美洲	16.6	7.6
中国	124.4	86.8
其他亚太地区	184.1	160.5

资料来源：麦基嘉官网。

（4）业务并购与重组：具体事项、并购重组的效果。

1992 年，麦基嘉收购了全球领先的集装箱绑扎系统制造商 Conver – OSR

以及它的产品组合。

2007 年，麦基嘉通过收购多家公司进入了新的业务领域。譬如，收购了挪威公司 Hydramarine，其主业为海工和水下负载处理系统；收购了新加坡普利姆索尔（Plimsoll）公司，其专注于为亚太地区的商船和海上石油和天然气运营商提供甲板机械。

2013 年，麦基嘉进行了两次战略性收购。于 10 月收购了 Hatlapa 公司，其拥有广泛的甲板机械产品组合，加强了麦基嘉在商船领域的地位。在哈特拉帕（Hatlapa）的收购中还包含了 Triplex 品牌产品，也成了麦基嘉产品组合的一部分。

另一次战略性收购是发生在 2014 年 1 月，从挪威阿克工程集团（Aker Solutions）公司购买了其系泊和负载系统业务单元。这次收购拓宽了麦基嘉的海工产品组合，包括 Pusnes 系泊产品以及装载和卸载系统，服务于全球海工和航运市场的波斯格伦（Porsgrunn）甲板机械，还有伍德菲尔德（Woodfield）品牌的港口装卸用输油臂；该品牌已于 2017 年剥离。

2016 年，卡哥特科收购了软件公司英特夏特（Interschalt），并于 2017 年将其服务整合入麦基嘉。同年，麦基嘉还收购了英国公司 Flintstone Technology 的大部分股份，进一步加强其在海工解决方案上的先进技术。

3. 质量建设

（1）公司顶层设计规划/方案。

麦基嘉注重品质，无论是流程、产品还是服务的品质，能帮助改进其客户的绩效。

（2）研发领域（见表 3 - 14）。

表 3 - 14　　　　卡哥特科（总公司）研究与开发费用情况　　　单位：百万欧元

项目	2017 年	2018 年
研究与开发	11.7	10.7

资料来源：卡哥特科官网。

（3）企业管理水平和效率及提升措施。

由审计与风险管理委员会监督管理层执行的财务报告，并监督财务报表和中期报告流程。委员会根据其章程，监督公司内部控制，内部审计和风险管理，运营和战略风险以及风险管理的制定是否充分和适当，并处理卡哥特科

（Corporte）审计计划和报告。

（4）信息化、数字化及网络化建设。

麦基嘉承诺要通过革新与共同创造来改变整个海运行业。这个过程的成功与否取决于数字化及其新功能，麦基嘉在技术上持续的投资，为市场提供了更高附加值的服务。

麦基嘉认为智能货物装卸是全新数字化时代的核心，麦基嘉所开发的智能系统框架叫作麦格雷戈斯马特（MacGregor Smart）。麦基嘉正在将数字化特征引入麦基嘉的产品中，所有相关的新设备都将被配置为具有连接功能，在客户需要时随时启动。在海上航行时，可进行数字化连接的船舶设备能够通过远程设备进行监控、故障排查以及预防性维护措施，为客户的运营带来显著价值。

4. 品牌管理

（1）公司品牌发展历程。

1929 年，麦基嘉兄弟在泰恩河畔纽卡斯尔开发出第一个钢质舱口盖并成立了公司。麦基嘉的创新历史更可以追溯到 19 世纪 Pusnes 和 Porsgrunn 品牌在挪威成立的时候。1911 年，罗尔德·阿蒙森找到了 Pusnes 为他的极地科考船富士通（Fram）号提供一台锚机，能够在苛刻的环境条件下运行。1919 年，德国工程师麦克斯·哈特拉帕在德国北部建立了一家设计公司，开始了绞车的开发工作，之后又先后开发了舵机和空压机。1933 年，Triplex 品牌在挪威成立，服务于渔业和起抛锚行业，被业界公认为安全和品质的象征。

（2）当下品牌定位、品牌特色。

麦基嘉一直是海运业中积极的领头羊。麦基嘉的理念是卓越定制，智行于海。麦基嘉为船舶运营商提供在恶劣环境下能够安全系泊的船舶和装置，使得在波涛汹涌的海洋、浅滩、极端温差等条件下船舶能够进行装载、运输和升降操作，以便客户管理敏感和昂贵的货物。

（3）企业品牌管理的重点措施、成效。

第一，注重诚信。诚信指导着麦基嘉的思想、行为以及培养与客户和其他利益相关方关系的方式。

第二，注重品质。无论是流程、产品还是服务的品质，它帮助改进客户的绩效，同时提高麦基嘉的竞争力。

第三，注重安全。安全对于麦基嘉而言是重中之重，在设计、交付以及服务中，麦基嘉都会把安全放在第一位。

（4）安全可靠的系统。

产品的最大操控能力对客户而言至关重要，这能确保他们按照合同完成交付，有盈利的情况下高效完成作业，并且将对环境的影响降至最低。麦基嘉凭借专业能力，努力为客户改进整个生命周期的作业绩效。

三、船舶总装制造行业

接下来，本书将对各国船舶总装制造行业中的佼佼者开展深入分析，剖析其质量品牌发展历程与现状，并总结先进经验。

（一）日本三菱重工

1. 历史沿革

（1）发展历程。

三菱重工始创于 1870 年，至今已经有一百多年历史，三菱重工是日本综合机械制造商，也是日本最大的国防工业承包商，为三菱集团的旗舰企业之一。

2015 年，三菱重工集团营业额 4.04 万亿日元，同比增长 1.4%，营业利润 3 095 亿日元，同比增长 4.5%。截至 2018 年 3 月，三菱重工拥有 80 652 名员工，其中海外员工占比 34.7%。[27]

（2）公司战略演变。

战略持股政策，三菱重工战略性地持有被认为是通过全球市场中的业务活动实现长期稳定地提高公司价值的其他公司的股份。

（3）行业地位变化。

三菱重工是日本最大的军工生产企业。三菱重工生产的装备，在航空自卫队和陆上自卫队中都起到了核心作用，在海上自卫队方面，三菱重工则建造了几乎一半的潜艇和三分之一的驱逐舰，其在日本军工行业的地位可见一斑。

2014 年 12 月 15 日，瑞典的斯德哥尔摩国际和平研究所公布了 2013 年世界武器销售额前 100 名企业。三菱重工业位居第 27 位上榜。2018 年 6 月，福布斯全球企业 2000 强榜单发布，三菱重工排名第 575 位。

（4）公司愿景。

通过全球集成工程解决社会问题，确保人类的长期福祉和安全。

2. 业务发展

（1）业务板块总览、产品谱系演变。

三菱重工业务范围相当广泛，涵盖交通运输、船舶、航空太空、铁路车辆、武器、军事装备、电动马达、发动机、能源、空调设备等各种机械机器设备的生产制造。

三菱重工业务板块主要有以下几类：电力系统；工业与基础设施；飞机、国防与太空；其他。

（2）各板块发展现状（见表3-15）。

表3-15　　　　　　　　　三菱重工经济数据统计　　　　　　　单位：百万日元

经济数据	2017 年	2018 年
营业收入	4 085 679	4 078 344
利润总额	718 613	768 133
净利润	16 588	128 471
总资产	5 247 000	5 248 756
订单额	3 868.7	3 853.4

资料来源：三菱重工官网。

（3）各板块重点产品（见表3-16至表3-18）

表3-16　　　　　　　　　三菱重工各板块销售收入　　　　　　　单位：十亿日元

业务种类	2016 年	2017 年	2018 年
电力系统	1 448.4	1 482.4	1 525.1
工业与基础设施	1 747.0	1 890.0	1 907.8
飞机、国防与太空	703.4	718.3	677.5
其他	175.9	120.7	71.6

资料来源：三菱重工官网。

表 3 – 17   三菱重工各板块利润   单位：十亿日元

业务种类	2017 年	2018 年
电力系统	87.6	132.8
工业与基础设施	41.0	70.1
飞机、国防与太空	−63.5	−37.4
其他	4.4	35.9

资料来源：三菱重工官网。

表 3 – 18   三菱重工不同地区销售额   单位：十亿日元

地区	2015 年	2016 年	2017 年	2018 年
北美洲	786.1	684.5	674.6	671.0
亚洲	721.9	618.0	693.0	737.6
欧洲	352.7	395.6	440.3	418.5
中南美洲	126.9	110.1	146.8	132.0
中东地区	115.7	117.2	44.3	123.7
非洲	110.6	135.6	99.5	91.3
大洋洲	27.7	31.6	30.7	26.5

资料来源：三菱重工官网。

（4）业务并购与重组：具体事项、并购重组的效果。

2013 年 5 月 22 日，日本三菱重工对外宣布正式完成了对联合技术公司（United Technolgy Company，UTC）所属普惠公司的动力系统分部业务的收购。收购完成后，普惠动力系统分部将更名为 PW Power Systems 公司，总部将设在康涅狄格州格拉斯顿伯里，并成为三菱重工在全球发电业务领域的核心资产。

长期以来，三菱重工一直是全球大容量发电设备和技术的主要提供商，而这次收购惠普动力系统分部，将填补其在中小型发电设备和技术方面的不足，使其产品线和服务更加完善。

3. 质量建设

（1）公司顶层设计规划/方案。

三菱重工决定创建一个独立的首席问题官（Chief Solution Officer，CSO），作为面向增长的全球管理的基石，坚定决心实现对管理资源（财务、技术、人力资源等）的加强分配，并不断审查和重新调整投资组合。

（2）研发领域。

作为全球知名的重工业产品制造厂商，三菱重工集团下设技术统括总部进行高新技术的开发。拥有强大的技术开发能力以及完善的研发体制，同时，通过构筑商务模式、强化产品制造能力，对从营业到设计、制造到售后服务等价值链整体进行规划革新。

三菱重工集团在其共享技术框架与各个业务领域之间保持紧密联系，制定结合了本集团业务和技术战略的知识产权战略。让知识产权部门协调各个领域的知识产权战略。

（3）企业管理水平和效率及提升措施。

三菱重工集团设定了管理目标，以可持续、和谐地应对利益相关者和社会的需求。此目标为"三倍比例"（Triple Proportion，TOP），是指净销售额（业务规模），总资产和市场价值的比例为1∶1∶1。实现这个目标的措施包括以下三个方面。

第一，提高总资产的效率。目前总资产超过5万亿日元，三菱重工致力于通过提高现有业务的效率和盈利能力来实现增长。

第二，根据不断变化的大趋势进行各种投资，同时保持财务稳健性。三菱重工将把MRJ的开发和增长投资集中在将产生立竿见影的业务规模扩展机会上，并通过这些举措增加净收入。

第三，销售额达到5万亿日元。为了实现5万亿日元的市值，除了提高业务增长和盈利能力，三菱重工还将提高股东回报（股息）。此外，三菱重工将在中长期实现稳定增长，并与包括ESG和SDG在内的共同社会价值观保持一致，从而满足投资者和客户的期望。

（4）信息化、数字化及网络化建设。

三菱重工集团正在积极地将人工智能（Artificial Intelligence，AI）技术应用于多样化的产品和生产设施。应用领域包括工作导航系统、操作监控、故障检测和诊断、操作优化、产品检查、自动焊接和计划。在与业务流程有关的领域中，三菱重工已开始应用与国际商业机器公司（International Business Machines Corporation）共同开发的"风险降低系统"，作为一种实际方法加强风险管理。此外，三菱重工还将AI应用于设计工作并分析大数据，例如，有关业务合作伙伴的信息和支出，以使公司的采购业务更加先进和有效。

4. 品牌管理

（1）公司品牌发展历程。

三菱重工（Mitsubishi Heavy Industries，MHI）的起源可以追溯到 1884 年，当时，三菱的创始人岩崎弥太郎从政府拥有的长崎造船厂租借出去。他将其命名为长崎造船厂和机械厂，并开始了大规模的造船业务。

后来，该造船业务转变为三菱造船有限公司，在 1934 年成立三菱重工有限公司，确立了其在日本最大的私营公司地位，制造船舶、重型机械、飞机和铁路汽车。

第二次世界大战结束后，一项旨在解散"财阀（zaibatsu）"或长崎造船厂和机械厂的法律开始生效，以消除过度集中的经济实力。因此，1950 年，三菱重工分为三个实体：西日本重工业有限公司、中部日本重工业有限公司和东日本重工业有限公司。此后于 1964 年合并，并重生为三菱重工。

1970 年，三菱重工的汽车部门独立，三菱汽车公司开始制造和销售汽车。

三菱重工整合了各公司的管理和技术专长，并增强了其在国内外市场的竞争力。

（2）当下品牌定位、品牌特色。

三菱重工的目标是成为一家灵活多样的全球化公司，所有成员都可以信心十足地开展工作。

（3）企业品牌管理的重点措施、成效。

第一，坚信客户至上，三菱重工有义务成为社会的创新伙伴。

第二，活动基于诚实、和谐以及对公共生活和私人生活的明确区分。

第三，努力从国际角度进行创新管理和技术发展。

（二）意大利芬坎蒂尼（Fincantieri）

1. 历史沿革

（1）发展历程。

意大利芬坎蒂尼集团始创于 1780 年，是一家有悠久历史的高度全球化的造船集团公司，全球拥有 21 个船坞，分布于意大利、挪威、罗马尼亚、越南、美国和巴西等国。该集团目前在四大洲拥有 20 个造船厂，员工超过 19 000

名，是西方领先的造船厂，它的客户包括世界上最大的邮轮运营商，意大利和美国海军以及众多外国海军。并且是全球最大的邮轮制造商，能够建造从现代级到奢侈级的所有等级邮轮。身为欧洲最大的造船公司，在 2013 年收购了瓦尔德（Vard）及 2018 年收购 50% 的 STX 法国（STX France）后，芬坎蒂尼集团规模扩大至两倍并成为世界第四大的造船公司，这家公司同时建造商业船只和军用船舰。[28]

（2）公司战略演变。

在战略领域，芬坎蒂尼将继续坚定不移地追求发展综合电子和信息技术枢纽的战略，这是创新的关键领域，旨在增强公司在网络安全、自动化、模拟、培训领域的现有技能和自动无人驾驶技术，在集团公司之间创造协同效应。

为了创造长期价值，它将可持续发展作为其战略目标之一，将业务增长和稳健的财务与社会和环境可持续发展结合在一起。

（3）行业地位变化。

芬坎蒂尼是全球最大的造船集团之一，也是多元化和创新的第一名。它是游轮设计和建造的领导者，并且是所有高科技造船工业领域（从海军到海上船只，从高复杂性的特种船和渡轮到大型游艇）以及船舶维修和改装，生产的参考参与者。

（4）公司愿景。

公司渴望在需要高级解决方案的所有领域中成为世界领导者，通过多元化和创新工作使自己与众不同。

2. 业务发展

（1）业务板块总览、产品谱系演变。

该集团通过以下三个部分进行运营：

第一，造船业：涵盖商务区的游轮和远征游轮，海军舰船及其他产品和服务（渡轮和大型游艇）。

第二，海上和专业船舶：包括高端海上支持船，专业船以及用于海上风电场和远洋养殖船的设计和建造以及钻探船和半潜船领域的创新产品钻机。

第三，设备、系统和服务：涵盖高科技设备和系统的设计和制造，例如，包括稳定、推进、定位和发电系统，船舶自动化系统，蒸汽轮机，集成系统和船舶住宿以及提供维修和改装服务，后勤支持和售后服务。

（2）各板块发展现状。

2018 财年结束时，芬坎蒂尼收入达到近 55 亿欧元，比 2017 年增长 9%，利润率明显上升，税息折旧及摊销前利润（Earnings Before Interest, Taxes, Depreciation and Amortization, EBITDA）为 4. 14 亿欧元（比 2017 年增长 21%），调整后的净收入为 1.08 亿欧元（比 2017 年增长 19%），净收入为 6 900 万欧元（比 2017 年增长 30%）。净债务总计 4.94 亿欧元。2018 年获得的 86 亿欧元新订单使总积压达到创纪录的 338 亿欧元（＋29%），对应于 255 亿欧元（＋16%）的积压和 83 亿欧元的疲软积压（见表 3 – 19）。

表 3 – 19　　　　　　　　芬坎蒂尼经济数据统计　　　　　　单位：百万欧元

经济数据	2015 年	2016 年	2017 年	2018 年
营业收入	4 183	4 429	5 020	5 474
订单总量	10 087	6 505	8 554	8 617
员工总量	20 019	19 181	19 545	19 274

资料来源：芬坎蒂尼官网。

（3）各板块重点产品（见表 3 – 20）。

表 3 – 20　　　　　　　　芬坎蒂尼各板块销售收入　　　　　　单位：百万欧元

业务种类	2015 年	2016 年	2017 年	2018 年
造船业	2 652	3 246	4 267	4 678
海上和专业船舶	1 199	960	676	681
设备、系统和服务	498	495	558	651
其他	－ 166	－ 272	－ 364	－ 536

资料来源：芬坎蒂尼官网。

（4）业务并购与重组：具体事项、并购重组的效果。

芬坎蒂尼已于 2018 年 2 月签署协议，将以 5 970 万欧元的价格收购 STX 法国 50% 的股份。若收购顺利，STX 法国将成为芬坎蒂尼第 7 个邮轮建造船厂。毋庸置疑，收购 STX 法国多数股权后，芬坎蒂尼作为全球最大的邮轮建造商，在全球豪华邮轮市场的地位将得到进一步巩固，整体实力也将增强。

在 2018 年，瓦尔德（Vard）的除名工作已经完成，并在 12 月开始与母公司进行全面的组织整合，以建造远征游轮和相关生产基地以及海上和专业船舶项目。此次重组的结果是：项目管理，专门用于游轮装备的罗马尼亚生产基地和挪威造船厂以及其他关键活动（如公共区域的生产监督和采购）已合并为一个独立的组织单位，该部门被称为游轮业务部门。

3. 质量建设

（1）公司顶层设计规划/方案。

构建可持续发展的管理方式。可持续发展计划是芬坎蒂尼的可持续发展战略方法，它解决了一些全球性挑战。《可持续发展承诺宪章》详细介绍了集团的承诺，并将其分解为定性和定量的目标，这些目标可以随时间进行衡量。通过这种综合策略（可持续性计划和业务计划），芬坎蒂尼能够以可持续的方式管理其对当今和未来市场挑战的应对。

为了确保实现可持续发展计划的目标，芬坎蒂尼创建了一个特殊的治理结构，其中包括以下三个方面。

第一，可持续发展委员会，成立于 2016 年，负责监督公司的整体可持续发展管理，并根据集团的业务战略为计划提供战略指导。

第二，可持续发展多功能工作组，其任务是为该组已在《可持续发展承诺宪章》中承担的可持续发展承诺确定目标、指标和时间表。

第三，可持续发展部通过监测项目进度和目标实现情况，并持续向可持续发展委员会通报情况，确保遵守承诺。

（2）研发领域。

2018 年研发支出 1.22 亿欧元。

集团的研发活动主要从以下三个方向进行：

第一，开发适用于订单的技术和创新。即在船舶设计过程中开展的，旨在开发技术解决方案，材料和创新系统的活动，这些活动是满足船东特定需求所必需的。

第二，现成的创新。即旨在开发特定设计解决方案的活动，这些解决方案不直接适用于订单，但是对于预测客户需求是必不可少的。

第三，长期创新。即旨在发展集团技术以支持进入新领域的活动。

（3）企业管理水平和效率及提升措施。

第一，与操作复杂性有关的风险。为了管理如此复杂的流程，芬坎蒂尼实施了程序和工作计划，旨在管理和监督每个项目在整个项目实施过程中的执行情况。集团实体之间建立了持续的对话渠道以保护整合过程，有时会包含母公司资源。此外，芬坎蒂尼已采用灵活的生产结构，以有效应对各个业务领域中船舶需求的波动。这种灵活的方法使专家组能够克服各个造船厂的能力限制，同时处理多个合同，确保达到交货日期。

第二，与市场性质有关的风险。为了减轻造船市场周期的影响，近年来，本集团奉行多元化战略，在产品和地理区域方面扩大了业务。自 2005 年以来，该集团已扩展到海上，大型游艇、船舶系统和设备的维修、改装和售后服务等业务。同时，本集团通过收购或成立专门从事特定业务（例如，钢铁产品）的新公司，在国内和国际上扩展了业务。

第三，与维持核心市场竞争力有关的风险。集团努力通过确保高质量、创新产品，寻求最佳成本以及灵活的技术和财务解决方案来维持其业务领域的竞争地位，以便能够提出比竞争对手更具吸引力的报价。

第四，与合同管理有关的风险。集团通过专门的结构来管理合同，这些结构可以控制合同生命周期中的各个方面（设计、采购、施工、装修）。与供应商签订的合同包括对因供应商造成的延误或延误适用罚款的可能性。

第五，与生产外包以及与供应商和当地社区的关系有关的风险。芬坎蒂尼有专门人员负责协调车载系统的组装和管理外包生产的特定领域。此外，芬坎蒂尼集团仔细选择了其"战略供应商"，这些供应商必须符合最高的绩效标准。母公司在这方面已经制定了精确的供应商绩效评估计划，从衡量提供的服务（包括所提供的服务质量和交付的准时性）到严格遵守安全法规（与本集团一致）"实现零事故"目标。

第六，与知识管理有关的风险。人力资源部不断监测劳动力市场，并与大学、职业学校和培训机构保持经常联系。集团还对员工进行了大量投资，不仅在技术专家和管理关系技能方面，而且在安全和质量方面，对员工进行培训。并且，组织了专门的培训活动，以确保在人员更替时涵盖关键管理职位。

第七，与法律法规环境有关的风险。芬坎蒂尼促进遵守所有适用的规则、法规和法律，并实施和更新适当的预防控制系统，以减轻与违反此类规则，法规和法律相关的风险。

第八，与信息访问和计算机系统操作相关的风险。芬坎蒂尼认为已采取一切必要的步骤，通过利用其治理系统的最佳实践并持续监控其 IT 基础架构和应用程序的管理，将这些风险降至最低。

第九，与汇率有关的风险。芬坎蒂尼拥有一项管理经济和交易金融风险的政策，该政策定义了工具、职责和报告程序，从而减轻了货币市场风险。

第十，与金融债务有关的风险。为确保在金额和条件方面获得充足的融资类型，芬坎蒂尼不断监控其经营业绩和财务状况以及其当前和未来的资本与财务结构以及可能对它们产生不利影响的任何情况。

（4）信息化、数字化及网络化建设。

通过子公司希斯特马（Seastema），芬坎蒂尼为海军舰船、游轮、渡轮和游艇提供船舶自动化和导航系统。芬坎蒂尼可以处理流程中的所有阶段：从建立需求到设计细节以及调试和售后。芬坎蒂尼的目标是为客户提供其在海军领域的技术专长，并设计出创新的解决方案，以控制船舶的所有功能并保证高性能和运营效率，同时控制工作和维护成本并尽可能减少对环境影响的可能。

4. 品牌管理

（1）公司品牌发展历程。

芬坎蒂尼在其 230 年的历史中建造了 7 000 多艘船，在每个时代都建造了划时代的船。专家组建造的船只包括无可争议的全球海洋标志，例如，亚美利哥·维斯普奇（Amerigo Vespucci），意大利海军学院训练船和横跨大西洋的瑞克斯（Rex），后者保持了"蓝绶带（Blue Riband）"记录，成为客船最快跨大西洋航行的记录。

（2）当下品牌定位、品牌特色。

芬坎蒂尼是欧洲最大的造船厂，拥有庞大的全球生产网络，使其能够为原本无法进入的市场提供服务。在高价值、高科技领域的多元化发展中排名第一，它的未来前景十分显著。由于芬坎蒂尼非凡的人力和技术资本，它能够巩固其领导地位并为所有利益相关者创造价值。

（3）企业品牌管理的重点措施、成效。

第一，可靠性和创新能力。第二，吸引和保持新客户忠诚度的能力。第三，在很短的时间内将以软积压为代表的协议和商业谈判转化为确定订单的能力。截至 2018 年 12 月 31 日，集团的总积压量达到创纪录的 338 亿欧元（同比增长 29%），其中，255 亿欧元为积压产品和 83 亿欧元的软积压产品，订单交付期限延长至 2027 年。总订单积压的非凡水平表明了集团毫无疑问的商业实力以及其发展和巩固与客户的牢固关系的决心。

（三）新加坡胜科海事

1. 历史沿革

（1）发展历程。

胜科海事在新加坡交易所独立上市，为全球海事及岸外工业提供创造性的工程方案并拥有逾 50 年的优良业绩。客户包括大型石油公司、钻井承包商、船运公司、浮动生产装置的拥有者和运营商等，共同合作行业最复杂和高要求的项目。

（2）公司战略演变。

第一，为海事及岸外工程提供多元化解决方案，拓展新领域以掌握既有市场和成长型市场。

第二，通过科技与创新提高竞争力，包括战略投资新方案及开发和拥有专利设计。

第三，利用企业的优良业绩及一体化船厂设施提供优质和及时的服务，强化其在全球市场的领导地位。

（3）行业地位变化。

胜科海事工程从 1963 年一个小修船厂，发展成为如今全球领先的海事与岸外工程集团，拥有战略性分布于全球的船厂网络。互补利用各项设备与能力，这些船厂为客户提供当今市场最创新的海事与岸外工程服务。

（4）公司愿景。

成为海上、海洋和能源行业的首选合作伙伴。[29]

2. 业务发展

（1）业务板块总览、产品谱系演变。

胜科海事的全球船厂与设施网络战略性分布在新加坡、印尼、挪威、英国、美国和巴西，聚焦于四个重点业务：浮动平台与浮动装置、维修与翻新、岸外固定平台、特殊船舶制造。

产品范围，包括浮式生产储卸油装置、浮式钻井生产储油轮、浮式储油装置、浮式采油装置、浮式液化天然气装置、浮式储存气化装置、移动近海生产平台改装与新建。钻井船、半潜式平台（钻井、住舱设施及油井干预作业）、自升式平台、张力腿平台及浮桶式平台的建设。

（2）各板块发展现状（见表 3-21、图 3-5 和图 3-6）。

表 3-21　　　　　　　　胜科海事经济数据统计　　　　　　　　单位：千美元

经济数据	2014 年	2015 年	2016 年	2017 年	2018 年
营业利润	707 025	-149 991	225 306	20 453	-52 323
净利润	560 128	-289 672	78 777	14 076	-74 131

续表

经济数据	2014 年	2015 年	2016 年	2017 年	2018 年
总资产	3 132 027	2 664 279	2 607 621	2 519 372	2 348 435
员工成本	556 436	527 159	490 211	460 717	414 689

资料来源：胜科海事官网。

（百万美元）

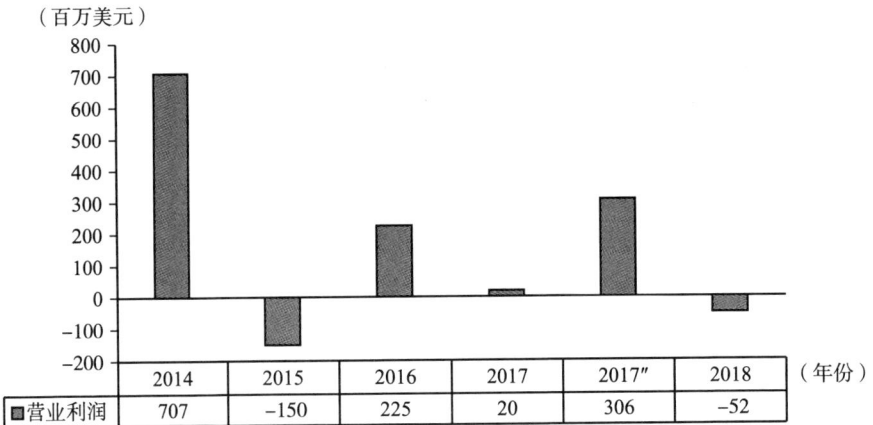

	2014	2015	2016	2017	2017″	2018
■营业利润	707	-150	225	20	306	-52

图 3 - 5　胜科海事 2014—2018 营业利润情况

资料来源：胜科海事官网。

（百万美元）

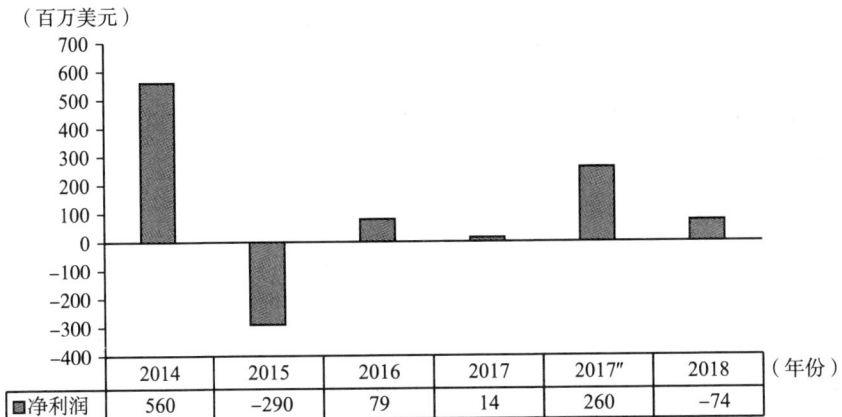

	2014	2015	2016	2017	2017″	2018
■净利润	560	-290	79	14	260	-74

图 3 - 6　胜科海事 2014—2018 净利润情况

资料来源：胜科海事官网。

（3）各板块重点产品（见图 3 - 7、图 3 - 8）。

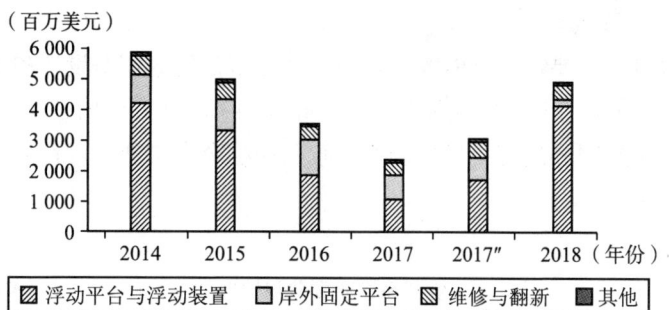

图 3 - 7　胜科海事各板块收入情况

资料来源：胜科海事官网。

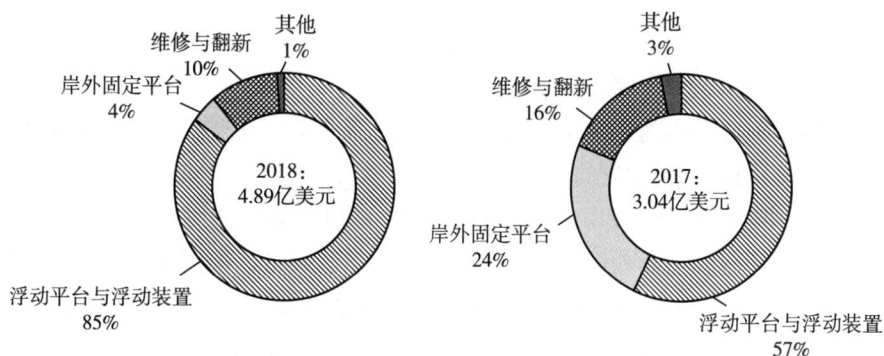

图 3 - 8　胜科海事各板块收入占比情况

资料来源：胜科海事官网。

（4）业务并购与重组：具体事项、并购重组的效果。

新加坡胜科海事于 2015 年对公司业务进行重组，此次重组是胜科海事正在进行的"转型增长"战略的一部分。

从 2015 年 7 月 1 日开始，胜科海事重点发展 4 项核心业务，分别是钻井平台（船型、船厂、买卖）及浮式装置、维修升级、海上平台和特种船（船型、船厂、买卖）建造。这些业务曾由胜科海事旗下裕廊船厂、PPL 船厂、SOME 和胜宝旺船厂负责。

3. 质量建设

（1）公司顶层设计规划/方案。

胜科海事致力于在满足客户要求方面达到质量标准，在健康、安全和环境方面坚持质量方针。

（2）研发领域。

胜科海事的主要特色是能够为客户带来更多价值的创新设计和工程解决方案。2018 年，FSO Ailsa 和卡尔扎恩（Culzean）固定平台的优势是杰出的项目，突显了该集团通过有机发展和业务收购相结合来扩展其工程能力的成功战略（见表 3 - 22）。

表 3 - 22　　　　　　　　胜科海事研发费用情况　　　　　　　单位：千美元

研发费用情况	2014 年	2015 年	2016 年	2017 年	2018 年
折旧、摊销和研发费用	115 142	131 760	159 128	193 015	195 488

资料来源：胜科海事官网。

（3）企业管理水平和效率及提升措施。

董事会确定公司的风险承受能力和风险政策水平，并监督风险管理和内部控制系统的设计、实施和监控。

第一，风险委员会（Risk Committee，RC）协助董事会监督集团的风险管理。风险委员会的主要功能是：审查并认可集团的政策、准则和系统，以管理评估和管理风险（包括风险偏好）的过程。审查集团风险管理系统、流程和程序的充分性和有效性。审查管理层提交给它的与风险相关的报告。这些信息包括集团风险组合的最新动态，主要风险敞口和任何其他与风险相关的问题的报告，以及为监视和管理此类敞口/问题而采取的行动。审查适当的基础架构和资源以支持风险管理，例如，保险、人力资源、信息技术（IT）系统以及报告结构和程序。

第二，充分有效的内部控制制度。集团已实施了全面的企业风险管理（Enterprise Risk Management，ERM）框架，在此框架下，管理层在风险管理职能的支持下对已识别的关键风险进行了审议，并定期向 RC 汇报。已建立健全的机制和系统，用来识别和管理集团的业务和战略中的固有风险，并监控本集团面临的可能影响整体战略和可持续性的关键风险。

（4）信息化、数字化及网络化建设。

新加坡船厂胜科海事与挪威船级社与德国劳氏船级社（DNV GL）、新加坡科技研究所旗下的新加坡制造技术研究所以及美国国家增材制造创新集群（National Additive Manufacturing Innovation Cluster，NAMIC）签署了谅解备忘录（Memorandum Of Understanding，MOU），合作进行增材制造、无人机和数字孪生技术的研发，以保持新加坡船厂的全球竞争力。

4. 品牌管理

（1）公司品牌发展历程。

在 1963 年由新加坡经济发展局（淡马锡控股有限公司前身）和日本 IHI 股份有限公司合营，业务主要在亚太地区经营钻台建造、岸外与改造、维修和其他行业。前身为"裕廊船厂有限公司"。而股份在 1987 年 9 月 18 日于新加坡交易所主板上市，据了解，截至 2019 年，为胜科工业有限公司旗下公司，持有 60.74%（1 265 730 764 股）股权，其他包括日本海事联合公司（IHI）股份有限公司关联企业（IHI 海事股份有限公司，以及 IHI 海事联合股份有限公司）合计共持有 0.28%（5 800 000 股）股权。

（2）当下品牌定位、品牌特色。

胜科海事以其钻机建造和海上转换专业知识而享誉全球，在自升式设计和建造、快速半潜式快速建造、海上平台生产以及浮动生产和改建方面建立了良好的记录。

（3）企业品牌管理的重点措施、成效。

胜科运营的核心为三大品牌价值观：创悉所求、知行合一及互通至善。通过胜科集团全体适用的政策及框架，将品牌价值观融入日常行动中，并以此为基础创造胜科的企业文化。

第一，创悉所求。创新，并解决复杂问题。

第二，知行合一。言行一致，做正确的事情，并兑现承诺。

第三，互通至善。重视人员，建立强大的伙伴关系，并关心社区和环境。

第四章

国内船舶工业质量品牌发展现状

本书第三章分析了国外船舶工业的质量品牌发展现状，在本章我们将就国内船舶工业质量品牌的发展现状开展深入分析，以形成对我国船舶工业质量品牌的总体认知。我们选取的分析框架与第三章相同。

一、船舶动力行业

（一）中船动力

1. 历史沿革

（1）发展历程。

中船动力有限公司是中国船舶工业集团公司直属企业（全资子公司），由创建于1976年的镇江船用柴油机厂等中船集团公司驻镇企业，按现代企业制度要求经过资产重组设立的有限责任公司。公司前身镇江中船设备有限公司成立于2001年10月18日，注册资本34 422万元。2013年11月6日，镇江中船设备有限公司更名为中船动力有限公司，并吸收合并原安庆中船柴油机有限公司全部股权。

公司对镇江中船日立造船机械有限公司、镇江中船现代发电设备有限公司、镇江中船瓦锡兰螺旋桨有限公司和南京中船绿洲机器有限公司分别以50%、48%、45%、14%的股份比例参股，并经中船集团公司授权代行其在正茂集团有限责任公司的股东权。[14]

（2）公司战略演变。

围绕建设造船大国强国的宏伟目标和中国船舶工业集团公司的"五三一"战略目标，该公司的发展战略是：

做优做强、强企富民、打造"国内一流、国际知名"的船舶配套企业。

（3）行业地位变化。

公司主要产品连续多年国内市场占有率第一。与中船集团公司系统内各大船厂（如广州广船国际股份有限公司、广州文冲船厂有限责任公司、上海江南长兴造船有限责任公司、上海船厂船舶有限公司、中船澄西船舶修造有限公司等）、大型民营船厂（如江苏扬子江船厂有限公司，江苏熔盛重工有限公司等）、国有船厂（如中国长江航运集团等）都保持了长期友好的合作关系，签订了大量的柴油机合同。同时，公司柴油机被许多国内外知名船东所采用，如中海集运有限公司、中国远洋运输（集团）总公司、南京长江油运有限公司、A. P. 穆勒－马士基集团（A. P. MOLLERr）、诺登轮船有限公司（NORDEN）、瑞克麦斯轮船公司（RICKMERS）、托姆航运公司（TORM）、马士基航运公司（MAERSK）等。

（4）公司愿景。

公司宗旨：强企富民、兴船报国。

公司经营理念：以船为主，多元经营；质量为本，走向世界。

2. 业务发展

（1）业务板块总览、产品谱系演变。

公司主要产品为船用中速柴油机、中速双燃料发动机、中速气体发动机、低速柴油机、中速柴油发电机组、船用发电机、排放后处理设备，形成以船用柴油机和船舶动力装置为主业，动力集成系统、电气集成系统、机械成套与海工设备三大板块及全球技术服务的业务格局。

（2）各板块发展现状。

2014 年，在外部市场环境低迷的情况下，中船动力实现了订单承接、产销总量等主要经济指标的增长，特别是企业的新接订单量超额完成了中国船舶（股票）工业集团公司下达的指标。其中，中速机［发电机（产品库、求购、供应）组］承接量同比大幅增长，市场占有率再创新高。同时，中船动力各投资公司——安庆中船柴油机（产品库、求购、供应）有限公司、镇江中船现代发电设备有限公司、镇江中船日立造船机械有限公司等千方百计抢订单，产销总量持续增长。此外，中船动力积极推进本部与安柴公司的深度融合，积极贯彻与安柴公司"一个营销中心"的发展思路,加强与安柴公司的营销融合。双方通过联手抢占中速机市场,共享信息、资源,团结协作、优势互补,进行市场及产品细分,实现了"1 + 1 > 2"的效果。

(3)各板块重点产品。

公司主要生产经营功率范围430 ~ 16 020kW 的船用柴油机,是以生产曼恩(MAN)和瓦锡兰(WARTSILA)系列船用柴油机的专业生产厂家。

(4)业务并购与重组。

中船防务拟置控股股东入中船集团持有的中船动力 100% 股权。

3. 质量建设

(1)公司顶层设计规划/方案。

公司的质量方针:精心操作、造一流产品、优质服务、让顾客满意。

公司自 1997 年起在中速柴油机行业率先运行质量管理体系 ISO9000 标准,2004 年换版为国军标。现按 GJB9001B—2009 标准对产品实现全过程实行控制,质量体系具有较强自我完善能力。

(2)研发领域。

中船动力有限公司《大型特种货物运输船动力系统研制及应用项目》荣获 2017 年度江苏省科学技术进步奖二等奖。项目通过与哈尔滨工程大学的深度产学研合作,重点突破了集成平台设计、数字化制造、智能化系统控制等 4 个模块的技术研究内容,形成了以智能化控制为核心的系列化产品,相关技术得到成功推广和应用。

(3)企业管理水平和效率及提升措施。

公司管理理念:热情、感恩、使命。

公司基础管理理念:安全第一、质量第一、设备第一。

公司具有一套严谨的质量管理监督机制,设置独立的在总经理领导下的质量管理部门,从事公司的质量管理、体系建设、供方管理、产品检验、进货检验、计量检测和理化试验、对外交验和售后服务等管理职能。

公司质量管理信息化建设较完备,主要体现在:不合格品处置系统、售后服务管理系统、柴油机产品及零部件质量证书和记录管理系统等。

公司培养并建立了一支专业化售后服务和服务预备役队伍,依托许可证方的强大全球服务网络,满足用户全球服务要求。

(4)信息化、数字化、网络化建设。

中船动力于 2015 年 11 月开始起草分布式数控(Distributed Numerical Control，DNC）项目报告，通过对成功实施 DNC 项目公司的考察、加工车间的网络方案论证、软件供应商的选择，于 2016 年 3 月成功签订 DNC 项目实施合同，项目主体包括加工车间生产现场的网络基础建设、22 台数控设备联网及数控设备监控。在技术中心、加工车间和工程保障部的共同努力和通力协作下，截止到 2016 年 8 月，加工车间的生产现场网络基础建设和 22 台数控设备联网已经完成，数控设备的监控调试和数控设备程序传输业务正在有条不紊地进行测试。

作为车间信息化建设过程中的基础应用，DNC 系统已逐渐成为工艺人员和数控机床操作人员不可或缺的"助手"。DNC 系统的建成，不仅帮助企业解决了最基本的程序传输和管理问题，同时缩短了生产准备时间、提高了设备效率，更为中船动力打造"数字化工厂"奠定了基石。

4. 品牌管理

（1）公司品牌发展历程。

中船动力有限公司（China Marine Power，CMP）是中国船舶工业集团公司的全资子公司、动力装备板块的核心企业。公司注册资本 128 715 万元。

公司由创建于 1976 年的镇江船用柴油机厂等中船集团公司驻镇企业，按现代企业制度要求，经过资产重组成立的有限责任公司，2013 年 9 月，由镇江中船设备有限公司更名为中船动力有限公司。

（2）当下品牌定位、品牌特色。

中船动力是中船集团动力板块的核心企业，其安身立命的基础是制造业。今后，中船动力将充分围绕"动力板块""制造业"这两个关键词开展顶层设计，并协调好与动力板块其他成员单位的战略与业务协同关系，落实好各下属企业的管理与管控途径，理顺本部的内部管理关系，这将成为中船动力近期和长远发展之"纲"。

（3）企业品牌管理的重点措施及成效。

中船动力把行之有效的管理方法传承下去，并在继承中发展，在发展中创新。同时，通过开展"三提升、一降本"工作夯实管理基础，在实现管理提升的前提下，实施管控模式创新，全面强化风险管控。

今后，中船动力将继续以生产管理为抓手、以降本增效为标志、以信息化为依托，充分调动广大员工的积极性，突破发展瓶颈；努力把企业推向市场，用持续提升的品质和不断改进的服务赢得用户信任，为中船动力获取更大发展空间而努力奋斗。

(二) 潍柴动力

1. 历史沿革

(1) 发展历程。

潍柴动力股份有限公司 (HK2338, SZ000338) 成立于 2002 年, 由潍柴控股集团有限公司作为主发起人、联合境内外投资者创建而成, 是中国内燃机行业第一家在香港 H 股上市的企业, 也是中国第一家回归内地实现 A 股再上市的公司。2018 年, 企业实现营业收入 1 592.56 亿元, 归属子母公司所有者的净利润 86.58 亿元。

潍柴动力品牌在世界品牌价值实验室 (World Brand Value Lab) 编制的 2010 年度《中国品牌 500 强》排行榜中排名第 98 位, 品牌价值已达 54.12 亿元。[15]

(2) 公司战略演变。

在挑战全球第一目标的旗帜下, 针对未来 5~10 年, 潍柴集团提出了明晰的战略定位与目标, 要将潍柴集团打造成为以整车、整机为导向, 动力总成为核心技术的国际化企业集团, 发展成为独具特色的全球装备制造业的重要一极。

(3) 行业地位变化。

潍柴动力凭借着过硬的产品以及出色贴心的服务不仅牢牢占据国内市场, 并且逐渐在海外市场打开局面, 尤其在伊朗和俄罗斯, 潍柴拥有大量客户。

"潍柴动力发动机""法士特变速器""汉德车桥""陕汽重卡""林德液压"等品牌, 在国内均处于市场领先和主导地位, 深得客户信赖, 形成了品牌集群效应。同时, 公司大力推进转方式、调结构, 积极谋求转型升级, 持续提升自主创新能力和国际化发展水平, 公司业务结构不断优化, 整体实力和抗风险能力不断提高。

(4) 公司愿景。

打造以整机为导向, 拥有动力总成核心技术的国际化企业集团, 发展成为独具特色的全球装备制造业的重要一极。

2. 业务发展

(1) 业务板块总览、产品谱系演变。

潍柴动力始终坚持产品经营、资本运营双轮驱动的运营策略, 致力打造最具品质、技术和成本三大核心竞争力的产品，成功构筑起了动力总成（发动机、变速箱、车桥）、整车整机、智能物流等产业板块协同发展的格局。

公司主要产品包括全系列发动机、重型汽车、轻微型车、工程机械、液压产品、汽车电子及零部件等，其中，发动机产品远销全球110多个国家和地区，广泛应用和服务于全球卡车、客车、工程机械、农业装备、船舶、电力等市场。

（2）各板块发展现状：基本信息、财务现状（见表4-1）。

表4-1　　　　　　　　　　潍柴动力经济数据统计　　　　　　　　单位：元

统计内容	2016 年	2017 年	2018 年
营业收入	93 183 521 384.54	151 569 392 236.63	159 255 832 286.92
归属于上市公司股东的扣除非经常性损益的净利润	2 165 448 183.47	6 471 752 124.65	8 009 141 060.32
总资产	163 536 190 262.14	189 638 166 629.52	205 276 365 174.18
归属于上市公司股东的净资产	31 613 798 846.31	35 239 522 902.94	39 313 734 834.02

资料来源：潍柴动力官网。

（3）各板块重点产品（见表4-2）。

表4-2　　　　　　　　　　营业收入构成　　　　　　　　　　单位：元

内容	2018 年		2017 年		同比增减百分比（%）
	金额	占营业收入比重（%）	金额	占营业收入比重（%）	
营业收入合计	159 255 832 286.92	100	151 569 392 236.63	100	5.07
分行业					
交通运输设备制造业	154 878 714 799.30	97.25	147 404 793 732.19	97.25	5.07
其他	4 377 117 487.62	2.75	4 164 598 504.44	2.75	5.10

续表

内容	2018 年		2017 年		同比增减百分比（%）
	金额	占营业收入比重（%）	金额	占营业收入比重（%）	
分产品					
发动机、整车及关键零部件	82 874 860 825.64	52.04	77 639 455 555.51	51.22	6.74
叉车生产、仓库技术及供应链解决方案服务	60 308 161 621.88	37.87	58 376 319 793.90	38.51	3.31
其他非主要汽车零部件	10 311 044 913.94	6.47	9 913 699 950.11	6.54	4.01
其他	5 761 764 925.46	362	5 639 916 937.11	3.73	2.16
分地区					
国内	95 048 646 506.80	59.68	86 199 110 885.11	56.87	10.27
国外	64 207 185 780.12	40.32	65 370 281 351.52	43.13	-1.78

资料来源：潍柴动力官网。

（4）业务并购与重组：具体事项、并购重组的效果。

2013 年 6 月 28 日，凯傲集团公司在德国法兰克福证券交易所成功挂牌交易。潍柴动力股份有限公司通过行使凯傲认购期权进一步增持凯傲股权达到其上市后总股本的 30%。此次战略重组的成功将强化双方在欧洲市场上的工业基础，并为拓展亚太市场业务创造了机会，为未来双方的发展打造出一个共同的平台。

3. 质量建设

（1）历史沿革公司顶层设计规划/方案。

第一，优化质量管理体系。立足实际，持续优化完善内部指标体系及制度流程，建立了覆盖采购、研发、制造、销售等产品生命周期全过程的质量管控体系；顺利通过 GJB9001C 及装备单位承制资格"两证合一"现场审核，夯实质量基础，保证体系有效运行。

第二，搭建质量分析模型。建立体现高质量的系统评价指标和模型，精准分析和反映每个企业的真实运营情况，利用 BI 平台进行数据多维度分析与展示，从不同视角深层次挖掘问题确定改进方向；开展售后质量数据预测性分析与应用项目，提升售后服务水平。

第三，加强质量文化建设。开展集团质量月专题活动，强化"质量在我手中"的质量文化，营造全员打造精品工程、掀起品质革命的氛围；组织召开两次质量部长联盟会议，统一质量文化，协同提升质量管理水平。

第四，提升质量团队素质。结合业务需求持续开展质量专题培训，通过理论学习、学术交流与实战锻炼等相结合的方式，提升全公司质量人员的综合素质。

（2）研发领域。

2018 年，共 243 家供应商参与了公司新产品开发，技术创新项目 271 个，开发新产品 8 853 种，专项配套产品 13 087 种，研发投入情况如表 4 - 3 所示。

表 4 - 3　　　　　　　　　　公司研发投入情况

统计内容	2018 年	2017 年	变动比例（%）
研发人员数量（人）	6 780	6 107	11.02
研发人员数量占比（%）	9.10	8.45	0.65
研发投入金额（人民币元）	6 493 620 458.94	5 646 569 490.98	15.00
研发投入占营业收入比例	4.08	3.73	0.35
研发投入资本化的金额（人民币元）	889 979 511.70	789 487 351.30	12.73
资本化研发投入占研发投入的比例（%）	13.71	13.98	- 0.27

资料来源：潍柴动力官网。

（3）企业管理水平和效率及提升措施。

公司以专业的采购管理队伍和优秀的供应商队伍为基础，通过不断提升采购的质量、成本、交付三方面竞争力来支撑集团采购战略。即：强化集团核心竞争力，以"打造三个最具竞争力的产品"为导向，构建全球一流的优质供应链。

第一，质量方面。在推动供应商分类管理和布局调整的同时，全面推进供应商质量管理向纵深方向发展。建立基于风险的体系持续改善机制；关注变更控制，减少供应链内的变差和浪费；从产品一致性入手，缺陷预防、持续改进；加强分供方管理，强化源头控制。

第二，成本方面。转变采购成本定价模式，将成本管理向前延伸，通过实施成本策划，推动供应商采用新工艺、新设备降低成本，实现公司与供应商的共同发展。成本策划从两个方面开展：一是新产品目标采购成本的先期策划，采购管理部门配合产品开发部门做好新产品目标成本规划，制订采购产品的目标成本和价格策略；二是要建立行业同类产品价格信息数据库，通过数据分析和对比，督促供应商开展成本控制工作。

第三，产能方面。供应商产能按照发动机产能的120%（包含一般配件需求）进行规划，时间节点要与发动机同步。

（4）信息化、数字化及网络化建设。从2010年至今，万户网络利用先进的计算机信息技术，为潍柴动力提供了协同、安全、集成的办公环境，日常办公从传统的手工模式向数字化、网络化、科学化方向转变，并实现了文档管理规范化、工作流自动化，降低了管理和办公成本，改善了办公环境和条件，并进一步提高了决策的自动化和科学化水平。

4. 品牌管理

（1）公司品牌发展历程。

2002年12月，潍柴动力股份有限公司注册成立。

2003年8月29日，"潍柴——AVL欧洲研发中心"正式挂牌，达到欧洲Ⅲ号排放标准的新一代发动机研发工作同时启动。这是潍柴设立的第一个海外产品研发机构。

2004年3月11日，潍柴动力股份有限公司在香港成功发行H股股票。IPO改行创香港资本市场诸多新纪录，公开认购达928倍，机构配售认购达52倍，当日冻结资金1100亿港元，上市融资14.7亿元。

2006年4月28日，潍柴动力、福田汽车、德国博世（BOSCH）、奥地利李斯特内燃机及测试设备公司（AVL）在北京人民大会堂缔结"国际化战略联盟"。

2007年4月30日，潍柴动力、山东巨力（后更名为潍柴重机）在深圳证券交易所上市这一成功案例不仅是"HtoA"资本运营的创新案例，更使潍柴动力在资本层面上完成了整合，组成了重卡黄金产业链条。

2009年1月23日，潍柴动力股份有限公司以299万欧元成功收购了法国博杜安发动机公司。这是潍柴动力实施海外并购的第一步。

2011年12月28日，潍柴动力股份有限公司荣获"2011年度中国十大创新型企业"，谭旭光董事长同时被评为"2011年度中国十大创新人物"。

2015年7月21日，中华人民共和国工业和信息化部（简称国家工信部）公布了2015年智能制造试点示范项目名单，潍柴动力申报的"柴油机智能制造综合试点示范项目"成功入围。

2018年10月30日，"2018年国际零部件企业百强和国内零部件企业百强发布会"在北京举行。潍柴位列"2018国内汽车零部件企业百强"第1名、"2018中国国际汽车零部件企业百强"第5名。

（2）当下品牌定位、品牌特色。

潍柴动力始终坚持产品经营、资本运营双轮驱动的运营策略，致力于打造最具品质、技术和成本三大核心竞争力的产品。

（3）企业品牌管理的重点措施、成效。

第一，品质立企，打造卓越产品。公司始终坚持"以客户满意为宗旨，全员参与持续改进，打造潍柴驰名品牌"的质量方针。2018年，客户感受故障率持续下降，产品质量不断提高，未发生重大质量安全事故。公司凭借"WOS质量管理模式"以制造业组织第一名荣获中国质量奖。

第二，节能降耗，倡导绿色经营。公司坚持"节能减排、践行责任、绿色动力、国际潍柴"的能源方针，持续改进能源管理，强调能源资源绿色利用的循环经济发展，提高利用效率、降低成本、增加效益、共创绿色低碳企业。一是完善能源管理体系；二是创新节能模式；三是提高全员节能意识。

第三，强化管理，保障安全生产。公司坚持以人为本，牢固树立安全发展理念，认真落实国家《安全生产法》的各项规定，切实履行安全生产责任制以及各项安全规章制度，夯实基础管理，积极构建安全生产长效机制，保障了公司全年的安全生产工作。一是落实安全管理责任；二是完善排查治理体系建设；三是强化安全文化建设。

第四，反哺社会，践行社会责任。公司秉承"发展经济、服务社会"的理念，在实现自身发展的同时，不忘感恩回馈，积极践行社会责任，传递企业正能量，致力于实现企业与社会共赢发展，得到了社会各界的充分肯定。一是推进社会就业，带动经济发展；二是感恩回馈社会，积极投身公益事业；三是坚持以人为本，维护员工权益；四是丰富文化生活，构建和谐企业。

（三）沪东重机

1. 历史沿革

（1）发展历程。

中船集团旗下中国船舶沪东重机有限公司自 1958 年起开始船舶动力系统研制，经过 60 多年的风雨洗礼和历史积淀，公司已实现"研发、制造、服务"全产业链和"低、中、高"动力产品全型谱覆盖，拥有控股、参股企业 12 家，低速机国际市场占有率居世界第二。

（2）公司战略演变。

争创一流——是公司追求的目标，持续进步、不断发展、争创中国第一、世界一流是公司的战略目标。

（3）行业地位变化。

公司在船用低速柴油机动力领域具有雄厚实力，大型船用主动力柴油机制造居国内龙头地位、跨入世界一流方阵。产品随船出口世界各地，获得了良好的市场声誉。2015 年底公司低速机年生产能力达到 550 万马力，产量位列世界第二，订单承接量位居世界第一，国际市场占有率达 20% 以上。2016 年，沪东重机有限公司柴油机产量创历史新高，达到 543 万马力，其中，船用低速柴油机产量占全球份额的 22%，居全球第二位。

（4）公司愿景。

沪东重机有限公司价值理念，是"以人为本、诚实守信、切实有效、争创一流"。[30]

2. 业务发展

（1）业务板块总览、产品谱系演变。

以柴油机制造为基础，围绕柴油机产业集群，发展关键配套产业和配件服务业，实现"总装化生产、模块化配套、数字化制造"。

沪东重机的产品分为三大类：船用柴油机、核电设备部、柴油机配件。

（2）各板块发展现状。

2019 年以来，沪东重机有限公司坚持转型发展、坚持创新引领，部分业务领域取得重大突破，生产经营情况总体向好，主要经济指标完成同比显著提增。1~5 月，沪东重机工业总产值完成 18.7 亿元，销售收入 14.97 亿元，承接完成 23. 45 亿元。

（3）各板块重点产品。

沪东重机坚定不移推进船用低速机业务一体化改革和新技术产品产业化，着力稳定船用低速机业务，促进业务总量稳步增长。

沪东重机根据市场形势，分别就成熟主机产品、双燃料和 SCR（Selective Catalytic Reduction）等新技术主机、动力集成打包产品制订针对性的营销策略。发挥创新引领，聚焦新产品、新技术展开市场推广，积极探索新的业务领域和新的承接模式。全力营销船机脱硫（Tier Ⅲ）、双燃料主机和具有战略意义的废气再循环（Exhaust Gas Recirculation，EGR）、LPSCR（Selective Catalytic Reduction）、GI（Gastrointestinal Ⅲ）和自主品牌 340 等新产品，力促新技术产品继续引领市场，着力提升承接订单总量。

（4）业务并购与重组：具体事项、并购重组的效果。

中国船舶拟以其持有的沪东重机 100% 股权作为置出资产，与中船集团持有的江南造船股权的等值部分进行置换。

3. 质量建设

（1）公司顶层设计规划/方案。

作为国内船用柴油机制造产业的龙头企业，沪东重机有限公司近年来在做大做强主业，逐步稳固并扩大国内船用低速机市场份额的基础上，不断提升技术水平并加强服务体系建设，加快转型升级与结构调整的步伐，促进非船和备配件服务业务在科技、营销、管理、生产等方面的创新，完善了运行机制，并已取得显著成效。

（2）研发领域。

公司具有强大的研发能力，在产业规模、研发能力、工程开发体系建设等方面均处于行业的领先位置。公司建立了现代化的"国家级技术中心"及国内一流水平的产品试验室，在奥地利建立了欧洲研发中心，多个项目被列于国家"863 计划"。2005 年企业成功推出了具有自主知识产权的"蓝擎"欧Ⅲ排放柴油机，在噪声、油耗等方面均达到国际领先水平，可与世界先进产品媲美。在此基础上，2007 年企业又自主研制成功了达到国Ⅳ排放标准的发动机，并成功配装重型卡车，再次书写了装备制造业"中国创造"的新辉煌。

（3）企业管理水平和效率及提升措施。

沪东重机经过上市公司的洗礼，公司逐步建立、完善了现代企业管理制度，管理更加规范，运转效率日益提高，生产规模和经济效益提升迅速。

（4）信息化、数字化及网络化建设。

以现代制造带动技术研发和制造服务转型。集中研发资源，依靠技术创新推动柴油机制造产业升级，打造船舶动力研发平台；通过自有网络建设和专利服务网络渗透拓展配件服务，建立配件服务中心。

4. 品牌管理

（1）公司品牌发展历程。

公司的前身可追溯至 1958 年——沪东造船厂造机车间。1998 年 5 月 12 日，沪东重机股份有限公司揭牌。2007 年 7 月 30 日，公司名称变更为"中国船舶工业股份有限公司"。2007 年 10 月 30 日，经中国船舶工业股份有限公司股东大会审议通过，以原柴油机业务及相关资产为出资，设立有限公司。2007 年 12 月 7 日，沪东重机有限公司正式成立。

经过 60 多年的风雨洗礼和历史积淀，沪东重机已经成长为国内最具实力的船舶动力装备企业。随着公司规模的扩大及业务的不断拓展，公司下属有中船动力研究院有限公司、上海中船三井造船柴油机有限公司、上海沪临重工有限公司、上海沪东造船柴油机配套有限公司、上海沪江柴油机排放检测科技有限公司 5 家投资企业。

（2）当下品牌定位、品牌特色。

"十三五"期间，在中船集团统一战略部署下，沪东重机正着力于创建"中船海洋动力"世界知名品牌，打造世界领先的创新型、服务型海洋动力企业，为服务海洋经济、支撑海洋科技工业持续贡献智慧和力量。

（3）企业品牌管理的重点措施、成效。

第一，自主产品填补空白。

沪东重机不仅在核电领域斩获"里程碑"式的示范工程项目，同时在备配件和服务业务上也走出了海外建站的关键一步，为该公司快速迈向具有高附加值的"微笑曲线"两端奠定了坚实基础。

第二，服务品牌带动销售。

沪东重机建立科学有效的管控模式，着眼于中船集团动力板块产品开拓国际市场和配件服务保障的长远需要，推进全球船舶服务平台建设，做大做强船舶服务产业。

正是凭借着显著的人才优势和强大的技术实力，沪东重机正致力通过全球服务中心这个窗口逐步拓展服务范围和领域，充分发挥技术引领作用，增强服务团队技术能力，向客户提供原厂备配件、故障解决方案、远程诊断、技术服务、培训、咨询等服务，创立公司服务品牌，促进整机产品的销售和服务业务的增长，加速抢占产业链高地。

二、船舶机电设备行业

（一）武汉船机

1. 历史沿革

（1）发展历程。

武汉船用机械有限责任公司（Wuhan Marine Machinery Plant co., ltd, WMMP），是世界500强企业中国船舶重工集团有限公司的重要成员单位。公司占地面积108万平方米，其中，武汉总部占地面积58万平方米，现有员工3 500余人，注册资本30亿元。

公司旗下拥有青岛海西重机有限责任公司、武汉铁锚焊接材料股份有限公司、武汉海润工程设备有限公司等3家控股子公司，并与日本川崎重工、德国基伊埃集团（Germany Engineering Alliance，GEA）、中冶南方等国内外著名企业建有合资公司，形成了包括13家控股参股子公司在内的国际化、集团化经营格局。[31]

（2）公司战略演变。

做精军品、做强船品、做大民品。

（3）行业地位变化。

武汉船用机械有限责任公司隶属于中国船舶重工集团公司，为国内最强最大的舰船特种装备和民船配套设备企业。

（4）公司愿景。

建设成为行业领先、国际一流现代化企业集团。

2. 业务发展

（1）业务板块总览、产品谱系演变（见图4-1）。

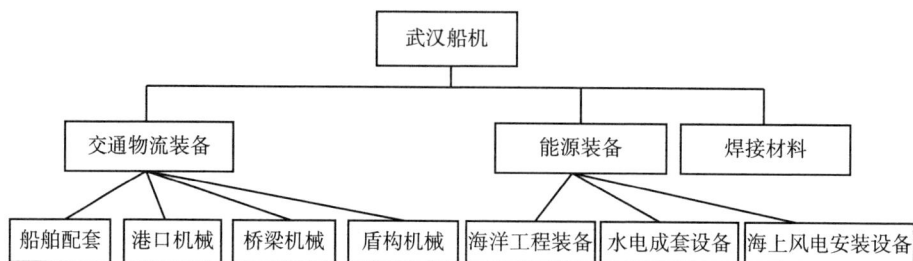

图 4 - 1　武汉船机业务板块与产品谱系

资料来源：武汉船机官网。

（2）各板块发展现状（见表 4 - 4）。

表 4 - 4　　　　　　　　　武汉船机经济数据统计　　　　　　　　单位：元

经济数据	2018 年	2017 年
营业收入	3 794 289 936.93	4 870 436 318.93
利润总额	11 480 813.75	75 528 928.99
净利润	12 546 716.85	64 381 956.31
资产总额	9 996 596 958.77	9 429 060 168.12

资料来源：武汉船机官网。

（3）各板块重点产品。

民船配套是公司的核心主业，产品涵盖甲板机械、舱室机械、推进系统等多品种系列化设备，满足中国船级社认证（China Classification Society，CCS）、英国劳氏船级社认证（Lloyd's Register of Shipping，LR）、美国船级社认证（American Bureau of Shipping，ABS）、日本海事协会认证（Ippon Kaiji Kyokai，NK）、挪威船级社认证（Det Norske Veritas，DNV）、德国劳氏船级社认证（Germanischer Lloyd，GL）、法国船级社认证（Bureau Veritas，BV）、意大利船级社认证（Registro Italiano Navale，RINA）、韩国船级社认证（Korean Register of Shipping，KR）、澳大利亚船级社认证（AWWF）等船级社设计规范要求，用户遍及国内外主要船东，被誉为中国船舶配套企业的旗舰。

（4）业务并购与重组：具体事项、并购重组的效果。

中船重工集团上市平台中国重工发布公告，拟参与关联方中国动力重大资产重组，以公司所持中国船柴 17.35% 股权、武汉船机 15.99% 股权认购中国动力本次重大资产重组中非公开发行的股份。根据公告，重组后中国动力持有中国船柴 100% 股权、武汉船机 100% 股权。

3. 质量建设

（1）公司顶层设计规划/方案。

公司建有完整的质量管理体系，通过了 ISO9001 质量管理体系认证。船用产品及焊接材料严格执行国际标准，已获得了中国（CCS）、英国（LR）、美国（ABS）、德国（GL）、日本（NK）、挪威（DNV）、法国（BV）、意大利（RINA）八国船级社的认可。同时，还分别获得了国家质量监督检疫检验总局颁发的港口起重设备生产许可证，水利部颁发的水电机械生产许可证。

公司正以快速发展的良好态势，朝着始终做中国船舶配套企业旗舰的战略目标奋进。公司将本着"质量第一，用户致上"的原则，竭诚为国内外广大客户提供满意的产品和服务。

（2）研发领域。

武汉船机的研发费用简况，如表 4-5 所示。

表 4-5　　　　　　　　　　武汉船机研发费用　　　　　　　　　　单位：元

研发费用	2018 年	2017 年
	149 556 188.03	121 289 846.59

资料来源：武汉船机官网。

公司被国家认定为高新技术企业，建有国家级技术中心、湖北省博士后产业基地和武汉市船舶配套技术研发中心，拥有 500 余人的科研技术团队，产品研发和技术创新实力雄厚。公司先后承担了一大批包括"863 项目"、高技术船舶专项等在内的国家科研项目，获得了 100 多项省部级科研成果和 180 余项国家专利，在国内船舶配套领域率先迈出了从引进技术到自主研发、从联合品牌到自有品牌的历史跨越，并成功实现了中国自主品牌船舶与海洋工程等高新技术装备的自主研发和产业化。公司与日本 IHI、日本川崎重工、德国 MAN公司、澳大利亚 DOEN 公司等世界著名企业建立了长期稳定的技术合作关系。通过自主研发与引进技术相结合，公司主要产品始终保持与国际先进技术发展同步。

（3）企业管理水平和效率及提升措施。

公司的质量管理工作从两个"零"做起，工作零缺陷，创新零极限；从此达到两个"百分之百"的目标，即产品合格率100%，顾客满意度100%。

工作零缺陷：要求全体员工从开始就精心工作、一次做对，以良好的工作质量作为产品质量的有力保障。

创新零极限：持续改进、不断地创新超越是企业市场竞争的基础，只有不断地创新突破，才能让企业立于不败之地。

产品合格率100%：精心出精品，产品质量和服务是企业的生命，优质的产品是赢得顾客信赖的关键。

顾客满意度100%：顾客满意是企业一切工作的出发点，我们要以优质的产品和真诚的服务，让顾客满意。

（4）信息化、数字化及网络化建设。

在国家实施海洋强国战略和"一带一路"倡议下，武汉船机将持续加大研发投入，提升技术实力，提高海洋工程装备制造数字化、网络化、智能化水平，积极争取企业在海工装备国际竞争中的主动权，为"一带一路"建设作出更大贡献。

4. 品牌管理

（1）公司品牌发展历程。

公司进入船舶配套产品领域，始于20世纪80年代初同国外厂商的技术合作。40多年来，通过不断扩大与国外著名厂商的技术合作，公司船舶配套技术与世界发展同步，始终处于国际先进和国内领先水平。公司还通过与国内高等院校、科研院所的技术合作和交流，先后开发了港口机械、焊接材料、冶金设备、压力容器、桥梁产品、水工机械等系列产品，有的已形成生产规模，有的正成为公司新的经济增长点。

2003年以来，随着科技创新能力的不断提升，公司承担了一批国家高新武器装备、国防科工委高技术船舶科研专项以及国家重点工程等科研任务。通过承担国家省部级重大科研任务，既强化了公司在传统军工领域的优势，又为公司拓展了新的军工领域；既强化了公司在船舶配套领域的优势，又提升了中国船舶配套整体竞争力。从而，奠定了公司作为中国船舶配套企业的旗舰和我国最强最大海军特种装备武备制造中心的地位。

（2）当下品牌定位、品牌特色：从行业、客户两方面视角。

公司集大型、成套、非标装备研制、生产、销售和服务于一体，产品涉及海军装备、交通物流、能源装备和焊接材料等多个领域，并在船用配套设备、海洋工程装备、港口起重机械、焊接材料、桥梁产品等方面获得了长足发展。

（3）企业品牌管理的重点措施、成效。

武汉船机始终倡导并力行发展、改革、创新、竞争和以人为本、求真务实的五个观念，坚持开展持续改进与创新各项管理活动，强化基础管理工作，努力提高企业综合管理水平，逐步建立科学化、规范化和制度化的现代企业管理体系。各级管理人员通过不断的学习，掌握科学的、先进的管理理论和方法并结合实际进行运用和总结，使各项管理不断创新求变，从而使企业持续快速发展。

（二）　海兰信

1. 历史沿革

（1）发展历程。

北京海兰信数据科技股份有限公司（简称海兰信）成立于 2001 年，2010年 3 月 26 日在深圳证券交易所上市。公司总部位于北京环保科技园，在海南三沙、广东、上海等地设有分支机构，在德国、新加坡、俄罗斯、加拿大等地设有分公司及研发中心。海兰信遵循"自主研发为基础、国际合作创一流"的研发理念，汇集了 200 余人的国际化研发团队，拥有近百项专利和软件著作权。2017 年集团总人数超过 600 人，产值 10 亿元。[32]

（2）公司战略演变。

公司坚持国际化驱动本地化、资本驱动实业、军民深度融合相互驱动的"三驱动发展战略"。

第一，国际化驱动本地化。公司一直注重国际化发展，基本形成了国际化体系，包括国际客户、国际合作伙伴、国际子公司以及体系内的国际团队等。

第二，资本驱动实业。公司拥有齐全的军工资质，具有将成熟民品向军标产品快速转化的技术能力和丰富经验，航海智能化和海洋信息化两大产品系列同时面向民用和军用市场，相互促进已成为公司既有的模式。

公司以上市公司为依托，借助资本平台优势，通过投资并购助力实业快速发展，积累了一定的投资、融资、投后管理经验。

第三，军民深度融合相互驱动。

（3）行业地位变化。

2018 年，海兰信入选"福布斯 2018 中国最具潜力企业榜单""第十二届中国创业板上市公司价值五十强"，公司品牌知名度获得大幅提升。

（4）公司愿景。

成为全球智能航海的引领者，中国智慧海洋的建设者。

2. 业务发展

（1）业务板块总览、产品谱系演变。

公司成立19年来，肩负"探索海洋，献身国防"的使命，主营业务聚焦"海洋"，致力于成为全球智能航海的引领者，中国智慧海洋的建设者。基于此，公司围绕智能航海业务领域与智慧海洋业务领域，形成了三大业务板块。

第一，以智能船为核心的智能航海业务，包含智能化产品和基于船舶大数据平台的智能船整体解决方案。

智能化产品，包括船舶综合导航系统（Integrated Navigation System，INS）、机舱监测报警系统（Alarm Monitoring System，AMS）和系列导航单品；智能船整体解决方案，包括船舶智能集成平台、船舶智能航行助手及船舶智能管理助手。

第二，以海底网等为代表的海洋仪器装备及重大项目，也包括相关的海洋传感器、无人观测系统等。

第三，以系列雷达产品为切入点的全球海洋立体观测网业务，该业务的核心是为客户提供基于数据的运营服务，并根据客户需求不断拓展数据源，形成海洋数据综合采集与服务能力。

（2）各板块发展现状：基本信息、财务现状（见表4-6）。

表4-6　　　　　　　　　　海兰信经济数据统计　　　　　　　　　　单位：元

经济数据	2018 年	2017 年	2016 年
营业收入	769 603 635.60	805 146 996.30	716 569 929.16
归属于上市公司股东的净利润	105 668 447.95	103 405 548.19	81 983 493.18
资产总额	2 168 165 591.04	2 212 605 506.96	1 808 703 978.56
归属于上市公司股东的净资产	1 694 587 000.70	1 221 507 226.19	1 260 840 122.30

资料来源：海兰信官网。

（3）各板块重点产品。

海兰信公司各板块重点产品如表4-7所示，营业成本如表4-8所示。

表4-7　　　　　　　　　　　海兰信营业收入整体情况

统计内容	2018 年		2017 年		同比增减百分比（%）
	金额（元）	占营业收入比重（%）	金额（元）	占营业收入比重（%）	
营业收入合计	769 603 635.60	100	805 146 996.30	100	-4.41
分行业					
海洋行业	484 122 025.17	62.91	591 391 907.96	73.45	-10.55
海事行业	254 303 629.52	33.04	192 256 256.38	23.88	9.17
环保行业	31 177 980.91	4.05	21 498 831.96	2.67	1.38
分产品					
海洋观（探）测仪器装备与系统	484 122 025.17	62.91	591 391 907.96	73.45	-10.55
海事综合导航、智能装备与系统	254 303 629.52	33.04	192 256 256.38	23.88	9.17
环境监测仪器与系统	31 177 980.91	4.05	21 498 831.96	2.67	1.38
分地区					
国内	689 661 669.16	89.61	699 461 764.80	86.87	-1.40
国外	79 941 966.44	10.39	105 685 231.50	13.13	-24.36

资料来源：海兰信官网。

表4-8　　　　　　　　　　　海兰信营业成本整体情况

统计内容	项目	2018 年		2017 年		同比增减百分比（%）
		金额（元）	占营业成本比重（%）	金额（元）	占营业成本比重（%）	
分行业						
海洋行业	营业成本	262 314 717.67	56.56	353 828 036.32	74.00	-17.44
海事行业	营业成本	186 254 647.87	40.16	110 871 036.89	23.19	16.97
环保行业	营业成本	15 203 373.91	3.28	13 460 356.72	2.82	0.46

续表

统计内容	项目	2018 年		2017 年		同比增减百分比（%）
		金额（元）	占营业成本比重（%）	金额（元）	占营业成本比重（%）	
分产品						
海洋观（探）测仪器、装备与系统	营业成本	262 314 717.67	56.56	353 828 036.32	74.00	-17.44
海事综合导航、智能装备与系统	营业成本	186 254 647.87	40.16	110 871 036.89	23.19	16.97
环境监测仪器与系统	营业成本	15 203 373.91	3.28	13 460 356.72	2.82	0.46

资料来源：海兰信官网。

（4）业务并购与重组：具体事项、并购重组的效果。

2017 年完成劳雷海洋 100% 股权收购。

2016 年收购广东蓝图公司。

2015 年投资并购德国 Rockson 自动化公司。

2011 年投资收购北京市京能电源技术研究所有限公司。

3. 质量建设

（1）公司顶层设计规划/方案。

第一，远程无人、人工智能。

第二，以民参军、以军促民。

（2）研发领域。

公司遵循"自主研发为基础、国际合作创一流"的研发理念，汇集了 200 多人的国内、国际（意大利、德国、俄罗斯等）技术工程服务团队；2018 年公司研发投入 68 882 522.25 元，占年度营业收入 8.95%，较上年增长 32.38%（见表 4 - 9）。公司也获得了国家高新技术企业、船舶导航信息技术工程实验室、北京市企业技术中心、北京市国际科技合作基地等荣誉资质。

表4-9 近三年公司研发投入金额及占营业收入的比例

统计内容	2018 年	2017 年	2016 年
研发人员数量（人）	224	236	217
研发人员数量占比	47.97%	46.83%	43.14%
研发投入金额（元）	68 882 522.25	52 034 741.69	45 281 950.51
研发投入占营业收入比例	8.95%	6.46%	6.32%
研发支出资本化的金额（元）	29 932 142.05	16 619 360.04	19 994 832.43
资本化研发支出占研发投入的比例	43.45%	31.94%	44.16%
资本化研发支出占当期净利润的比重	21.80%	10.60%	18.04%

资料来源：海兰信官网。

（3）企业管理水平和效率及提升措施。

第一，采购模式。以销定采和以销定产，在规模采购降低成本的同时控制存货规模、提高资产周转率。

第二，研发模式。采取本地团队与国际技术团队协同工作的模式，从产品定义的阶段就着眼于国际领先、行业一流的定位，用国际化标准引领产品研发流程的各个阶段。

第三，生产模式。分为标准化产品生产模式和项目定制化生产模式。

第四，销售模式。公司采用直销为主、分销为辅的方式，向客户提供标准化的海事产品、海洋观探测产品、海洋信息化产品及海洋信息服务等，并承担产品的安装、调试以及售后服务。同时，公司也根据客户需求，向客户提供定制服务，该类业务主要包括船岸管理系统、岸基对海监控管理系统、智能雷达监控系统等。

第五，售后服务模式。公司在全球40多个国家和地区采用自建和代理的方式建立了80多个服务网点，形成了"全球服务网"；在国内主要沿海城市设立了办事处和分支机构，可以随时处理客户需求。

（4）信息化、数字化及网络化建设。

智慧海洋产品为客户提供"近岸＋近海＋中远海"与"水面＋水下"相结合的"海空天一体化"海洋监测网和海洋信息化数据平台，为海域使用管理、海洋环境保护、海洋资源探索和利用、海洋执法监察等工作提供有效的数据决策信息。

海兰信在智能航海领域攻克多项关键技术，拥有船舶智能导航系统、机舱自动化系统、船岸一体化系统、复合雷达系统等系列海事产品，构建海兰云（Hi - Cloud）船舶远程信息服务系统，有能力为客户提供船舶智能化综合解决方案。

4. 品牌管理

（1）公司品牌发展历程。

2001 年，公司成立，自主研发出我国第一台船载航程数据记录仪（Voyage Data Recorder，VDR），并在国内首家通过中国船级社 CCS 认证。

2002 年，VDR 在渤海轮渡"兴鲁"号上安装，标志我国第一台 VDR 设备实船安装成功。

2007 年，船舶操舵仪（Steering Control System，SCS）、船舶电子集成系统（Vessel Electronic Integration System，VEIS）研发成功，产品迎来多元化时代。

2008 年，改制成股份制公司，正式启动上市工作；VMS（Virtual Memory System）参与"神舟七号"项目。

2014 年，新一代 VDR 获得中国船级社（China Classification Society，CCS）全球首例认证。

2018 年，入选"福布斯 2018 中国最具潜力企业"榜单；海兰信智能航行系统应用于全球最大智能船 VLOC"明远轮"，并试航成功。

（2）当下品牌定位、品牌特色。

海兰信始终专注于"海"，产品同时面向民用和军用市场，客户包括航海领域及海洋领域。

从市场角度，公司定位于"智能航海"与"智慧海洋"领域，拥有"航海＋海洋"系列产品，具备国内领先的海洋立体监测综合实施能力，公司在该领域有多年的积累，已经形成海洋科技领域护城河。

（3）企业品牌管理的重点措施、成效。

第一，战略清晰且坚定，围绕海洋科技领域形成护城河。

第二，国际化视野，核心技术产品立足行业前沿。

第三，军民产业深度融合，协同发展。

第四，以"奋斗者为本"，打造核心团队。

第五，创新模式驱动公司发展。

三、船舶总装制造行业

（一）中船重工

1. 历史沿革

（1）发展历程。

中国船舶重工集团有限公司（简称中船重工，China Shipbuilding Industry Company Limited，CSIC）成立于 1999 年 7 月 1 日，是由原中国船舶工业总公司部分企事业单位重组成立的特大型国有企业，是国家授权投资的机构和资产经营主体，主要从事海洋装备产业、动力与机电装备产业、战略新兴产业和生产性现代服务业的研发生产。拥有上市平台公司 5 家，二级成员单位 113 家，其中二级企业 66 家、科研院所 29 家、境外机构 18 家，总资产 5 037.54 亿元，员工 15 万人。[10]

（2）公司战略演变。

战略目标：创新型全球领军企业。

（3）行业地位变化。

2017 年已连续 7 年入选世界 500 强企业，排名第 233 位，位居全球船舶企业首位。在 2018 年《财富》世界 500 强企业排行榜中位列第 245 位，蝉联世界第一造船集团。

（4）公司愿景。

中船重工始终坚持以军为本，把兴装强军、优质高效完成军工任务作为首责，坚定不移地把完成好军工科研生产任务放在最核心、最重要位置，坚持质量强装、强化使命担当，确保进度、确保质量、确保安全、确保万无一失，为增强我国国防实力、推进国防现代化建设做出贡献。

2. 业务发展

（1）业务板块总览、产品谱系演变。

中船重工在军船领域有着先进的科研、生产手段和强大的自主创新开发能力，能承接潜艇、导弹驱逐舰、导弹护卫舰、导弹快艇、两栖舰艇和各种水中兵器、舰载武器与舰用电子设备及各种军用桥梁的设计制造与售后服务。同时，可根据用户要求，进行国外装备引进、合作生产、舰艇改装和修理业务。

中船重工业务领域涉及四个方面的产业，分别为海洋装备产业、动力与机电设备产业、战略新兴产业、生产性现代服务业。

（2）各板块发展现状：基本信息、财务现状。

第一，海洋装备产业。海洋装备，是中船重工主打的战略装备，也是中船重工科研生产能力体系最全面、技术实力最强、总体规模最大的军民融合战略型产业，包括海洋防务装备与高端船舶海工和深海装备、水下攻防装备。

第二，动力与机电设备产业。动力装备，是中船重工主打的核心装备，也是中船重工有望发展成为与海洋装备产业同样具备国际竞争力的支柱产业，包括动力装备与机电装备。

中船重工拥有自主知识产权的"船舶动力系统平台"，汇集柴油机、热气机、燃气、蒸汽、核、全电、化学7大动力及发电机组，为用户提供先进适用的动力系统解决方案，着力打造舰船动力王者。

第三，战略新兴产业。中船重工立足自身科研和制造优势，布局新能源、新材料、电子信息、环保工程、医疗健康等领域，有效冲抵船舶市场周期性风险。

第四，生产性现代服务业。生产性现代服务业，是中船重工主打的最大产业板块，也是中船重工"十三五"期间重点发展、着力打造具有重大国际影响力的军贸出口商、船舶与装备出口服务商、金融物资及物流综合服务商，形成"商社"发展模式。包括军贸物流、金融服务等，如表4-10所示。

表4-10　　　　　　　　　中船重工经济数据统计　　　　　　　单位：亿元

经济数据	2014 年	2015 年	2016 年	2017 年	2018 年
资产总额	4 127.3	4 430.5	4 838.8	4 962.16	5 037.54
营业收入	2 016.8	2 263.2	2 800.01	3 002.92	3 050.32
利润总额	103.6	105.5	55.2	66.4	88.55
科技研发投入	170.6	195.5	205.2	222.89	235.78

资料来源：中船重工官网。

（3）各板块重点产品。

2018 年公司实现主营业务收入 438.15 亿元，占营业收入的比重为 98.50%，同比上升 14.94%。主营业务毛利率为 9.62%，同比下降 2.26 个百分点。各分部板块的毛利及收入占比情况如表 4-11 和表 4-12 所示。

表 4-11　　　　2017—2018 年各板块收入及毛利率情况

板块名称	2018 年度			2017 年度			毛利率增减（%）
	营业收入（亿元）	营业成本（亿元）	毛利率（%）	营业收入（亿元）	营业成本（亿元）	毛利率（%）	
海洋防务及海洋开发装备	159.10	156.49	1.64	91.25	93.17	-2.11	3.75
海洋运输装备	110.53	94.49	14.51	127.99	107.44	16.05	-1.54
深海装备及舰船修理改装	63.42	54.12	14.67	48.44	38.23	21.08	-6.41
舰船配套及机电装备	72.23	65.12	9.84	82.95	73.88	10.94	-1.10
军民融合战略新兴产业及其他	34.95	28.14	19.48	33.15	26.75	19.29	0.19
小计	440.23	398.36	9.51	383.78	339.47	11.54	-2.03

资料来源：中船重工官网。

表 4-12　　　　2017—2018 年各板块收入及占比情况　　　　单位：亿元

板块名称	2018 年度		2017 年度		各板块比重变动（%）
	营业收入（亿元）	收入占比（%）	营业收入（亿元）	收入占比（%）	
海洋防务及海洋开发装备	159.10	36.14	91.25	23.78	12.36
海洋运输装备	110.53	25.11	127.99	33.35	-8.24
深海装备及舰船修理改装	63.42	14.40	48.44	12.62	1.78
舰船配套及机电装备	72.23	16.41	82.95	21.61	-5.20
军民融合战略新兴产业及其他	34.95	7.94	33.15	8.64	-0.70
小计	440.23	100.00	383.78	100.00	

资料来源：中船重工官网。

（4）业务并购与重组：具体事项、并购重组的效果。

2019 年 9 月 19 日，中国证监会并购重组审核委员会召开 2019 年第 40 次并购重组委工作会议，中国海防发行股份及支付现金购买资产并募集配套资金事项获得中国证监会并购重组委有条件审核通过。

通过本次重组，中国海防作为集团公司电子信息板块的上市平台，注入海声科技、辽海装备、杰瑞控股等电子信息产业板块资产后，将实现对水下信息探测、水下信息获取、水下信息对抗系统及装备业务等各专业领域的全覆盖，构建起产研一体、探测与对抗一体的水声体系能力，形成专业化、规模化、集约化、高端化的发展格局，其核心竞争力、盈利空间和发展空间都将进一步拓展。中国海防将成为国内水下信息系统和装备行业技术最全面、产研实力最强，产业链最完整的企业以及国内舰船电子行业的主要供应商之一。

3. 质量建设

（1）公司顶层设计规划/方案。

第一，推进高质量发展。中船重工认真贯彻落实习近平新时代中国特色社会主义思想，把握形势与趋势，从根本原则、战略目标、战略重点、战略支撑、战略保障 5 个方面构建新时代中船重工高质量发展战略纲要，努力向建设具有全球竞争力的世界一流企业不断扎实迈进。

第二，强化内控管理。中船重工持续优化完善内部控制管理体系，强化顶层设计，提高经营效率。2018 年梳理了总部 106 项部门职责和重要风险点，制定了相应的控制措施，规范了 294 个业务管理流程及 277 条审批审核权限，明确了 16 个交叉职责的主管部门，形成"一图一表一库一说明"的内控管理手册。一图为流程图，即按照规定的格式，以图形的方式对公司主要业务操作进行图形化直观的描述。一表为权限指引表，即明确各步骤的权责，是涉及个人审批或上会审议事项的流程审批权限的指引表。一库为风险事件库，即相关风险和相应措施的数据库，是对流程规范业务事项识别的潜在风险和已经发生风险事件的说明和相关控制措施的标识。一说明为流程说明，即对于流程图中步骤的详细说明，采取"一步骤、一说明"的方式，明确"谁、做什么、怎么做"。

第三，着力"瘦身健体"提质增效。中船重工按照国家"瘦身健体"提质增效要求，强化产融一体，产融结合与市场化债转股成效显著。中船重工着力打造质量领先型企业，坚持质量第一。2018 年提前超额完成"压减"专项改革任务，累计压减子企业 223 户，法人户数减少 26.4%，高于国资委 3 年压减 20% 的要求。全面完成 43 户企业"处僵治困"主体工作任务。

第四，深化资源整合。2018 年，集团公司积极对接京津冀协同发展、长江经济带发展、粤港澳大湾区和雄安新区建设等国家战略，与河北、广东等省签署战略合作协议，深化产业布局和产研结合、产融一体发展，产业能力布局在优化调整中有所加强。

第五，推进考核分配改革。中船重工持续推进考核分配与激励机制改革。2018 年，对工资总额按固定、浮动、特殊性和奖励性四部分切块管理，将品牌产品以及去亏损、"处僵治困"、压降"两金""集造集配"等情况纳入经营业绩考核，积极推动创新要素参与分配，开展第一批科技型企业分红激励试点。

第六，致力合作共赢。中船重工坚持诚信合作、互利共赢的理念，致力于加强与地方政府、企业、科研机构、金融机构等合作，带动区域经济发展，实现共创共赢发展。2018 年，集团公司对外签订各类战略合作协议 22 项。

（2）研发领域：研发投入、专利产出、研发激励、研发设备，等等。

科技研发投入：2014—2018 年分别投入 170.6 亿元、195.5 亿元、205.2 亿元、222.89 亿元、235.78 亿元。

专利产出：截至 2018 年 12 月 31 日，集团公司拥有国家工程实验室 4 个、国家级研发中心 3 个、国家重点实验室 1 个、国家级工程技术研究中心 2 个、国防科技重点实验室 10 个、国防科技工业创新中心 2 个、国家创新基地 2 个、国家级企业技术中心 13 个、国家地方联合工程研究中心 1 个。申请专利 5 434 项，同比增长 25.4%，其中发明专利 3 904 项，同比增长 29.9%；专利授权 3 055 项，同比增长 13.0%，其中发明专利 1 758 项，同比增长 15.3%；发布国际、国家和行业等各级标准 384 项，同比增长 57.4%。

2018 年公司入选福布斯第 8 份全球最具创新力企业榜单，成为全球唯一上榜的造船企业；市场化债转股项目荣获 2018 年度国防科技工业企业管理创新成果一等奖；35 万立方 LNG – FSRU（Liquefied Natural Gas – Floating Storage and Regasification Unit）自主研发项目顺利通过发改委验收，打破了国外公司的技术垄断，填补了国内技术空白；武船重工建造的国内首艘载人潜水器支持母船"深海一号"作为我国"蛟龙号"载人潜水器专用母船，已被列入国家"十三五"科技创新规划。创新作为内生动力，为推动公司产业高质量发展奠定了坚实的基础。

（3）企业管理水平和效率及提升措施：采购、生产、销售、售后等流程的质量标准构建、生产流程优化、产品售后服务优化,等等。

集团推进资金、保险、大宗物资采购集中管理,充分发挥集团公司总部战略牵引作用。

(4) 信息化、数字化及网络化建设。

2016 年 1 月,集团公司的双创支撑机构——智·海平台正式上线,这是以解决船舶工业发展技术难题为切入点,汇聚全球创客资源的网络创新平台。成立以来共发布技术难题信息 550 条(含多种语言版本),总阅读量 800 余万人次。组织各单位见面洽谈 100 余次,举办大型线下活动 7 次,700 余人参加。解决成员单位各类问题 151 项,其中技术难题 66 项,发布和落实各类基金 99 项,涉及各类项目的成交经费总额达到 8 133 万元。

4. 品牌管理

(1) 公司品牌发展历程。

中船重工的品牌发展历程简示如表 4 - 13 所示。

表 4 - 13　　　　　　　　　　中船重工品牌发展历程

时期	名称
1950 年 10 月—1953 年 1 月	中央人民政府重工业部船舶工业局
1953 年 1 月—1960 年 9 月	中央人民政府第一机械工业部船舶工业管理局(1954 年起改名为中华人民共和国第一机械工业部船舶工业管理局,1958 年起改名为中华人民共和国第一机械工业部第九工业管理局)
1960 年 9 月—1963 年 8 月	中华人民共和国第三机械工业部第九工业管理局(1960 年 12 月起改名为中华人民共和国第三机械工业部第九工业管理总局)
1963 年 9 月—1982 年 5 月	中华人民共和国第六机械工业部
1982 年 5 月—1999 年 6 月	中国船舶工业总公司
1999 年 6 月至今	中国船舶重工集团公司与中国船舶工业集团公司
2017 年 4 月	中国船舶重工集团公司以约 2.58 亿港元连命名权向第一集团购入长沙湾道 650 号 23~25 楼顶层复式,每平方米 1 710 元,创西九龙商厦成交新高,该大厦将命名为中国船舶大厦,用作海外营运总部

资料来源:中船重工官网。

（2）当下品牌定位、品牌特色。

中船重工作为军工央企，肩负着支撑国家战略、引领行业发展、实现国有资本保值、增值等责任。

（3）企业品牌管理的重点措施、成效。

第一，履行强军首责，为建设世界一流军队提供一流装备保障。中船重工作为我国海军装备研发制造的重要力量，全力支撑海军战略转型要求，设计建造航空母舰、各型导弹驱逐舰、护卫舰、核动力及常规动力潜艇、武器装备和电子信息装备等，为增强国防实力，切实维护国家安全和利益贡献力量。

第二，协同国家行动。中船重工是军演及远洋护航主要技术的保障力量，以高度的责任感和使命感，精心组织、密切配合，圆满完成多项护航、演习任务。同时充分发挥船舶设计建造优势，重点加强海上公务船领域技术研发和产品开发，承接、建造一系列代表我国先进水平的海监船和渔政船，为维护我国海洋权益发挥重要作用。

第三，聚焦船舶主业，为建设海洋强国提供强大助力。深海进入是深海探测、深海开发的重要基础。作为海洋装备建设的主力军和国家队，中船重工以服务国家海洋战略为己任，主动作为、不断突破，研发、设计、制造出更多更好的深海装备，挺进深海。

第四，强化创新引领，为高质量发展增添持续动能。在高层次领军人才建设方面，中船重工形成了由院士和集团公司首席技术专家、首席技能专家、高级技术专家、高级技能专家、技术专家、技能专家等一大批高级专业技术人才构成的科技创新人才梯队，是中船重工在各相关重要科技领域跻身世界领先行列的最根本支撑。

第五，加快国际化发展，为推动构建人类命运共同体贡献力量。中船重工在国际化运营和参与"一带一路"倡议中，按照共商、共建、共享和互利共赢的原则，不断巩固船舶、海工市场，推动装备出口和国际产能合作、国际技术交流合作、国际化资本运营等业务发展，拓展海外业务领域，同时积极融入当地社会，坚持市场化经营、长期化经营、本土化经营，严格守法经营，推动企业与全球经济社会共同发展进步。

第六，践行绿色发展，为共谋全球生态文明建设提供强大助力。中船重工积极践行绿色管理理念，将节能环保责任纳入整个生产运营中，推动集团公司绿色发展进程。2018年，工业企业产值综合能耗为0.0529，同比下降3.21%，二氧化硫、化学需氧量、氮氧化物、氨氮排放总量同比下降6.31%、2.23%、3.44%、2.31%。

（二）中船工业

1. 历史沿革

（1）发展历程。

中国船舶工业集团有限公司（简称"中船集团"）组建于 1999 年 7 月 1 日，是在原中国船舶工业总公司所属部分企事业单位基础上组建的由中央管理的特大型国有企业。截至 2017 年底，中船集团资产总额 2 909.2 亿元，用工人数 13.3 万人，集团公司及下属全资控股法人单位 316 户，其中，二级及视同二级管理的成员单位 55 家，包括 3 家地区单位、3 家上市公司、26 家工业企业、7 家科研设计院所、16 家专业公司及挂靠单位，主要分布在以上海为中心的长三角地区和以广州为中心的珠三角地区，在美国、俄罗斯、德国、瑞士、新加坡等 12 个国家和地区设有驻外机构和企业。2016—2017 年，中船集团连续两年入选《财富》全球 500 强。[11]

（2）公司战略演变。

战略目标：通过"四步走"，到 2035 年建成具有全球竞争力的世界一流海洋科技工业集团，到 2050 年全面建成世界领先的海洋科技工业集团。

（3）行业地位变化。

中船集团是我国海军装备建设的骨干力量，是中国第一、世界第二造船集团。

（4）公司愿景。

发展愿景：努力建设军工核心突出、民船产业综合竞争力世界领先、非船装备特色鲜明、现代服务业协调发展、具有全球竞争力的世界一流企业集团。

发展使命：服务国家战略，支撑国防建设，引领行业发展。

2. 业务发展

（1）业务板块总览、产品谱系演变。

主营业务包括造船业务、海工业务、修船业务、钢结构工程、机电产品等。

（2）各板块发展现状：基本信息、财务现状。

2017年，集团公司营业收入首次迈上2 000亿元新台阶，利润总额同比增长30%；船舶新接订单、完工交付量、年底手持订单量三大指标继续稳居中国第一、世界第二；船用低速机、中速机国内市场占有率继续保持第一，温特图尔发动机有限公司（Winterthur Gas & Diesel Ltd.，Win GD）品牌低速机全球市场份额提升至30%（见表4-14）。

表4-14　　　　　　　　　　中船工业经济数据统计　　　　　　　　　单位：亿元

经济数据	2009年	2010年	2011年	2012年	2013年	2014年	2015年	2016年	2017年
资产总额	1 591.7	1 807.2	1 885.9	1 993.1	2 122.5	2 462.9	2 675.6	2 833.5	2 909.2
营业收入	760.2	901.8	1 000.6	866.6	1 017.2	1 383.9	1 897.3	1 984.8	2 013.9
利润总额	55.3	66.1	79.8	-16	5.8	23.4	36.7	19.7	25.6
净资产	483.2	544.3	622.8	626.1	644	721.5	787.1	833.6	874.5

资料来源：中船工业官网。

（3）各板块重点产品。

中船工业各板块重点产品情况，如表4-15所示。

表4-15　　　　　　　　　　2016年各板块分产品情况　　　　　　　　　单位：元

分产品	营业收入	营业成本	毛利率（%）	营业收入比上年增减（%）	营业成本比上年增减（%）	毛利率比上年增减（%）
造船业务	18 754 775 750.13	17 849 283 111.95	4.83	4.97	-1.36	6.11
海工业务	2 577 790 855.88	2 190 171 776.63	15.04	-53.88	-55.33	2.77
修船业务	384 298 812.73	305 032 157.86	20.63	18.21	12.02	4.39
钢结构工程	900 321 575.21	803 930 677.36	10.71	2.57	-2.75	4.89
机电产品及其他	460 031 777.87	347 798 031.08	24.40	-21.56	-32.88	12.75

资料来源：中船工业官网。

2016 年实现主营业务收入为人民币 230.77 亿元，同比下降 8.59%；主营业务毛利为人民币 15.81 亿元，同比增长 151.03%，主要是造船、修船、钢结构产品毛利同比增加。

从产品结构上看，船海业务比重保持稳定，两年维持在 92%~93% 水平，其中，造船业务占收入比重为 81.27%，较上年同期增加 10.5 个百分点，海工业务占收入比重为 11.17%，较上年同期减少 10.97 个百分点；修船、钢结构及机电等板块收入占比重与上年基本持平。

（4）业务并购与重组。

2014 年 12 月 22 日，广船国际收购黄埔文冲。通过收购核心军工资产黄埔文冲，广船国际也将进一步提升军船建造实力，做到对除大型水面舰艇以外的军舰和军辅船的全覆盖。这是中船集团适应军工企业改革大趋势迈出的重要一步，也是中国船舶工业集团公司在穗企业借力国家推动军工资产证券化的政策，推进军民深度融合和提升军品建造实力的最佳例证。

3. 质量建设

（1）公司顶层设计规划/方案。

第一，优化产业结构。

中船工业持续做强做优民船主业，不断夯实集团发展基础；进一步做实现代服务业，大力拓展非船装备产业发展空间，积极培育新增长动能。

第二，深化改革调整。

中船工业围绕减负降本提效，持续加大改革调整力度。一方面，积极推进"去产能、去库存、去杠杆"，持续开展产能压减和资产处置，大力化解船海产品库存，大力推进降杠杆减负债，进一步优化资产质量。另一方面，继续推进"处僵治困""压减""三供一业"分离移交等专项改革和劳动用工、收入分配制度改革，进一步激发发展活力、增强发展动力。

第三，促进融合发展。

中船工业围绕促进各类要素优化配置，不断深化集团公司融合发展，进一步提升发展效率。

（2）研发领域。

中船工业研发投入情况的一个典型代表，如表 4-16 所示。因资料收集的原因，本书仅列出 2016 年的相关情况，能够在较大程度上描述现状。

表 4－16　　　　　　　　　2016 年研发投入情况表　　　　　　　　　单位：元

费用化研发投入	656 726 952. 16
资本化研发投入	0
研发投入合计	656 726 952. 16
研发投入总额占营业收入比例（％）	2. 81
公司研发人员的数量	1 977
研发人员数量占公司总人数的比例（％）	9. 40
研发投入资本化的比重（％）	0

资料来源：中船工业官网。

2016 年度，中船工业积极推进科技创新、深挖技术潜力，整体的技术研发能力不断提升，科研开发项目共 172 项。其中，年度重点科研开发项目 81 项。在对外立项工作方面，加强了与科研院所的合作力度，同时结合公司战略转型的要求，加强了在海洋工程装备、极地船舶、半潜工程船、豪华客滚船、新一代节能环保船舶、非船产品等方面的关注与支持力度。

（3）企业管理水平和效率及提升措施。

2017 年，中船集团继续推进董事会规范有序运行，制定了《董事会授权管理办法》等制度，进一步明确了董事会与党组、经理层等公司治理主体之间的职责权限。全年召开董事会 14 次，审议、研究议案 53 项，召开专门委员会 16 次，研究讨论议案 36 项。同时，完成了集团公司和 17 家成员单位的公司制改制工作，为集团公司治理体系和治理能力现代化奠定了良好基础。

（4）信息化、数字化及网络化建设。

2017 年，由中船集团联合国内外相关各方，历时 3 年打造的全球首艘通过船级社认证的智能船舶大智（iDolphin），成功发布并入选"2017 年中国智能制造十大科技进展"，成为获此殊荣的唯一智能海洋装备。该船搭载自主学习的船舶智能信息平台，实现了对船舶关键系统和设备的健康管理，船舶能效管理优化以及船岸一体信息服务。它的发布，标志着中国智能船舶、智能航运时代的来临，将成为事业发展史上的一个新的里程碑。

2017 年，深入推进"双创"工作，制定了科创公司和科创基金组建及运营方案，完善了"双创"信息化平台，建立了军民融合创新创业中心，举办了首届技术成果对接会和"中船海创杯"创客大赛，推动形成了军民融合、政产学研用协同创新创业格局。

4. 品牌管理

（1）公司品牌发展历程。

中国船舶工业集团有限公司源于 1950 年 10 月 1 日成立的中央人民政府重工业部船舶工业局，历经第一机械工业部船舶工业管理局、第三机械工业部第九工业管理局、第六机械工业部、中国船舶工业总公司，1999 年 7 月 1 日，经国务院批准正式组建成立。

第一，船舶工业（管理）局时期（1950 年 10 月—1953 年 1 月）。1950 年 10 月 1 日，重工业部船舶工业局成立，1953 年 1 月，船舶工业局划归第一机械工业部，改名为船舶工业管理局，程望、邓存伦先后任局长。

第二，第九工业管理局时期（1958 年 2 月—1963 年 8 月）。1958 年 2 月，第一、第二机械工业部合为第一机械工业部，船舶工业管理局改名为第九工业管理局。1960 年 9 月 13 日，第一机械工业部分为第一、第三机械工业部，九局归第三机械工业部领导，同年 12 月，第九工业管理局改名为第九工业管理总局。邓存伦、赵启民、边疆先后任局（总局）长。

第三，第六机械工业部时期（1963 年 9 月—1982 年 5 月）。1963 年 9 月 17 日，第九工业总局从第三工业机械部分出，成立第六机械工业部，方强、边疆、柴树藩、安志文先后任部长。

第四，中国船舶工业总公司时期（1982 年 5 月—1999 年 6 月）。1982 年 5 月 4 日，中国船舶工业总公司成立，第六机械工业部建制同时撤销，柴树藩任董事长，冯直、胡传治、张寿、王荣生、徐鹏航先后任总经理。

第五，中国船舶工业集团公司（1999 年 7 月至今）。1999 年 7 月 1 日，经国务院批准，中国船舶工业集团公司正式成立。国务院任命陈小津为中国船舶工业集团公司总经理。2008 年 7 月，谭作钧任中国船舶工业集团公司总经理、党组副书记，李宏任党组书记、副总经理。2010 年 7 月，胡问鸣任党组书记、副总经理。2012 年 5 月 29 日，经中央领导同意，胡问鸣主持集团公司全面工作。2012 年 7 月，胡问鸣任中国船舶工业集团公司董事长、党组书记。2015 年 3 月，董强任中国船舶工业集团公司董事长、党组书记，吴强任中国船舶工业集团公司董事、总经理、党组副书记。2017 年底，正式改制为中国船舶工业集团有限公司。2018 年 3 月，雷凡培任中国船舶工业集团有限公司董事长、党组书记。2018 年 6 月，杨金成任中国船舶工业集团有限公司董事、总经理、党组副书记。

（2）当下品牌定位、品牌特色。

中船集团紧紧围绕党中央的战略部署，在业务发展上形成了以军工为核心，聚焦民船主业，统筹推进非船装备和现代服务业均衡协调发展的产业格局，建立起了从研发设计、总装建造、船舶配套到售后服务的较为完备的产业体系。

（3）企业品牌管理的重点措施、成效。

第一，加强党的建设。

学懂弄通做实、持续强化党建、锤炼干部队伍、深化正风肃纪。

第二，履行强军首责。

完成军工研制任务、保障重大任务遂行、强化军工能力建设。

第三，推动高质量发展。

优化产业结构、深化改革调整、促进融合发展。

第四，强化科技创新。

夯实创新基础、完善创新体制机制、开展重大产品研发、深化"双创"工作。

第五，促进和谐共赢。

爱员工成长、强化安全生产、践行绿色发展、投身社会公益、促进共赢发展。

（三）江苏扬子江

1. 历史沿革

（1）发展历程。

江苏扬子江船业集团公司（简称扬子江船业）是集造船及海洋工程制造为主业，航运租赁、贸易物流、地产置业为补充的大型企业集团。公司的历史可回溯到1956年，当初是由一个修造船合作社起步，经过了1975年的迁厂、1999年股份改制、2005年的跨江建设新厂、2007上市等一系列发展，如今已是中国首家在新加坡上市的造船企业。集团目前总资产超过630亿人民币，占地面积630万平方米，码头岸线7 000余米，职工6 000余名。

2018年10月10日，扬子江与日本三井造船株式会社和三井物产株式会社在上海环球金融中心签署了合资船厂投资协议，与世界著名企业联合成立新合资造船厂，新合资船厂注册资本9 990万美元，总投资额2.97亿美元。新合资船厂将发挥日本三井造船的先进研发设计和造船管理资源、凭借三井物产的强大全球销售优势，发挥我集团的灵活体制及成本管控力，各方致力于打造具有全球竞争力的超一流造船厂。

（2）公司战略演变。

率先改制、突破困境，快人一步、建厂扩能，上市扩张、裂变发展，进入新时代的扬子江船业，每一步战略都使企业在发展中赢得了先机。

将企业打造成主业突出，多元发展，行业内最有竞争力的综合性上市公司，成就员工、回报股东、奉献社会。

（3）行业地位变化。

集团公司造船产量自 2009 年起连续位居中国造船行业前 5 强，集团人均造船产量、利税水平居中国造船企业前茅。2018 年，在中国 500 强企业中位列第 449 位，并入围全球造船十强企业。

（4）公司愿景。

我们要造世界最好的船舶，我们要做世界最好的船厂。[13]

2. 业务发展

（1）业务板块总览、产品谱系演变。

公司拥有巨型干船坞三座，大中型船台三座，年造船生产能力 600 万载重吨，以大中型集装箱船、散货船、油轮、化学品等液货船、LNG、LEG、LPG 等清洁能源船、各种多用途船和海洋工程装备为主流产品。

（2）各板块发展现状：基本信息、财务现状。

2018 年，集团收入增加 21% 至人民币 232 亿元。股东应占盈利增加 23% 至人民币 36 亿元。毛利中约 2/3 来自造船业务。2018 年集团按计划交付 46 艘船舶，多于 2017 年交付的 33 艘船舶。受长达十年的行业整合和行业景气度的影响，中国前 80 家船厂的利润在 2018 年同比下降 25%。与行业整体利润表现相比，扬子江船业在 2018 年取得了了不起的成就。持续的长期盈利增长受益于每年稳健的新订单流入。按造船产量计，在中国占有 15% 的市场份额，在全球占有 6% 的市场份额。扬子江船业作为中国 500 强企业之一，在 2018 年保持了造船行业的领先地位，以 39 亿美元的在手订单，在全球排名前五位[13]。

（3）各板块重点产品（见表4-17）。

表4-17　　　　　　　　江苏扬子江经济数据统计　　　　　　单位：百元

经济数据	2013年	2014年	2015年	2016年	2017年	2018年
资产总额	43 211 180	40 777 982	41 246 062	41 234 183	43 372 653	44 911 484
营业收入	14 338 637	15 353 551	16 014 348	15 089 438	19 205 596	23 238 289
利润总额	4 761 895	4 143 882	3 719 271	3 636 622	3 311 963	4 111 776
普通股资产净值	464.55	534.30	568.90	592.20	652.20	731.91

资料来源：江苏扬子江官网。

截至2018年12月31日，扬子江船业排名中国第一，拥有113艘船舶，订单总额为39亿美元，世界排名第五位。直至2021年，这些订单将使集团的堆场设施保持健康的利用率，并为集团提供稳定的收入来源。

2018年，集团新签订单36艘，合同总金额15亿美元。这些新订单包括以下船只（见表4-18）。

表4-18　　　　　　　　　　　2018年新订单量

船只种类	订单量
12690-TEU 集装箱船	5
2700-TEU 集装箱船	3
2400-TEU 集装箱船	2
1800-TEU 集装箱船	2
83500-DWT 联合货船	3
82000-DWT 散装货船	15
180000-DWT 散装货船	2
208000-DWT 散装货船	4

资料来源：江苏扬子江官网。

（4）业务并购与重组：具体事项、并购重组的效果。

国际金融危机爆发后，扬子江船业并没有放缓发展步伐，而是在投资扩能和兼并收购方面逆势而上。先是从 ICH 投资贸易公司收购了江苏通舟海洋工程装备有限公司 100% 股权，而后与合作伙伴共同设立江苏华元金属加工有限公司，进军环保拆船业。2010 年至今，扬子江船业有了更大举动，先后成功收购了江苏鑫福造船厂 60% 股权，收购了江苏长博船厂 51% 股权，全资收购了江苏中舟海洋工程有限公司，独资成立新扬子海洋工程装备制造有限公司，合资成立了上海扬子船舶与海洋设计与研发有限公司和江苏海兰船舶电气系统科技有限公司，成立江苏天晨船舶进出口有限公司，参股创业投资基金和控股农村小额贷款公司等。

这一系列并购扩张举动不仅率先掀起了我国地方民营造船企业兼并重组的浪潮，而且引起了包括国有和地方造船企业的广泛关注和高度重视。

3. 质量建设

（1）公司顶层设计规划和方案。

自 2016 年以来，扬子江船业全力推进整治过度打磨工程，不断提高焊接质量和焊缝表面成型质量，做严做实精益造船管理工作。同时，全公司转变思路，推行"大质量"意识，将质量管理向前道、后道进行延伸，加强对设备、原材料等供应链的过程管控，重视处理船舶交付后船东反馈的典型质保问题，将原来粗放型的发展方式转变为主要依靠精细管理和科技进步的集约型发展方式，走上不断提高经济运行质量的内涵式发展道路。

（2）研发领域。

扬子江船业在 2018 年投入超过 3 亿元技术研发经费，研发高新技术船舶产品 10 个以上，以超节能、低排放、高智能产品的有效供给来创造新的市场需求。

（3）企业管理水平和效率及提升措施。第一，奖优罚劣，全力纠正过度打磨。

扬子江船业质量部牵头成立了旗下各子公司由总经理挂帅，各子公司分管生产的副总经理和质管部、工艺工法部、各个车间等各部门派专人负责监督考核的整套管理体系，全力推进此项工作。首先，制定焊缝打磨标准，细化整治过度打磨工作的实施方案，明确需要打磨的焊缝类型，对于成型较好、无须打磨的焊缝经与船东沟通后直接通过。其次，提升焊工技能和增强质量意识。该公司各车间积极行动，将《纠正过度打磨可视化作业标准》广而告之；编制简明易懂的《焊工手册》，做到焊工人手一册，并对焊工进行点对点的辅导培训。电焊工焊接结束后，须在焊缝旁边自行标注姓名以及需打磨区域，打磨工按标记来进行打磨，严禁通条打磨。除上述针对焊工的举措外，扬子江船业还号召全员参与纠正"过度打磨"的工作，发挥现场一线工人的聪明才智，集思广益创新工艺工法。据统计，2017 年，扬子江船业的打磨工占电焊工的比例已由过去的 50% 降低至 35%，在此基础上，2018 年，将使打磨工占电焊工的比重更进一步降低到 25%。这意味着在扬子江船业，100 个电焊工只要配备 25 个打磨工，对提升企业质量管理水平具有重大意义。第二，前后延伸，全程加强质量管理。

"大质量"意识是扬子江船业近两年在质量管理方面提出的全新思路。以前，该公司仅将目光集中在企业内部及船东、船检的报检项目中，但船舶售后服务反馈的信息显示，很多船舶的设备质量对后期质保影响重大。为此，扬子江船业转变质量管理思路，将质量管理向前道、后道进行延伸，加强对设备、原材料供应链管控，将设备纳入质量管理范畴，从设备厂家检验开始参与全过程质量管控。

（4）信息化、数字化及网络化建设。

引进生产管理系统软件（YSS）作为生产管理的辅助手段，推动生产管理由粗放的经验管理模式向精细的数字化管理模式转换，是扬子江船业近几年增强企业软实力、向管理要效益的管理升级之举。

2014 年，扬子江船业引进韩国 YSS 软件系统，并成功在企业应用，促进企业在生产管理过程中实现质的飞跃。该管理干部表示，YSS 系统使生产过程可视化，一改过去派工单、纸质化的粗放式生产模式，通过该系统可以"一键"了解生产现场全貌，大到看板系统中的大日程、中日程、小日程，小到一线作业日报、派工单，均在系统内生成，这对"大兵团"作战的企业提升生产管理效率意义重大，对计划控制、员工组织、工时管理、成本控制等也起到重要作用。

4. 品牌管理

（1）公司品牌发展历程。

扬子江船业从 1956 年建社开始，至今已有 64 年的历史。它的雏形是江阴县城区修造船生产合作社，到 1958 年的交通机械厂，再到 1962 年的船舶修造厂。船舶制造逐步由木船、水泥船过渡到铁驳、机动船，直至今日的出口 10 万吨级远洋船。1973 年始，黄山鹅鼻嘴围堰吹填、架线筑路、芦滩建厂等白手起家，这是工厂发展史上一次重大的转折。此后企业造船一步一个脚印，生产总值逐步攀升，尤其是 2010 年以来，企业发展迅猛、成绩喜人，并不断开拓创新，依托资本市场、跨江两岸联动、面向五洲四海、做大做强。

（2）当下品牌定位、品牌特色。

扬子江船业为一个以船舶和海洋工程建造为主业，金融投资、金属贸易、房地产和航运及租赁为补充的多元化大型企业集团。

（3）企业品牌管理的重点措施、成效。

第一，灵活的体制、机制。通过改制，船厂国企的资源、技术和人员优势，与私营企业市场化机制灵活的优势有机地结合起来，内部活力被激发。另外，管理层和员工参股，使船厂形成了适合企业发展的股权激励机制，员工积极性大大提高。

第二，走资本加实业相结合道路。通过上市募集了超过 100 亿元的资金，规避了民企在资本方面的劣势，也使企业管理更加透明、规范、有效。而且，通过上市打通社会资本渠道，拓宽了企业做大做强的资本来源；通过提升企业社会信用，也进一步帮助企业从金融机构获取充足的成本资金，有效解决融资难、融资贵的突出问题。

扬子江船业通过发挥民营企业经营机制活、生产成本低的优势，获得较好的经济效应。扬子江船业比同行企业低 5% 成本的竞争优势，继续保持在全国船舶行业经济效益领先的地位。

第三，在细分化造船市场里有合理的定位。根据全球经济和船舶行业的发展形势，扬子江船业将工厂的发展方向定位在中高端船舶产品市场，并在这一细分化市场中做优做强。

第五章

国外船舶工业质量品牌对比分析

为了解当前市场对日本、欧洲、韩国三大国外地区在质量品牌建设上的现状与差异，并借鉴学习三方在质量品牌建设过程中重要的影响因素与核心的发展路径，本章基于问卷调查法，调查了船舶机电相关行业的专家与一线从业人员，获得了来自属于市场的一手资料，详细呈现如下。

一、国外船舶机电行业对比分析

（一）三个国家或地区船舶机电行业问卷填写对象基本信息

本次调查针对船舶机电行业共回收 33 份有效问卷，问卷填写对象的基本信息如表 5-1 所示。

表 5-1　　　　　　　　船舶机电行业问卷填写对象基本信息

特征	指标	频数	百分比（%）	累计百分比（%）
性别	男	19	57.58	57.58
	女	10	30.30	87.88
	未填写	4	12.12	100.00

续表

特征	指标	频数	百分比（%）	累计百分比（%）
企业	七一四研究所	10	30.30	30.30
	中国船舶信息中心	1	3.03	33.33
	中船重工	4	12.12	45.45
	武汉船用机械有限责任公司	1	3.03	48.48
	沪东重机有限公司	3	9.09	57.58
	未填写	14	42.42	100.00
年龄	30 岁以下	8	24.24	24.24
	30~45 岁	21	63.64	87.88
	45（含）~60 岁	4	12.12	100.00
行业	船舶总装	8	24.24	24.24
	动力装备	5	15.15	39.39
	船舶机电	5	15.15	54.55
	其他	15	45.45	100.00
职称	初级	6	18.18	18.18
	中级	12	36.36	54.55
	副高	12	36.36	90.91
	正高	3	9.09	100.00
总计		33 人		

资料来源：笔者根据研究整理所得。

（二）三个国家或地区船舶机电行业影响因素大小排序

基于对问卷数据的分析，本章首先采用回归分析建模，随后使用方差分解，将船舶机电行业的质量品牌在三个维度上的影响因素作用大小进行了详细的比较，结果详述如下。

1. 回归分析

本章中的回归模型构建如下：

$$质量品牌总分 - 船舶机电 = \theta_1 \times 产品品种结构 + \theta_2 \times 企业研发能力$$
$$+ \theta_3 \times 企业生产效率 + \theta_4 \times 售后服务$$
$$+ \theta_5 \times 管理效率 + \theta_6 \times 产品价格$$
$$+ \theta_7 \times 产品保值率 + \theta_8 \times 产品故障率$$
$$+ \theta_9 \times 产品功能性 + \theta_{10} \times 市场占有率$$
$$+ \theta_{11} \times 品牌知名度 + \theta_{12} \times 品牌美誉度$$
$$+ \theta_{13} \times 品牌购买意愿 + \theta_{14} \times 品牌满意度$$
$$+ \theta_{15} \times 品牌忠诚度 + \varepsilon$$

回归模型中的因变量为船舶机电行业质量品牌的总得分，自变量完整涵盖了企业维度、产品维度与客户维度的 15 个影响因素，ε 为误差项。回归分析结果如表 5-2 所示。可以看出，整体模型拟合程度达到 98.07%，且所有自变量均显著影响了船舶机电行业的质量品牌，这为接下来的方差分解奠定了良好的基础。

表 5-2　　　　　　　　船舶机电行业质量品牌回归分析结果

影响因素	回归系数	回归系数值及标准误	P 值
品种结构	θ_1	0.062 *** (4.93e+06)	< 0.0001
研发能力	θ_2	0.074 *** (3.30e+06)	< 0.0001
生产效率	θ_3	0.071 *** (4.54e+06)	< 0.0001
售后服务	θ_4	0.061 *** (2.64e+06)	< 0.0001
管理效率	θ_5	0.052 *** (2.42e+06)	< 0.0001

影响因素	回归系数	回归系数值及标准误	P 值
价格	θ_6	0.075 *** (4.77e + 06)	< 0.0001
保值率	θ_7	0.072 *** (6.26e + 06)	< 0.0001
故障率	θ_8	0.066 *** (7.47e + 06)	< 0.0001
功能性	θ_9	0.076 *** (4.24e + 06)	< 0.0001
占有率	θ_{10}	0.087 *** (5.17e + 06)	< 0.0001
知名度	θ_{11}	0.058 *** (5.62e + 06)	< 0.0001
美誉度	θ_{12}	0.082 *** (4.19e + 06)	< 0.0001
购买意愿	θ_{13}	0.073 *** (2.36e + 06)	< 0.0001
满意度	θ_{14}	0.048 *** (1.80e + 06)	< 0.0001
忠诚度	θ_{15}	0.043 *** (1.61e + 06)	< 0.0001
模型拟合值	$F_{(15, 122)} > 99\,999.00$ Prob > F = 0.0000 R – squared = 0.9807 Root MSE = 1.4e – 07		

注：表中左起第 3 列为标准化回归系数，括号中为标准误。产品故障率的取值已经过反向处理。
＊P < 0.05 、 ＊＊P < 0.01 、 ＊＊＊P < 0.001 。由于本次回归分析的 P 值远小于 0.0001，故计算机没有给出具体数值。

资料来源：笔者根据研究整理所得。

2. 方差分解

基于回归分析的结果，本章接下来通过方差分解方法，对船舶机电行业质量品牌的影响因素作用大小展开了进一步的分析，分析结果如表5-3所示，所有影响因素按照方差解释比例从高到低进行了排序。

表5-3　　　　　　船舶机电行业质量品牌影响因素方差分解结果

维度	方差解释比例（%）	影响因素	方差解释比例（%）
企业	33.06	占有率	10.68
		美誉度	9.75
		功能性	8.38
		价格	8.16
产品	38.53	研发能力	7.93
		购买意愿	7.73
		保值率	7.52
		生产效率	7.31
		故障率	6.31
客户	28.41	品种结构	5.89
		售后服务	5.50
		知名度	4.86
		管理效率	3.91
		满意度	3.37
		忠诚度	2.70
合计	100	合计	100

资料来源：笔者根据研究整理所得。

表5-3中的方差解释比例代表了各因素在影响质量品牌总得分时发挥的独特效应，效应值的大小反映出各影响因素的作用大小。由表5-3可以看出，对于船舶机电行业的质量品牌建设而言，产品维度的影响因素作用最大，企业

维度的影响因素紧随其后，客户维度的影响因素作用最弱。进一步将具体影响因素展开分析可以发现，排名前三位的影响因素分别是市场占有率、品牌美誉度、产品功能性，位列倒数三位的影响因素分别是品牌忠诚度、品牌满意度、管理效率。产生这一分析结果的原因在于，对于船舶机电行业来说，2020 年初，市场同样长期低迷，船东下单会优先考虑投资的收益，品牌忠诚度、品牌满意度、企业的管理效率并不是他们的优先考虑因素，而市场占有率、品牌美誉度、产品功能性等要素则将直接决定短期中的投资收益，因此尤为重要。

接下来，将按照以上分析结果，按影响效果从大到小的顺序，剖析日本、欧洲与韩国的船舶机电行业在各影响因素上的优势与不足。

（三）三个国家或地区船舶机电行业质量品牌差异分析

各地区船舶机电行业质量品牌的差异分析将基于雷达图展开，并在此基础上对各因素开展具体分析。

1. 雷达图分析

图 5-1 显示出日本、欧洲、韩国三个国家或地区在船舶机电行业质量品牌上的总体差异。从最上面的市场占有率开始，各因素沿着顺时针的方向影响效应逐渐变小。可以看出，市场认为三个国家或地区各自在不同的影响因素上各有优势，也存在不足。雷达图分析展示了各地区船舶机电行业的全貌。接下来，将针对每一个影响因素展开更为深入的分析。

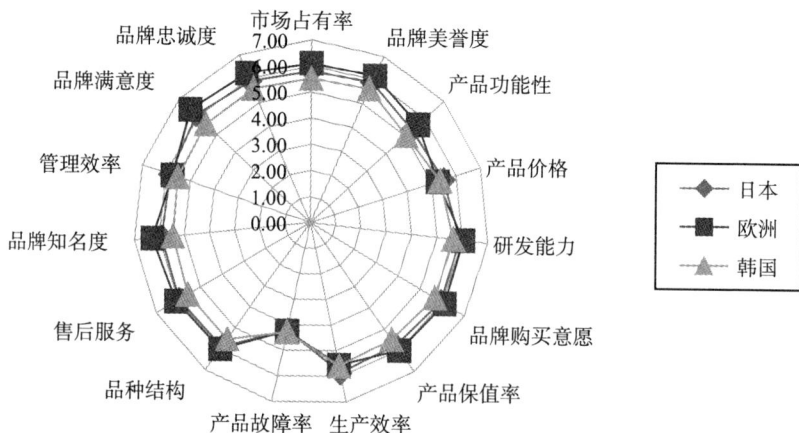

图 5-1 三个国家或地区船舶机电行业质量品牌影响因素雷达图分析
资料来源：笔者根据研究整理所得。

2. 各因素具体分析

对于每一个影响因素，本章将首先对三个国家或地区进行数值比较，然后基于单因素方差分析（Analysis of Variance，ANOVA）对数值比较结果的显著性与代表性进行检验。

（1）市场占有率。

图 5 - 2 显示，市场认为欧洲最强，日本和韩国紧随其后。方差分析结果显示，三个国家或地区船舶机电行业之间在 5% 的置信度上存在显著差异 $[F(2, 84) = 3.70$，P 值为 0.0289]，说明差距客观存在。

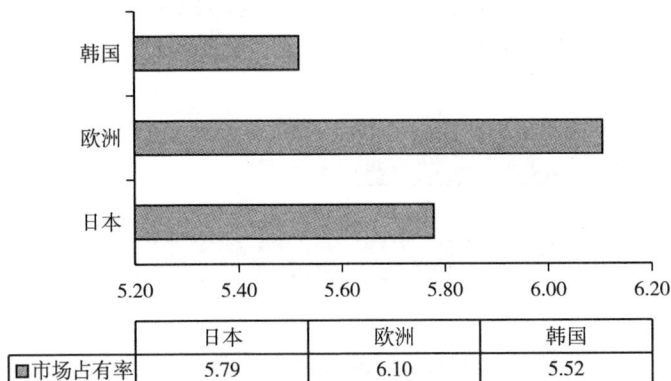

	日本	欧洲	韩国
■市场占有率	5.79	6.10	5.52

图 5 - 2 三个国家或地区船舶机电行业市场占有率对比分析

资料来源：笔者根据研究整理所得。

（2）品牌美誉度。

图 5 - 3 显示，市场认为欧洲最强，日本和韩国紧随其后。方差分析结果显示，三个国家或地区船舶机电行业之间在 5% 的置信度上存在显著差异 $[F(2, 84) = 3.11$，P 值为 0.0499]，说明中国与其他地区在品牌美誉度上的差距客观存在。

（3）产品功能性。

图 5 - 4 显示，市场认为欧洲最强，日本和韩国紧随其后。方差分析结果显示，三个国家或地区船舶机电行业之间在 5% 的置信度上不存在显著差异 $[F(2, 84) = 1.50$，P 值为 0.2283]，说明差距没有客观存在。

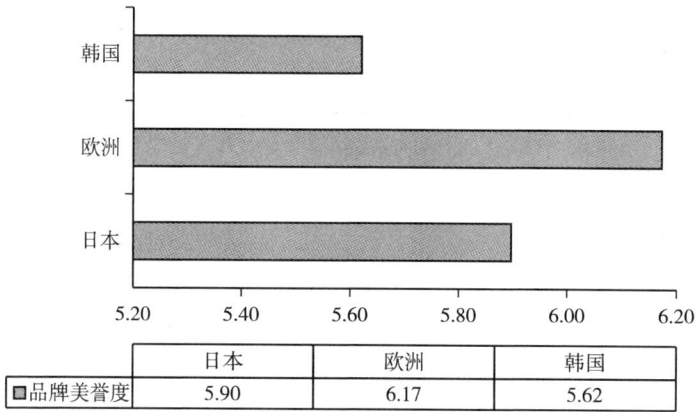

	日本	欧洲	韩国
■品牌美誉度	5.90	6.17	5.62

图5－3　三个国家或地区船舶机电行业品牌美誉度对比分析
资料来源：笔者根据研究整理所得。

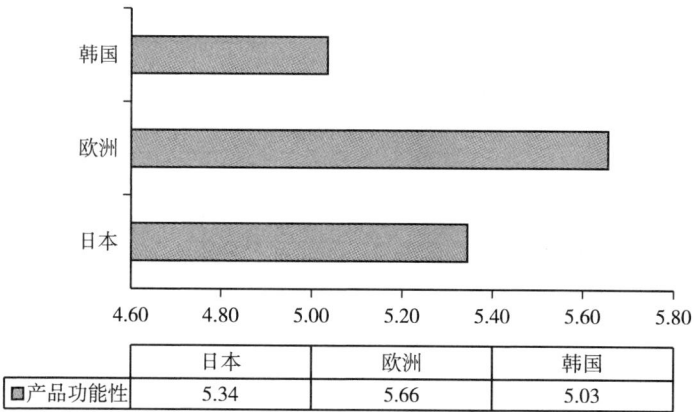

	日本	欧洲	韩国
■产品功能性	5.34	5.66	5.03

图5－4　三个国家或地区船舶机电行业产品功能性对比分析
资料来源：笔者根据研究整理所得。

（4）产品价格。

图5－5显示，市场认为日本最强，韩国和欧洲紧随其后。方差分析结果显示，三个国家或地区船舶机电行业之间在5%的置信度上不存在显著差异 [F(2，84) =0.29，P值为0.7523]，说明差距没有客观存在。

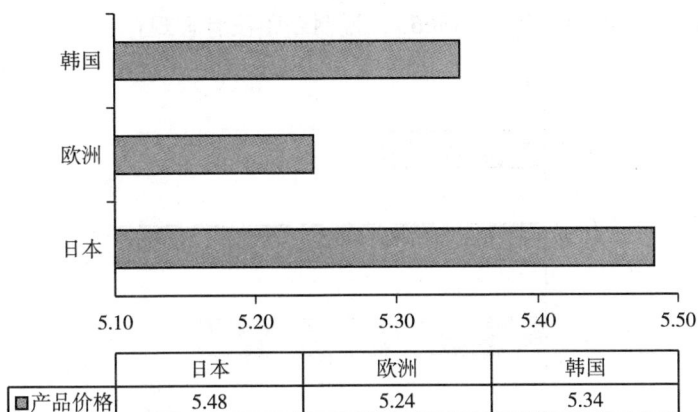

	日本	欧洲	韩国
▣产品价格	5.48	5.24	5.34

图 5 - 5　三个国家或地区船舶机电行业产品价格对比分析

资料来源：笔者根据研究整理所得。

（5）研发能力。

图 5 - 6 显示，市场认为欧洲最好，日本和韩国紧随其后。方差分析结果显示，三个国家或地区船舶机电行业之间在 5% 的置信度上不存在着显著差异 [$F_{(2, 87)}$ = 1.22，P 值为 0.2998]，说明差距没有客观存在。

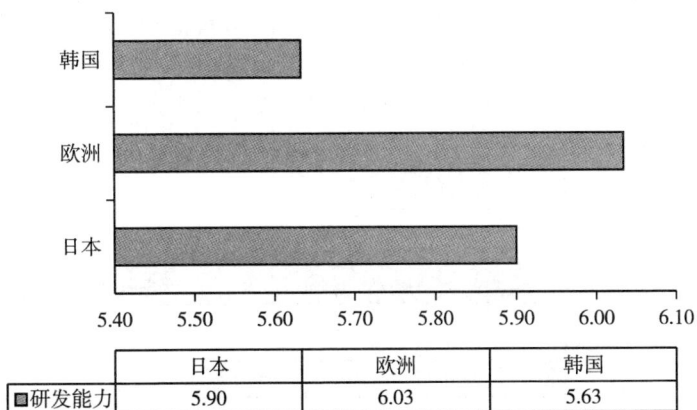

	日本	欧洲	韩国
▣研发能力	5.90	6.03	5.63

图 5 - 6　三个国家或地区船舶机电行业研发能力对比分析

资料来源：笔者根据研究整理所得。

（6）品牌购买意愿。

图 5 - 7 显示，市场认为欧洲最强，日本和韩国紧随其后。方差分析结果显示，三个国家或地区船舶机电行业之间在 5% 的置信度上不存在显著差异

[F(2，84）=2.04，P 值为 0.1366]，说明差距没有客观存在。

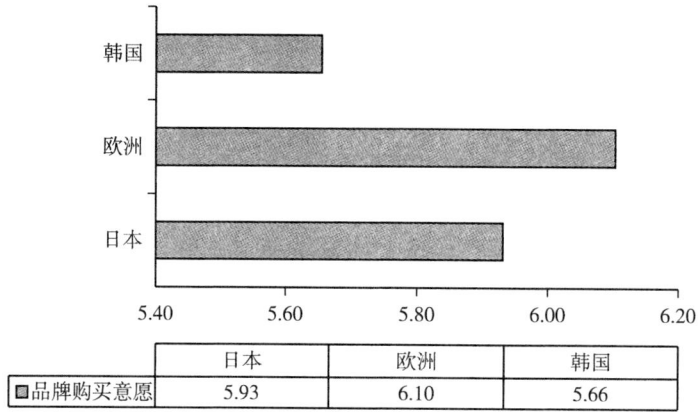

	日本	欧洲	韩国
▣品牌购买意愿	5.93	6.10	5.66

图5-7　三个国家或地区船舶机电行业品牌购买意愿对比分析
资料来源：笔者根据研究整理所得。

（7）产品保值率。

图5-8显示，市场认为欧洲最强，日本和韩国紧随其后。方差分析结果显示，三个国家或地区船舶机电行业之间在5%的置信度上存在显著差异[F(2，84）=3.23，P 值为 0.0446]，说明中国与其他地区在产品保值率上的差距客观存在。

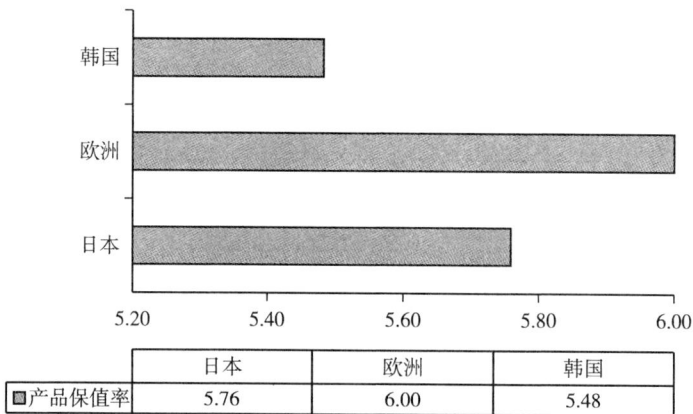

	日本	欧洲	韩国
▣产品保值率	5.76	6.00	5.48

图5-8　三个国家或地区船舶机电行业产品保值率对比分析
资料来源：笔者根据研究整理所得。

（8）生产效率。

图5-9显示，市场认为日本最好，韩国和欧洲紧随其后。方差分析结果显示，三个国家或地区船舶机电行业之间在5%的置信度上不存在显著差异［F(2, 87)=0.95，P值为0.3895］，说明各国在生产效率上的差异没有客观存在。

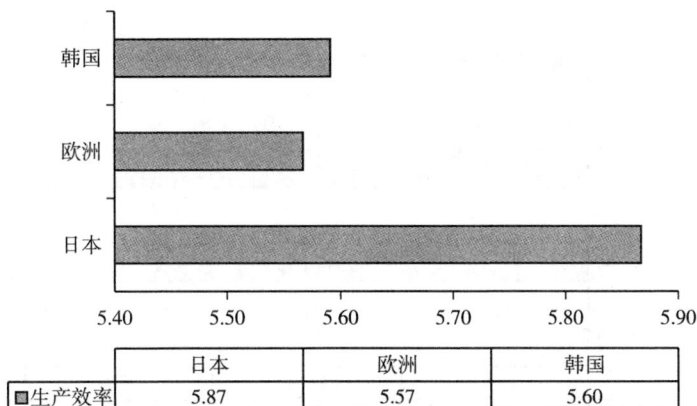

	日本	欧洲	韩国
■生产效率	5.87	5.57	5.60

图5-9 三个国家或地区船舶机电行业生产效率对比分析

资料来源：笔者根据研究整理所得。

（9）产品故障率。

图5-10显示，市场认为韩国最好，欧日相对较弱。方差分析结果显示，三个国家或地区船舶机电行业之间在5%的置信度上不存在显著差异［F(2, 84)=0.01，P值为0.9883］，说明差距没有客观存在。

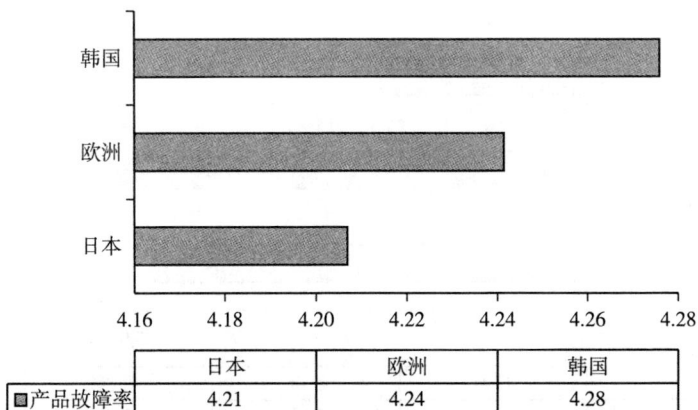

	日本	欧洲	韩国
■产品故障率	4.21	4.24	4.28

图5-10 三个国家或地区船舶机电行业产品故障率对比分析

注：取值已经经过反向处理，值越大代表故障率越低。
资料来源：笔者根据研究整理所得。

（10）产品品种结构。

图 5-11 显示，市场认为欧洲最好，日本和韩国紧随其后。方差分析结果显示，三个国家或地区船舶机电行业之间在 5% 的置信度上不存在显著差异 [$F(2, 87) = 2.02$，P 值为 0.1394]，说明差距没有客观存在。

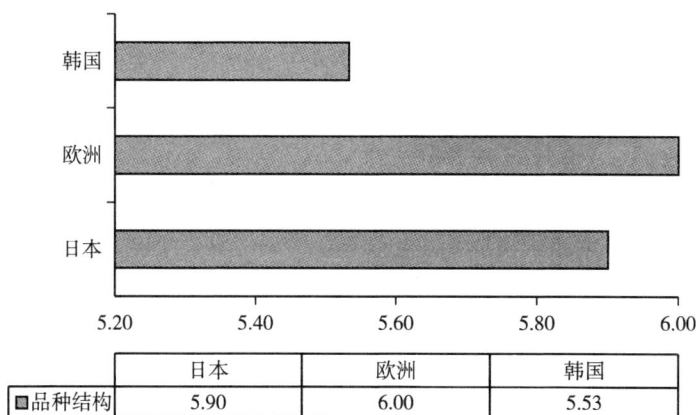

	日本	欧洲	韩国
□品种结构	5.90	6.00	5.53

图 5-11 三个国家或地区船舶机电行业产品品种结构对比分析

资料来源：笔者根据研究整理所得。

（11）售后服务。

图 5-12 显示，市场认为欧洲和日本代表了最好水平，韩国紧随其后。方差分析结果显示，三个国家或地区船舶机电行业之间在 5% 的置信度上不存在显著差异 [$F(2, 87) = 2.75$，P 值为 0.0693]，说明差距没有客观存在。

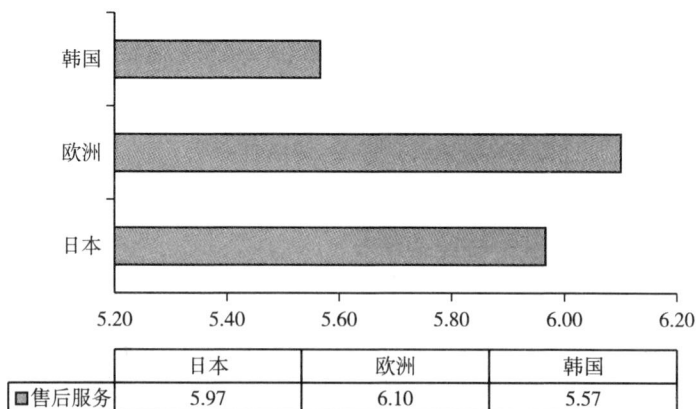

	日本	欧洲	韩国
□售后服务	5.97	6.10	5.57

图 5-12 三个国家或地区船舶机电行业售后服务对比分析

资料来源：笔者根据研究整理所得。

（12）品牌知名度。

图 5 – 13 显示，市场认为欧洲最强，日本和韩国次之。方差分析结果显示，三个国家或地区船舶机电行业之间在 1% 的置信度上存在显著差异 ［F(2，84）=6.37，P 值为 0.0027］，说明差异客观存在。

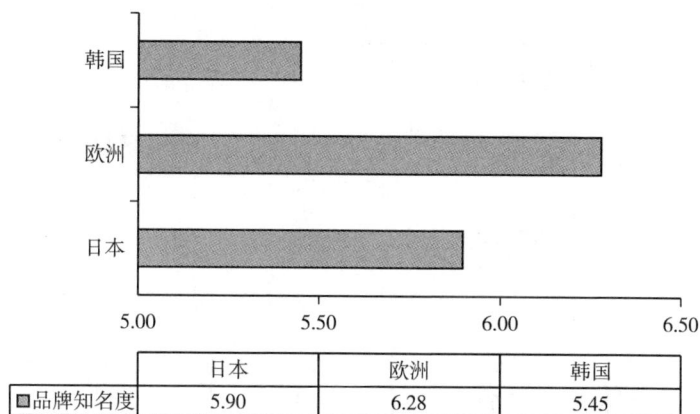

	日本	欧洲	韩国
■品牌知名度	5.90	6.28	5.45

图 5 – 13　三个国家或地区船舶机电行业品牌知名度对比分析

资料来源：笔者根据研究整理所得。

（13）管理效率。

图 5 – 14 显示，市场认为日本最好，欧洲和韩国紧随其后。方差分析结果显示，三个国家或地区船舶机电行业之间在 5% 的置信度上不存在着显著差异 ［F(2，86）=0.93，P 值为 0.4002］，说明差距没有客观存在。

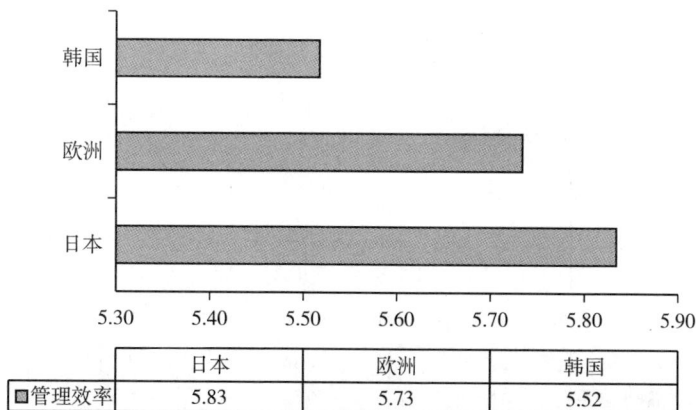

	日本	欧洲	韩国
■管理效率	5.83	5.73	5.52

图 5 – 14　三个国家或地区船舶机电行业管理效率对比分析

资料来源：笔者根据研究整理所得。

（14）品牌满意度。

图 5 - 15 显示，市场认为欧洲最强，日本和韩国次之。方差分析结果显示，三个国家或地区船舶机电行业之间在 1% 的置信度上存在显著差异 [F(2, 84) = 9.96，P 值为 0.0001]，说明差距客观存在。

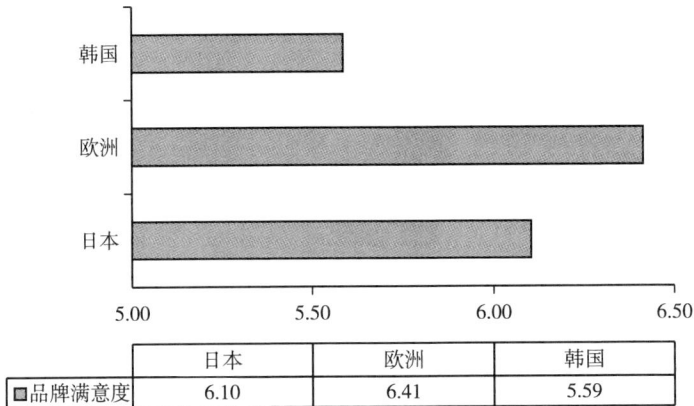

	日本	欧洲	韩国
▢品牌满意度	6.10	6.41	5.59

图 5 - 15   三个国家或地区船舶机电行业品牌满意度对比分析

资料来源：笔者根据研究整理所得。

（15）品牌忠诚度。

图 5 - 16 显示，市场认为欧洲最强，日本和韩国次之。方差分析结果显示，三个国家或地区船舶机电行业之间在 5% 的置信度上存在显著差异 [F(2, 84) = 4.43，P 值为 0.0148]，说明差异客观存在。

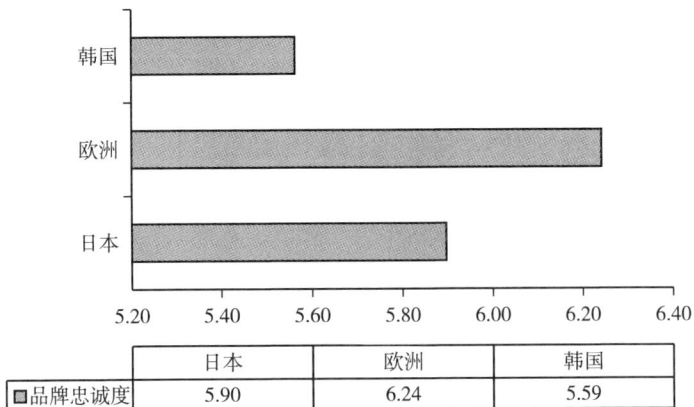

	日本	欧洲	韩国
▢品牌忠诚度	5.90	6.24	5.59

图 5 - 16   三个国家或地区船舶机电行业品牌忠诚度对比分析

资料来源：笔者根据研究整理所得。

3. 差异分析总结

基于上述分析，本章将船舶机电行业质量品牌相关研究结论进行总结，如表 5－4 所示。

表 5－4　　船舶机电行业质量品牌三个国家或地区研究结论一览表

重要性排序	维度	影响因素	各国或地区排序
1	客户	占有率	欧洲 > 日本 > 韩国
2	客户	美誉度	欧洲 > 日本 > 韩国
3	产品	功能性	无显著差异
4	产品	价格	无显著差异
5	企业	研发能力	无显著差异
6	客户	购买意愿	无显著差异
7	产品	保值率	欧洲 > 日本 > 韩国
8	企业	生产效率	无显著差异
9	产品	故障率	无显著差异
10	企业	品种结构	无显著差异
11	企业	售后服务	无显著差异
12	客户	知名度	欧洲 > 日本 > 韩国
13	企业	管理效率	无显著差异
14	客户	满意度	欧洲 > 日本 > 韩国
15	客户	忠诚度	欧洲 > 日本 > 韩国

资料来源：笔者根据研究整理所得。

第一，三个国家或地区在功能性、价格、研发能力、购买意愿、生产效率、故障率、品种结构、售后服务、管理效率上，不存在显著差异。

第二，欧洲地区在市场占有率、品牌美誉度、产品保值率、品牌知名度、品牌满意度、品牌忠诚度上有着显著的竞争优势。

二、国外船舶总装行业对比分析

为了了解当前市场对日本、欧洲、韩国三大国外地区在质量品牌建设上的现状与差异，并借鉴学习三方在质量品牌建设过程中重要的影响因素与核心的发展路径，本章基于问卷调查法，调查了船舶总装相关行业的专家与一线从业人员，获得了来自属于市场的一手资料，详细呈现如下。

（一）三个国家或地区船舶总装行业问卷填写对象基本信息

本次调查针对船舶总装行业共回收 44 份有效问卷，问卷填写对象的基本信息如表 5 - 5 所示。

表 5 - 5　　　　三个国家或地区船舶总装行业问卷填写对象基本信息

特征	指标	频数	百分比（％）	累计百分比（％）
性别	男	19	43.18	43.18
	女	14	31.82	75.00
	未填写	11	25.00	100.00
企业	七一四研究所	12	27.27	27.27
	中国船舶信息中心	1	2.27	29.55
	中船重工	4	9.09	38.64
	武汉船用机械有限责任公司	1	2.27	40.91
	沪东重机有限公司	3	6.82	47.73
	未填写	23	52.27	100.00
年龄	30 岁以下	13	29.55	29.55
	30 ~ 45 岁	27	61.36	90.91
	45（含）~ 60 岁	4	9.09	100.00

续表

特征	指标	频数	百分比（%）	累计百分比（%）
行业	船舶总装	11	25.00	25.00
	动力装备	5	11.36	36.36
	船舶机电	7	15.91	52.27
	其他	21	47.73	100.00
职称	初级	12	27.27	27.27
	中级	15	34.09	61.36
	副高	14	31.82	93.18
	正高	3	6.82	100.00
总计		44 人		

资料来源：笔者根据研究整理所得。

（二）三地区船舶总装行业影响因素大小排序

基于对问卷数据的分析，本章首先采用回归分析建模，随后使用方差分解，将船舶总装行业的质量品牌在三个维度上的影响因素作用大小进行了详细的比较，结果详述如下。

1. 回归分析

本章中的回归模型构建如下：

$$质量品牌总分\_船舶总装 = \beta_1 \times 产品品种结构 + \beta_2 \times 企业研发能力$$
$$+ \beta_3 \times 企业生产效率 + \beta_4 \times 售后服务$$
$$+ \beta_5 \times 管理效率 + \beta_6 \times 产品价格$$
$$+ \beta_7 \times 产品保值率 + \beta_8 \times 产品故障率$$
$$+ \beta_9 \times 产品功能性 + \beta_{10} \times 市场占有率$$
$$+ \beta_{11} \times 品牌知名度 + \beta_{12} \times 品牌美誉度$$
$$+ \beta_{13} \times 品牌购买意愿 + \beta_{14} \times 品牌满意度$$
$$+ \beta_{15} \times 品牌忠诚度 + \varepsilon$$

回归模型中的因变量为船舶总装行业质量品牌的总得分，自变量完整涵盖了企业维度、产品维度与客户维度的 15 个影响因素，ε 为误差项。回归分析结果如表5-6所示。可以看出，整体模型拟合程度达到98.72%，且所有自变量均显著影响了船舶总装行业的质量品牌，这为接下来的方差分解奠定了良好的基础。

表5-6　　　　　　　　船舶总装行业质量品牌回归分析结果

影响因素	回归系数	回归系数值及标准误	P 值
品种结构	β_1	0.079 *** (7.01e+06)	< 0.0001
研发能力	β_2	0.076 *** (4.72e+06)	< 0.0001
生产效率	β_3	0.071 *** (4.67e+06)	< 0.0001
售后服务	β_4	0.065 *** (4.06e+06)	< 0.0001
管理效率	β_5	0.043 *** (2.73e+06)	< 0.0001
价格	β_6	0.079 *** (4.82e+06)	< 0.0001
保值率	β_7	0.075 *** (4.15e+06)	< 0.0001
故障率	β_8	0.067 *** (7.61e+06)	< 0.0001
功能性	β_9	0.059 *** (3.43e+06)	< 0.0001
占有率	β_{10}	0.052 *** (5.62e+06)	< 0.0001
知名度	β_{11}	0.080 *** (4.12e+06)	< 0.0001

影响因素	回归系数	回归系数值及标准误	P 值
美誉度	β_{12}	0.077 *** (4.27e + 06)	< 0.0001
购买意愿	β_{13}	0.064 *** (3.31e + 06)	< 0.0001
满意度	β_{14}	0.058 *** (2.54e + 06)	< 0.0001
忠诚度	β_{15}	0.055 *** (2.70e + 06)	< 0.0001
模型拟合值		$F(15,127) > 99\,999.00$ $Prob > F = 0.0000$ $R - squared = 0.9872$ $Root\ MSE = 1.6e - 07$	

注：表中左起第 3 列为标准化回归系数，括号中为标准误。产品故障率的取值已经过反向处理。
＊P < 0.05、＊＊P < 0.01、＊＊＊P < 0.001。由于本次回归分析的 P 值远小于 0.0001，故计算机没有给出具体数值。

资料来源：笔者根据研究整理所得。

2. 方差分解

基于回归分析的结果，本章接下来通过方差分解方法，对船舶总装行业质量品牌的影响因素作用大小展开了进一步的分析，分析结果如表 5 - 7 所示，所有影响因素按照方差解释比例从高到低进行了排序。

表 5 - 7　　　　船舶总装行业质量品牌影响因素方差分解结果

维度	方差解释比例（%）	影响因素	方差解释比例（%）
企业	33.77	知名度	9.34
		品种结构	9.11
		价格	9.01
		美誉度	8.66

维度	方差解释比例（%）	影响因素	方差解释比例（%）
产品	32.80	研发能力	8.43
		保值率	8.21
		生产效率	7.36
		故障率	6.55
		售后服务	6.17
客户	33.53	购买意愿	5.98
		功能性	5.08
		满意度	4.91
		忠诚度	4.42
		市场占有率	3.95
		管理效率	2.70
合计	100	合计	100

资料来源：笔者根据研究整理所得。

表 5-7 中的方差解释比例代表了各因素在影响质量品牌总得分时发挥的独特效应，效应值的大小反映出各影响因素的作用大小。由表 5-7 可以看出，对于船舶总装行业的质量品牌建设而言，企业、产品、客户三个维度的影响大小基本相同，在作用发挥上旗鼓相当。进一步将具体影响因素展开分析可以发现，排名前三位的影响因素分别是品牌知名度、产品品种结构、产品价格，位列倒数三位的影响因素分别是管理效率、市场占有率、品牌忠诚度。产生这一分析结果的原因在于，对于船舶总装行业来说，目前市场长期低迷，船东下单会优先考虑投资的收益，品牌忠诚度、市场占有率、企业的管理效率并不是他们的优先考虑因素，而品牌知名度、产品品种结构、产品价格等要素则将直接决定短期中的投资收益，因此尤为重要。

接下来，将按照以上分析结果，按照影响效果从大到小的顺序，剖析日本、欧洲与韩国的船舶总装行业在各影响因素上的优势与不足。

（三）三个国家或地区船舶总装行业质量品牌差异分析

各地区船舶总装行业质量品牌的差异分析将基于雷达图展开，并在此基础上对各因素开展具体分析。

1. 雷达图分析

图 5-17 显示出日本、欧洲、韩国三个国家或地区在船舶总装行业质量品牌上的总体差异。从最上面的品牌知名度开始，各因素沿着顺时针的方向影响效应逐渐变小。可以看出，市场认为三个国家或地区各自在不同的影响因素上各有优势，也存在不足。雷达图分析展示了各地区船舶总装行业的全貌。接下来，将针对每一个影响因素展开更为深入的分析。

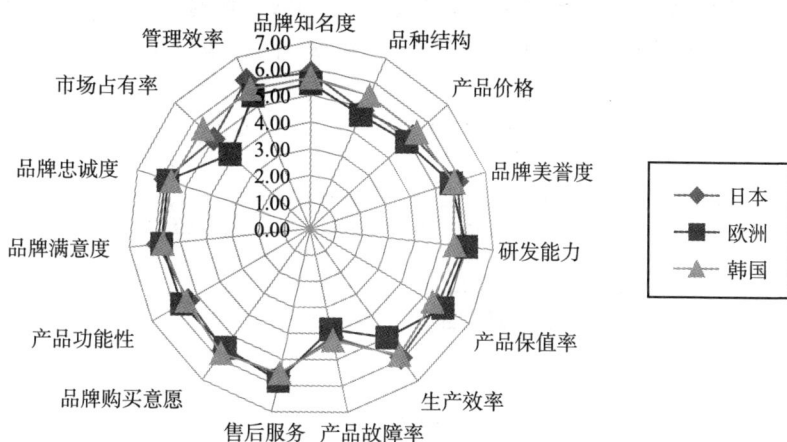

图 5-17 三个国家或地区船舶总装行业质量品牌影响因素雷达图分析
资料来源：笔者根据研究整理所得。

2. 各因素具体分析

对于每一个影响因素，本章将首先对各地区进行数值比较，然后基于单因素方差分析（ANOVA）对数值比较结果的显著性与代表性进行检验。

（1）品牌知名度。

图 5-18 显示，市场认为日本最高，韩国和欧洲紧随其后。方差分析结果显示，三个国家或地区船舶总装行业之间在 5% 的置信度上不存在着显著差异 [$F(2, 111) = 1.22$，P 值为 0.2995]，说明差异并没有客观存在。

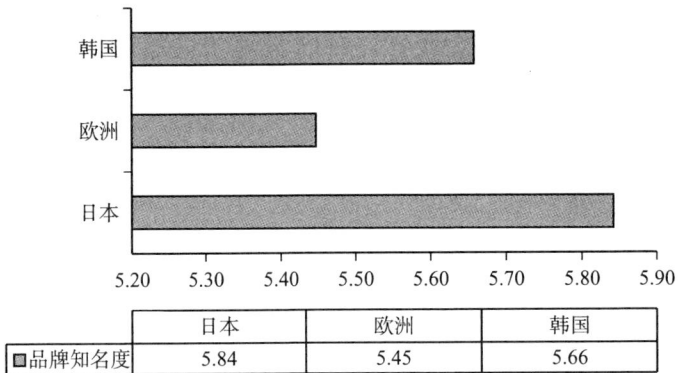

	日本	欧洲	韩国
■品牌知名度	5.84	5.45	5.66

图5-18　三个国家或地区船舶总装行业品牌知名度对比分析

资料来源：笔者根据研究整理所得。

（2）产品品种结构。

图5-19显示，市场认为韩国最好，日本和欧洲紧随其后。方差分析结果显示，三个国家或地区船舶总装行业之间在5%的置信度上存在着显著差异[$F_{(2,111)}=3.21$，P值为0.0441]，说明差异客观存在。

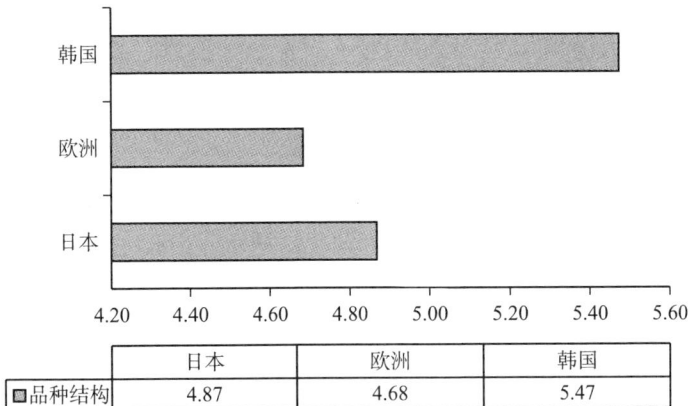

	日本	欧洲	韩国
■品种结构	4.87	4.68	5.47

图5-19　三个国家或地区船舶总装行业产品品种结构对比分析

资料来源：笔者根据研究整理所得。

（3）产品价格。

图5-20显示，市场认为韩国最好，日本和欧洲紧随其后。方差分析结果显示，三个国家或地区船舶总装行业之间在5%的置信度上不存在显著差异[$F_{(2,110)}=2.73$，P值为0.0695]，说明差异并没有客观存在。

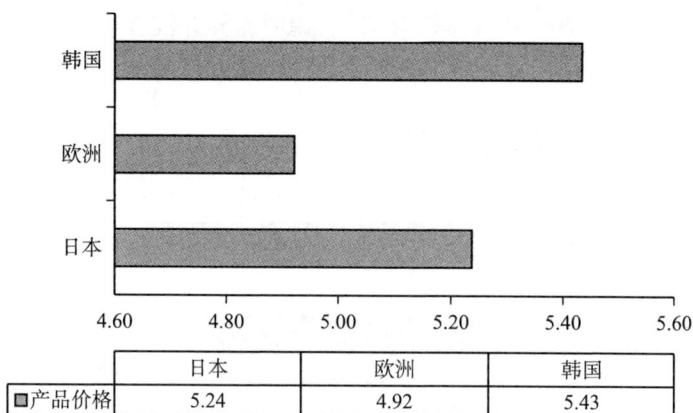

	日本	欧洲	韩国
■产品价格	5.24	4.92	5.43

图 5 – 20　三个国家或地区船舶总装行业产品价格对比分析

资料来源：笔者根据研究整理所得。

（4）品牌美誉度。

图 5 – 21 显示，市场认为日本最好，韩国和欧洲紧随其后。方差分析结果显示，三个国家或地区船舶总装行业之间在 5% 的置信度上不存在显著差异 [$F(2, 111) = 0.58$，P 值为 0.5621]，说明差异并没有客观存在。

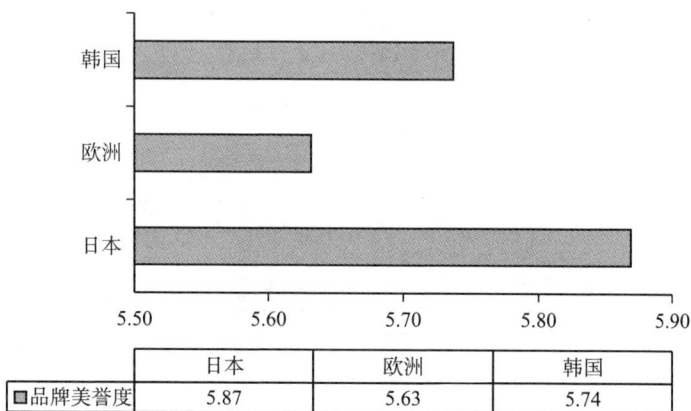

	日本	欧洲	韩国
■品牌美誉度	5.87	5.63	5.74

图 5 – 21　三个国家或地区船舶总装行业品牌美誉度对比分析

资料来源：笔者根据研究整理所得。

（5）研发能力。

图 5 – 22 显示，市场认为欧洲与日本相对较强，韩国紧随其后。方差分析结果显示，三个国家或地区船舶总装行业之间在 5% 的置信度上不存在显著差

异［F(2，111) = 1.70，P 值为 0.1882］，说明差异并没有客观存在。

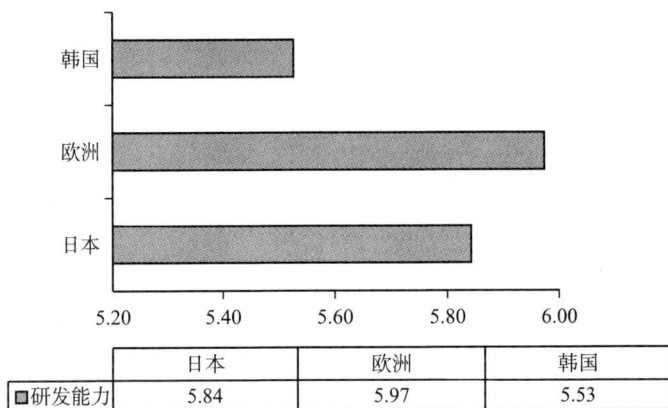

	日本	欧洲	韩国
▪ 研发能力	5.84	5.97	5.53

图 5 – 22　三个国家或地区船舶总装行业研发能力对比分析

资料来源：笔者根据研究整理所得。

（6）产品保值率。

图 5 – 23 显示，市场认为欧洲与日本相对较强，韩国相对较弱。方差分析结果显示，三个国家或地区船舶总装行业之间在 5% 的置信度上不存在显著差异［F(2，111) = 1.97，P 值为 0.1442］，说明差异并没有客观存在。

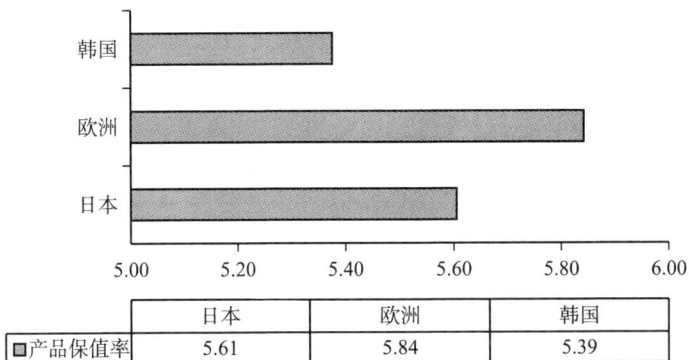

	日本	欧洲	韩国
▪ 产品保值率	5.61	5.84	5.39

图 5 – 23　三个国家或地区船舶总装行业产品保值率对比分析

资料来源：笔者根据研究整理所得。

（7）生产效率。

图 5 – 24 显示，市场认为日本与韩国相对较强，欧洲相对偏弱。方差分析

结果显示，三个国家或地区船舶总装行业之间在1%的置信度上存在显著差异 [F(2，111) =9.36，P值为0.0002]，说明差异客观存在。

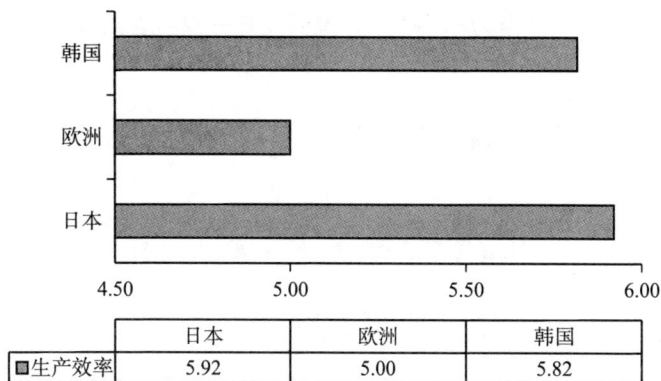

	日本	欧洲	韩国
■生产效率	5.92	5.00	5.82

图5-24　三个国家或地区船舶总装行业生产效率对比分析

资料来源：笔者根据研究整理所得。

（8）产品故障率。

图5-25显示，市场认为韩国与日本较强，欧洲相对较弱。方差分析结果显示，三个国家或地区船舶总装行业之间在5%的置信度上不存在显著差异 [F(2，111) =0.60，P值为0.5492]，说明差异并没有客观存在。

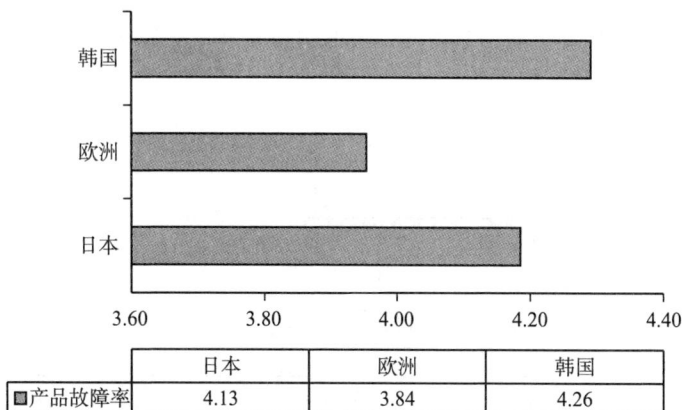

	日本	欧洲	韩国
■产品故障率	4.13	3.84	4.26

图5-25　三个国家或地区船舶总装行业产品故障率对比分析

注：取值已经过反向处理，值越大代表故障率越低。

资料来源：笔者根据研究整理所得。

（9）售后服务。

图 5 - 26 显示，市场认为欧洲最强，日本和韩国稍弱。方差分析结果显示，三个国家或地区船舶总装行业之间在 5% 的置信度上不存在显著差异 [F(2，111) = 0.82，P 值为 0.4418]，说明差异并没有客观存在。

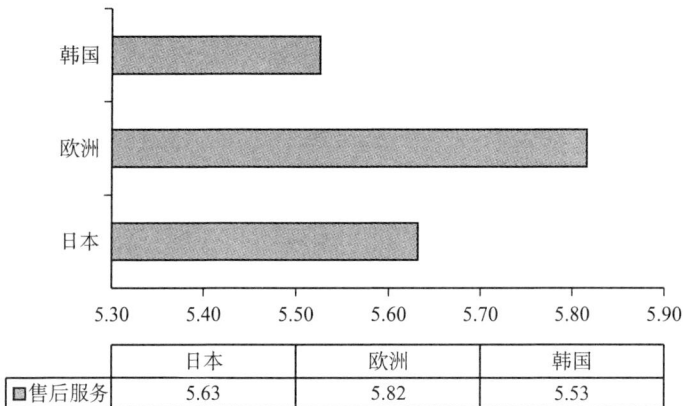

	日本	欧洲	韩国
□ 售后服务	5.63	5.82	5.53

图 5 - 26　三个国家或地区船舶总装行业售后服务对比分析

资料来源：笔者根据研究整理所得。

（10）品牌购买意愿。

图 5 - 27 显示，市场认为韩国最强，日本和欧洲紧随其后。方差分析结果显示，三个国家或地区船舶总装行业之间在 5% 的置信度上不存在显著差异 [F(2，111) = 0.61，P 值为 0.5433]，说明差异并没有客观存在。

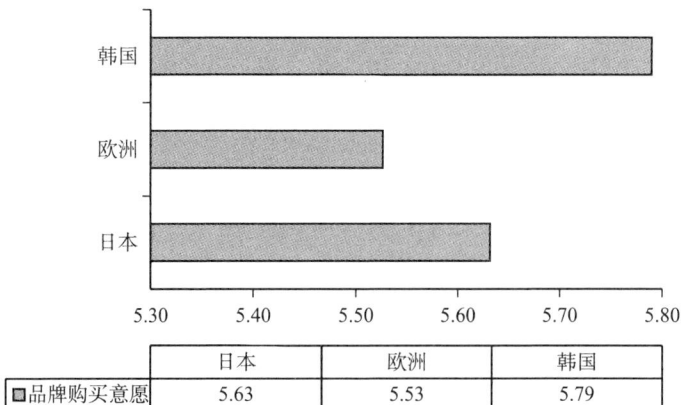

	日本	欧洲	韩国
□ 品牌购买意愿	5.63	5.53	5.79

图 5 - 27　三个国家或地区船舶总装行业品牌购买意愿对比分析

资料来源：笔者根据研究整理所得。

（11）产品功能性。

图 5-28 显示，市场认为欧洲最强，韩国和日本紧随其后。方差分析结果显示，三个国家或地区船舶总装行业之间在 5% 的置信度上不存在显著差异 [F(2，111) =0.88，P 值为 0.4158]，说明差异并没有客观存在。

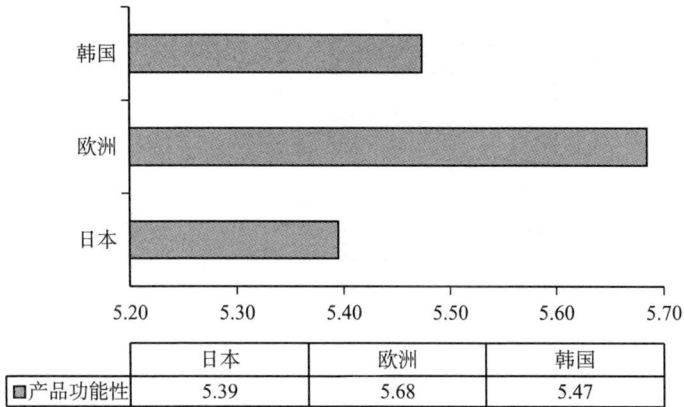

	日本	欧洲	韩国
▨产品功能性	5.39	5.68	5.47

图 5-28　三个国家或地区船舶总装行业产品功能性对比分析

资料来源：笔者根据研究整理所得。

（12）品牌满意度。

图 5-29 显示，市场认为日本最强，欧洲和韩国次之。方差分析结果显示，三个国家或地区船舶总装行业之间在 5% 的置信度上不存在显著差异 [F(2，111) =0.53，P 值为 0.5889]，说明差异并没有客观存在。

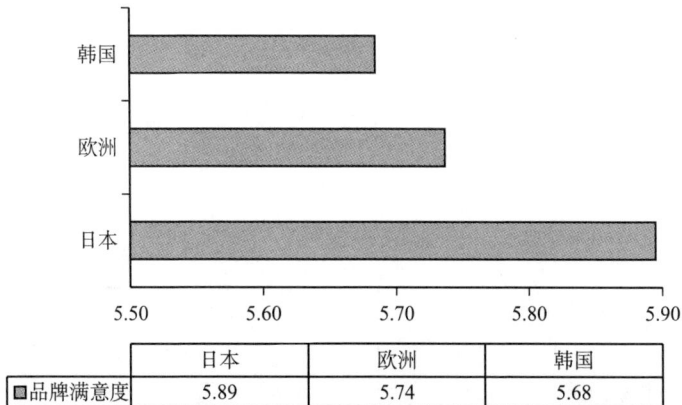

	日本	欧洲	韩国
▨品牌满意度	5.89	5.74	5.68

图 5-29　三个国家或地区船舶总装行业品牌满意度对比分析

资料来源：笔者根据研究整理所得。

（13）品牌忠诚度。

图 5 - 30 显示，市场认为日本最强，欧洲和韩国次之。方差分析结果显示，三个国家或地区船舶总装行业之间在 5% 的置信度上不存在显著差异 [$F_{(2, 105)}$ = 0.71，P 值为 0.4943]，说明差异并没有客观存在。

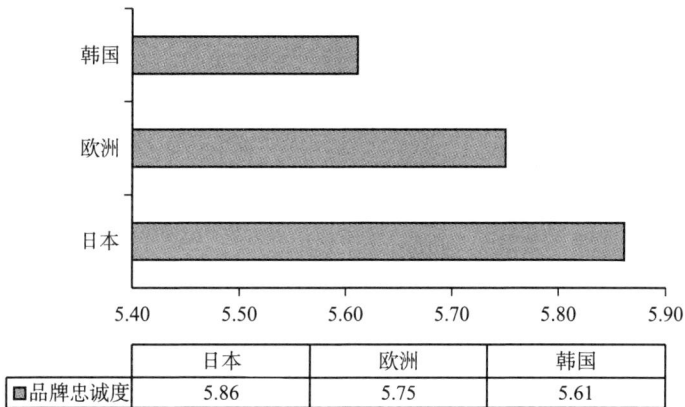

	日本	欧洲	韩国
■品牌忠诚度	5.86	5.75	5.61

图 5 - 30　三个国家或地区船舶总装行业品牌忠诚度对比分析

资料来源：笔者根据研究整理所得。

（14）市场占有率。

图 5 - 31 显示，市场认为韩国和日本较好，欧洲相对较弱。方差分析结果显示，三个国家或地区船舶总装行业之间在 1% 的置信度上存在显著差异 [$F_{(2, 111)}$ = 9.03，P 值为 0.0002]，说明差异客观存在。

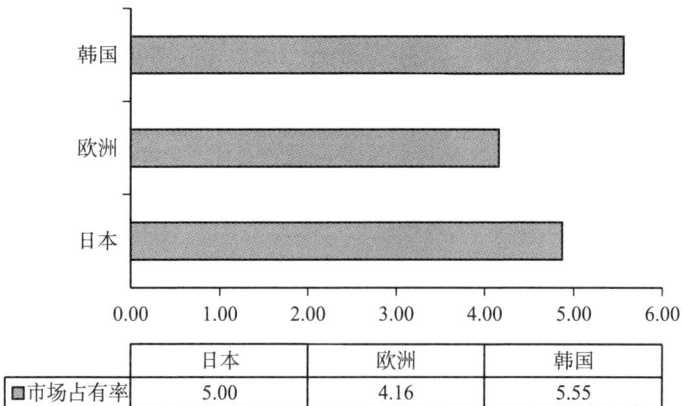

	日本	欧洲	韩国
■市场占有率	5.00	4.16	5.55

图 5 - 31　三个国家或地区船舶总装行业市场占有率对比分析

资料来源：笔者根据研究整理所得。

（15）管理效率。

图5-32显示，市场认为日本最强，韩国和欧洲次之。方差分析结果显示，三个国家或地区船舶总装行业之间在5%的置信度上存在显著差异 $[F_{(2, 111)} = 3.48$，P值为0.0342]，说明差距客观存在。

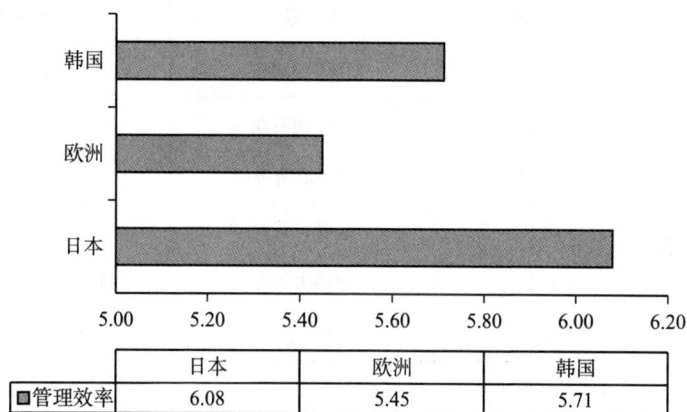

	日本	欧洲	韩国
■管理效率	6.08	5.45	5.71

图5-32　三个国家或地区船舶总装行业管理效率对比分析

资料来源：笔者根据研究整理所得。

3. 差异分析总结

基于前述分析，本章将船舶总装行业质量品牌相关研究结论进行总结，如表5-8所示。

表5-8　　船舶总装行业质量品牌三个国家或地区研究结论一览表

重要性排序	维度	影响因素	各国排序
1	客户	品牌知名度	无显著差异
2	企业	产品品种结构	韩国 > 日本 > 欧洲
3	产品	产品价格	无显著差异
4	客户	品牌美誉度	无显著差异
5	企业	研发能力	无显著差异
6	产品	产品保值率	无显著差异

重要性排序	维度	影响因素	各国排序
7	企业	生产效率	日本 > 韩国 > 欧洲
8	产品	产品故障率	无显著差异
9	企业	售后服务	无显著差异
10	客户	品牌购买意愿	无显著差异
11	产品	产品功能性	无显著差异
12	客户	品牌满意度	无显著差异
13	客户	品牌忠诚度	无显著差异
14	产品	市场占有率	韩国 > 日本 > 欧洲
15	企业	管理效率	日本 > 韩国 > 欧洲

资料来源：笔者根据研究整理所得。

各地区在品牌知名度、产品价格、品牌美誉度、研发能力、产品保值率、产品故障率、售后服务、品牌购买意愿、产品功能性、品牌满意度、品牌忠诚度上，不存在显著差异；韩国在产品品种结构、产品市场占有率上具有显著的优势；日本在生产效率、管理效率上具有显著的优势；欧洲不存在显著的优势。

三、国外动力装备行业对比分析

为了了解当前市场对日本、欧洲、韩国三大国外地区在质量品牌建设上的现状与差异，并借鉴学习三方在质量品牌建设过程中重要的影响因素与核心的发展路径，本章基于问卷调查法，调查了动力装备相关行业的专家与一线从业人员，获得了来自属于市场的一手资料，详细呈现如下。

（一）三个国家或地区动力装备行业问卷填写对象基本信息

本次调查针对动力装备行业共回收 38 份有效问卷，问卷填写对象的基本信息如表 5 - 9 所示。

表 5 - 9　　　　　　　　动力装备行业问卷填写对象基本信息

特征	指标	频数	百分比（%）	累计百分比（%）
性别	男	19	50.00	50.00
	女	14	36.84	86.84
	未填写	5	13.16	100.00
企业	七一四研究所	12	31.58	31.58
	中国船舶信息中心	1	2.63	34.21
	中船重工	4	10.53	44.74
	武汉船用机械有限责任公司	1	2.63	47.37
	沪东重机有限公司	3	7.89	55.26
	未填写	17	44.74	100.00
年龄	30 岁以下	13	34.21	34.21
	30 ~ 45 岁	21	55.26	89.47
	45（含）~ 60 岁	4	10.53	100.00
行业	船舶总装	11	28.95	28.95
	动力装备	5	13.16	42.11
	船舶机电	7	18.42	60.53
	其他	15	39.47	100.00
职称	初级	6	15.79	15.79
	中级	15	39.47	55.26
	副高	14	36.84	92.11
	正高	3	7.89	100.00
总计			38 人	

资料来源：笔者根据研究整理所得。

（二）三个国家或地区动力装备行业影响因素大小排序

基于对问卷数据的分析，本章首先采用回归分析建模，随后使用方差分解，将动力装备行业的质量品牌在三个维度上的影响因素作用大小进行了详细的比较，结果详述如下。

1. 回归分析

本章中的回归模型构建如下：

$$\text{质量品牌总分} - \text{动力装备} = \zeta_1 \times \text{产品品种结构} + \zeta_2 \times \text{企业研发能力}$$
$$+ \zeta_3 \times \text{企业生产效率} + \zeta_4 \times \text{售后服务}$$
$$+ \zeta_5 \times \text{管理效率} + \zeta_6 \times \text{产品价格}$$
$$+ \zeta_7 \times \text{产品保值率} + \zeta_8 \times \text{产品故障率}$$
$$+ \zeta_9 \times \text{产品功能性} + \zeta_{10} \times \text{市场占有率}$$
$$+ \zeta_{11} \times \text{品牌知名度} + \zeta_{12} \times \text{品牌美誉度}$$
$$+ \zeta_{13} \times \text{品牌购买意愿} + \zeta_{14} \times \text{品牌满意度}$$
$$+ \zeta_{15} \times \text{品牌忠诚度} + \varepsilon$$

回归模型中的因变量为动力装备行业质量品牌的总得分，自变量完整涵盖了企业维度、产品维度与客户维度的 15 个影响因素，ε 为误差项。回归分析结果如表 5-10 所示。可以看出，整体模型拟合程度达到 99.11%，且所有自变量均显著影响了动力装备行业的质量品牌，这为接下来的方差分解奠定了良好的基础。

表 5-10　　　　动力装备行业质量品牌回归分析结果

影响因素	回归系数	回归系数值及标准误	P 值
品种结构	ζ_1	0.076 *** (4.24e+06)	<0.0001
研发能力	ζ_2	0.074 *** (3.30e+06)	<0.0001
生产效率	ζ_3	0.071 *** (4.54e+06)	<0.0001
售后服务	ζ_4	0.061 *** (2.64e+06)	<0.0001

续表

影响因素	回归系数	回归系数值及标准误	P 值
管理效率	ζ_5	0.052 *** (2.42e+06)	<0.0001
价格	ζ_6	0.075 *** (4.77e+06)	<0.0001
保值率	ζ_7	0.072 *** (6.26e+06)	<0.0001
故障率	ζ_8	0.066 *** (7.47e+06)	<0.0001
功能性	ζ_9	0.062 *** (4.93e+06)	<0.0001
占有率	ζ_{10}	0.058 *** (5.62e+06)	<0.0001
知名度	ζ_{11}	0.087 *** (5.17e+06)	<0.0001
美誉度	ζ_{12}	0.082 *** (4.19e+06)	<0.0001
购买意愿	ζ_{13}	0.073 *** (2.36e+06)	<0.0001
满意度	ζ_{14}	0.048 *** (1.80e+06)	<0.0001
忠诚度	ζ_{15}	0.043 *** (1.61e+06)	<0.0001
模型拟合值	\multicolumn{3}{c}{$F(15, 122)>99\,999.00$ $Prob>F=0.0000$ $R-squared=0.9911$ $Root\ MSE=1.4e-07$}		

注：表中左起第3列为标准化回归系数，括号中为标准误。产品故障率的取值已经过反向处理。*P<0.05、**P<0.01、***P<0.001。由于本次回归分析的P值远小于0.0001，故计算机没有给出具体数值。

资料来源：笔者根据研究整理所得。

2. 方差分解

基于回归分析的结果，本章接下来通过方差分解方法，对动力装备行业质量品牌的影响因素作用大小展开了进一步的分析，分析结果如表 5 – 11 所示，所有影响因素按照方差解释比例从高到低进行了排序。

表 5 – 11 中的方差解释比例代表了各因素在影响质量品牌总得分时发挥的独特效应，效应值的大小反映出各影响因素的作用大小。由表 5 – 11 可以看出，对于动力装备行业的质量品牌建设而言，企业、产品、客户三个维度的影响大小基本相同，在作用发挥上同样旗鼓相当。进一步将具体影响因素展开分析可以发现，排名前三位的影响因素分别是品牌知名度、品牌美誉度、产品品种结构，位列倒数三位的影响因素分别是品牌忠诚度、品牌满意度、管理效率。产生这一分析结果的原因在于，对于动力装备行业来说，目前市场同样长期低迷，船东下单会优先考虑投资的收益，品牌忠诚度、品牌满意度、企业的管理效率并不是他们的优先考虑因素，而品牌知名度、品牌美誉度、产品品种结构等要素则将直接决定短期中的投资收益，因此尤为重要。

表 5 – 11　　　　动力装备行业质量品牌影响因素方差分解结果

维度	方差解释比例（%）	影响因素	方差解释比例（%）
企业	32.99	知名度	10.99
		美誉度	9.76
		品种结构	8.39
		价格	8.17
产品	32.49	研发能力	7.95
		购买意愿	7.74
		保值率	7.53
		生产效率	7.32
		故障率	6.33

维度	方差解释比例（%）	影响因素	方差解释比例（%）
客户	34.52	功能性	5.58
		售后服务	5.40
		占有率	4.88
		管理效率	3.93
		满意度	3.35
		忠诚度	2.68
合计	100	合计	100

资料来源：笔者根据研究整理所得。

接下来，将按照以上分析结果，按影响效果从大到小的顺序，剖析日本、欧洲与韩国的动力装备行业在各影响因素上的优势与不足。

（三）三个国家或地区动力装备行业质量品牌差异分析

1. 雷达图分析

各地区动力装备行业质量品牌的差异分析将基于雷达图展开，并在此基础上对各因素开展具体分析。

图 5-33 显示出日本、欧洲、韩国三个国家或地区在动力装备行业质量品牌上的总体差异。从最上面的品牌知名度开始，各因素沿着顺时针的方向影响效应逐渐变小。可以看出，市场认为三个国家或地区各自在不同的影响因素上各有优势，也存在不足。雷达图分析展示了各地区动力装备行业的全貌。接下来，将针对每一个影响因素展开更为深入的分析。

2. 各因素具体分析

对于每一个影响因素，本章将首先对三个国家或地区进行数值比较，然后基于单因素方差分析（ANOVA）对数值比较结果的显著性与代表性进行检验。

（1）品牌知名度。

图 5-34 显示，市场认为欧洲最强，日本和韩国次之。方差分析结果显

示，三个国家或地区动力装备行业之间在5%的置信度上存在显著差异〔F(2，111) =1. 22，P 值为 0. 2995〕，说明差距并没有客观存在。

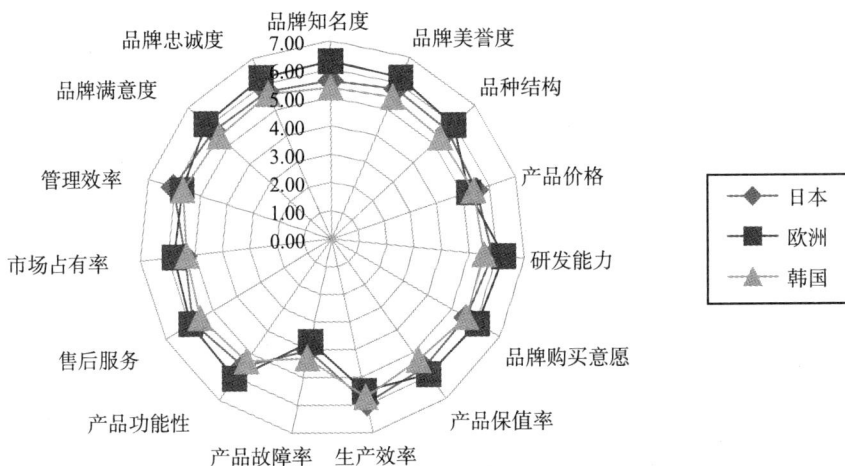

图 5 – 33　三个国家或地区动力装备行业质量品牌影响因素雷达图分析
资料来源：笔者根据研究整理所得。

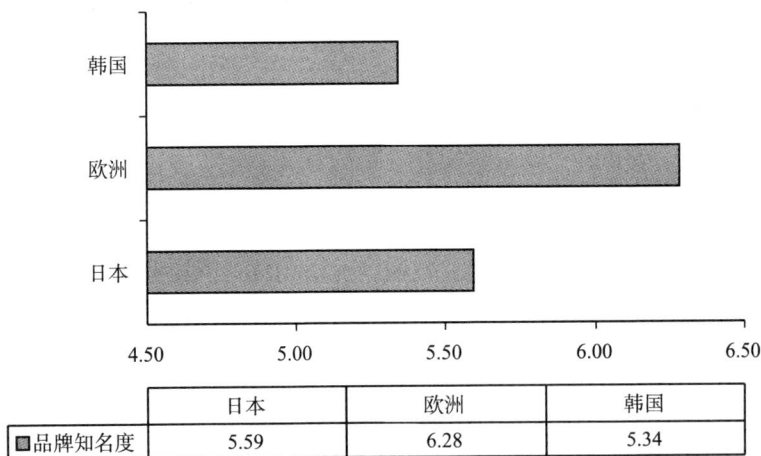

	日本	欧洲	韩国
■品牌知名度	5.59	6.28	5.34

图 5 – 34　三个国家或地区动力装备行业品牌知名度对比分析
资料来源：笔者根据研究整理所得。

（2）品牌美誉度。

图 5 – 35 显示，市场认为欧洲最强，日本和韩国紧随其后。方差分析结果显示，三个国家或地区动力装备行业之间在 5% 的置信度上存在显著差异

[F(2, 111) = 0.58, P 值为 0.5621], 说明差距并没有客观存在。

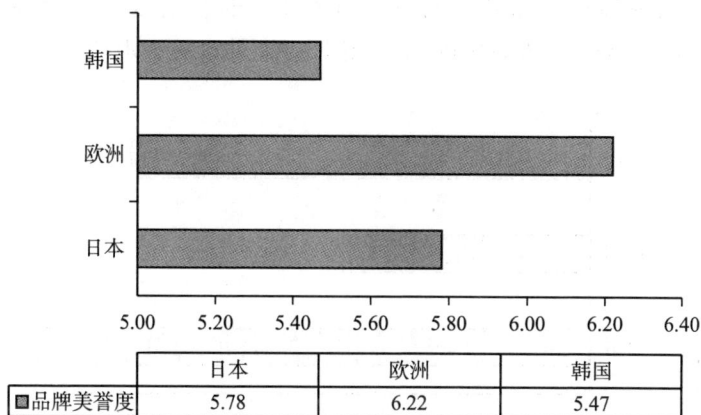

	日本	欧洲	韩国
■品牌美誉度	5.78	6.22	5.47

图 5 - 35　三个国家或地区动力装备行业品牌美誉度对比分析

资料来源：笔者根据研究整理所得。

（3）产品品种结构。

图 5 - 36 显示，市场认为欧洲最好，日本和韩国紧随其后。方差分析结果显示，三个国家或地区动力装备行业之间在 5% 的置信度上存在显著差异 [F(2, 111) = 3.21, P 值为 0.0441], 说明差距客观存在。

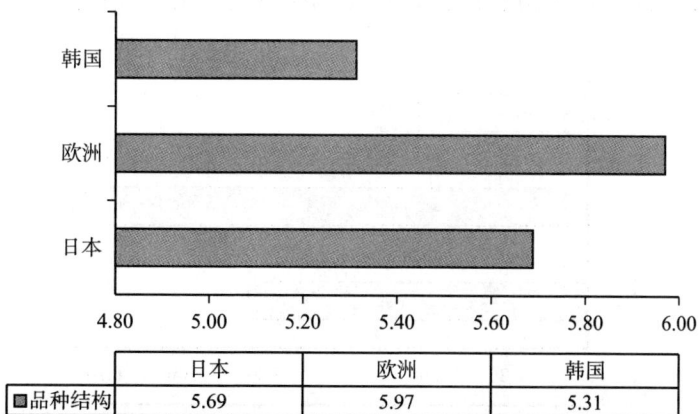

	日本	欧洲	韩国
■品种结构	5.69	5.97	5.31

图 5 - 36　三个国家或地区动力装备行业产品品种结构对比分析

资料来源：笔者根据研究整理所得。

（4）产品价格。

图 5-37 显示，市场认为日本最强，韩国和欧洲次之。方差分析结果显示，三个国家或地区动力装备行业之间在 5% 的置信度上不存在显著差异[F(1，110) =2.73，P 值为 0.0695]，说明差距并没有客观存在。

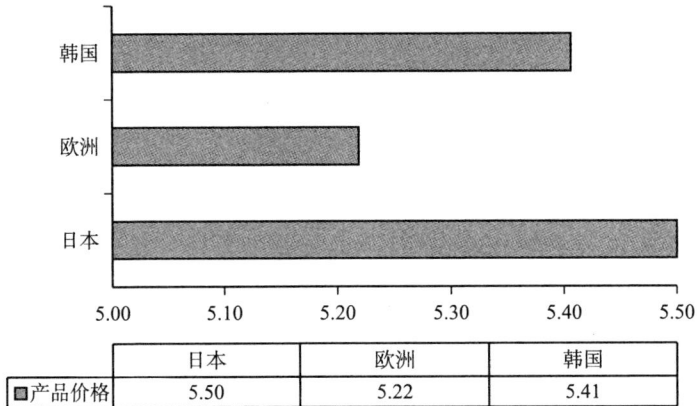

	日本	欧洲	韩国
■产品价格	5.50	5.22	5.41

图 5-37　三个国家或地区动力装备行业产品价格对比分析

资料来源：笔者根据研究整理所得。

（5）研发能力。

图 5-38 显示，市场认为欧洲最好，日本和韩国紧随其后。方差分析结果显示，三个国家或地区动力装备行业之间在 5% 的置信度上存在显著差异[F(2，111) =1.70，P 值为 0.1882]，说明差距并没有客观存在。

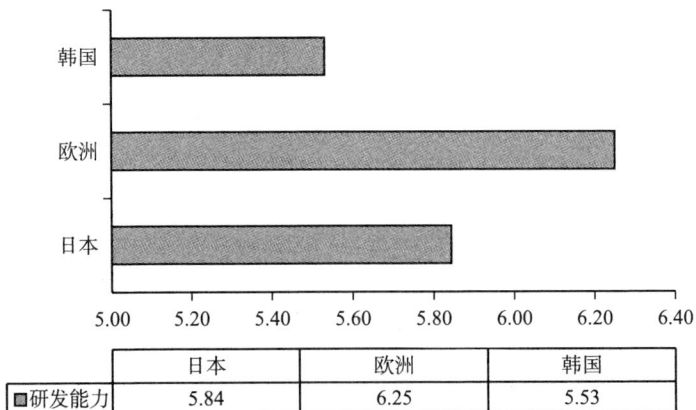

	日本	欧洲	韩国
■研发能力	5.84	6.25	5.53

图 5-38　三个国家或地区动力装备行业研发能力对比分析

资料来源：笔者根据研究整理所得。

（6）品牌购买意愿。

图5-39显示，市场认为欧洲最强，日本和韩国同列第二。方差分析结果显示，三个国家或地区动力装备行业之间在5%的置信度上存在显著差异 [F(2，111) =0.61，P值为0.5433]，说明差距并没有客观存在。

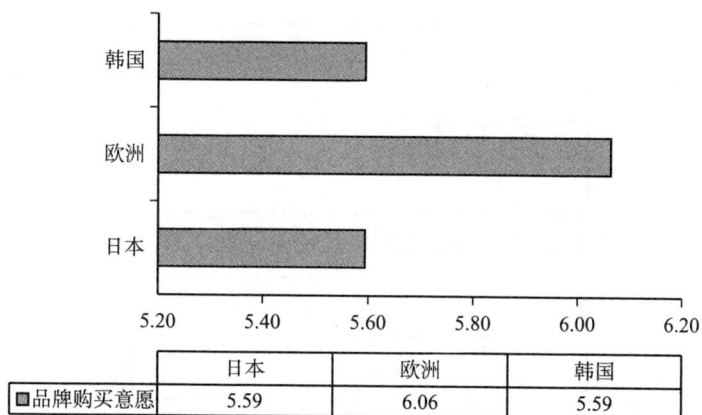

	日本	欧洲	韩国
■品牌购买意愿	5.59	6.06	5.59

图5-39 三个国家或地区动力装备行业品牌购买意愿对比分析

资料来源：笔者根据研究整理所得。

（7）产品保值率。

图5-40显示，市场认为欧洲最强，日本和韩国紧随其后。方差分析结果显示，三个国家或地区动力装备行业之间在5%的置信度上存在显著差异 [F(2，111) =1.97，P值为0.1442]，说明差距并没有客观存在。

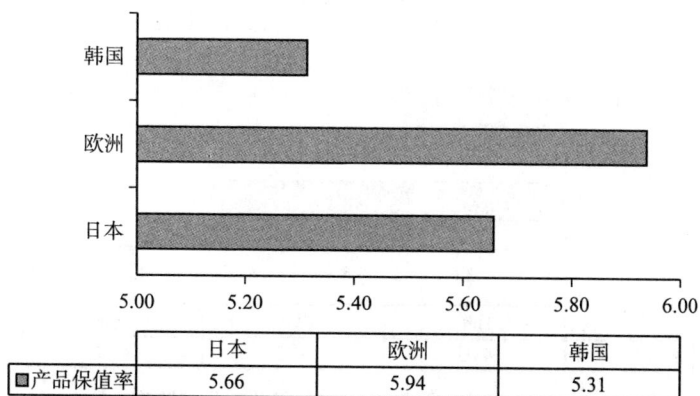

	日本	欧洲	韩国
■产品保值率	5.66	5.94	5.31

图5-40 三个国家或地区动力装备行业产品保值率对比分析

资料来源：笔者根据研究整理所得。

（8）生产效率。

图 5 - 41 显示，市场认为日本最好，韩国和欧洲紧随其后。方差分析结果显示，三个国家或地区动力装备行业之间在 1% 的置信度上存在显著差异 [F(2，111) = 9.36，P 值 < 0.0001]，说明差异客观存在。

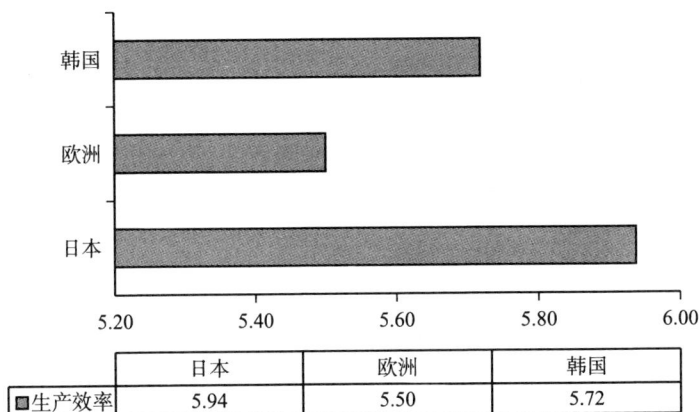

	日本	欧洲	韩国
▣生产效率	5.94	5.50	5.72

图 5 - 41　三个国家或地区动力装备行业生产效率对比分析

资料来源：笔者根据研究整理所得。

（9）产品故障率。

图 5 - 42 显示，市场认为韩国最好，日本与欧洲次之。方差分析结果显示，三个国家或地区动力装备行业之间在 5% 的置信度上不存在显著差异 [F(2，111) = 0.60，P 值为 0.5492]，说明差距没有客观存在。

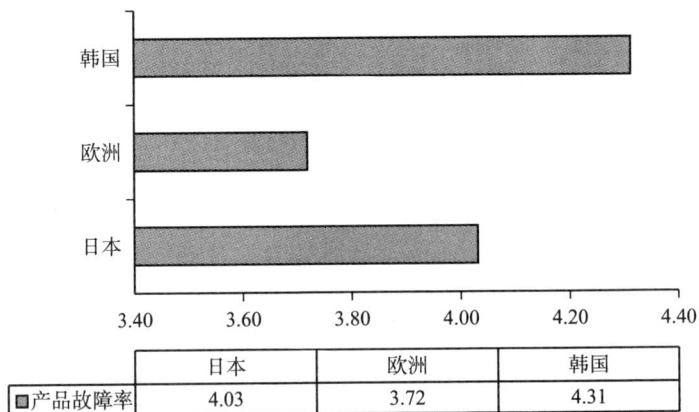

	日本	欧洲	韩国
▤产品故障率	4.03	3.72	4.31

图 5 - 42　三个国家或地区动力装备行业产品故障率对比分析

注：取值已经经过反向处理，值越大代表故障率越低。

资料来源：笔者根据研究整理所得。

（10）产品功能性。

图5－43显示，市场认为欧洲最强，日本和韩国紧随其后。方差分析结果显示，三个国家或地区动力装备行业之间在1%的置信度上存在显著差异 [F(2，111) =0.88，P值为0.4158]，说明差距没有客观存在。

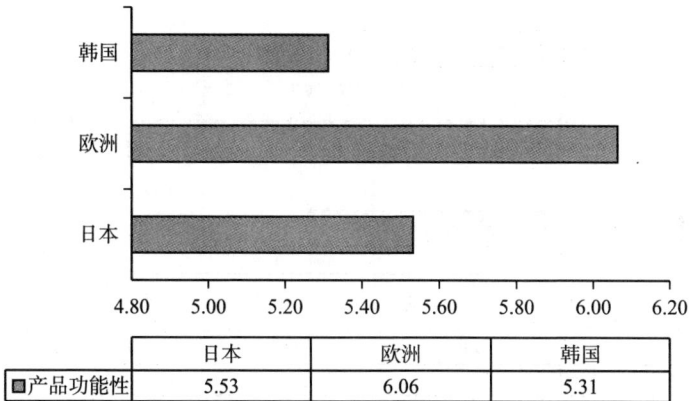

	日本	欧洲	韩国
▢产品功能性	5.53	6.06	5.31

图5－43　三个国家或地区动力装备行业产品功能性对比分析

资料来源：笔者根据研究整理所得。

（11）售后服务。

图5－44显示，市场认为欧洲和日本代表了最好水平，韩国紧随其后。方差分析结果显示，三个国家或地区动力装备行业之间在1%的置信度上存在显著差异 [F(2，111) =0.82，P值为0.4418]，说明差距没有客观存在。

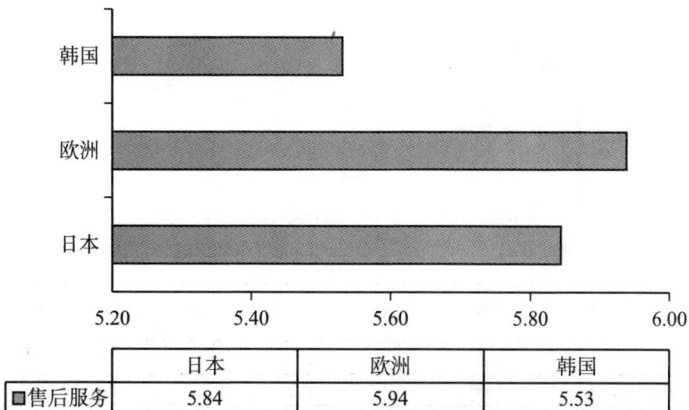

	日本	欧洲	韩国
▨售后服务	5.84	5.94	5.53

图5－44　三个国家或地区动力装备行业售后服务对比分析

资料来源：笔者根据研究整理所得。

（12）市场占有率。

图 5 - 45 显示，市场认为欧洲最强，日本和韩国紧随其后。方差分析结果显示，三个国家或地区动力装备行业之间在 1% 的置信度上存在显著差异 [F(2, 111) =9.03，P 值为 0.0002]，说明差距客观存在。

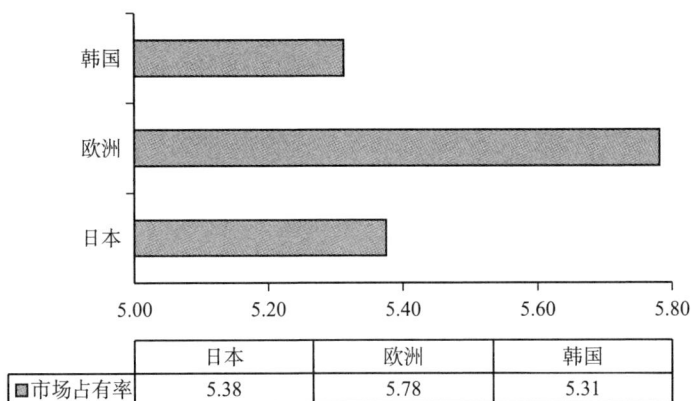

	日本	欧洲	韩国
▣市场占有率	5.38	5.78	5.31

图 5 - 45　三个国家或地区动力装备行业市场占有率对比分析

资料来源：笔者根据研究整理所得。

（13）管理效率。

图 5 - 46 显示，市场认为日本最好，欧洲和韩国紧随其后。方差分析结果显示，三个国家或地区动力装备行业之间在 5% 的置信度上存在着显著差异 [F(2, 111) =3.48，P 值为 0.0342]，说明差距客观存在。

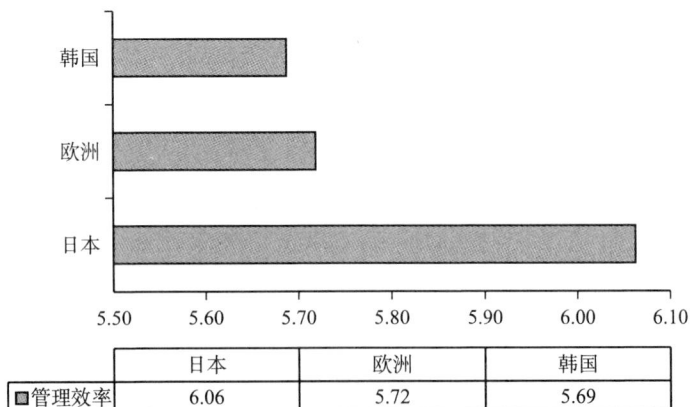

	日本	欧洲	韩国
▣管理效率	6.06	5.72	5.69

图 5 - 46　三个国家或地区动力装备行业管理效率对比分析

资料来源：笔者根据研究整理所得。

（14）品牌满意度。

图 5-47 显示，市场认为欧洲最强，日本和韩国次之。方差分析结果显示，三个国家或地区动力装备行业之间在 5% 的置信度上不存在显著差异 [F(2，111) = 0.58，P 值为 0.5889]，说明差距没有客观存在。

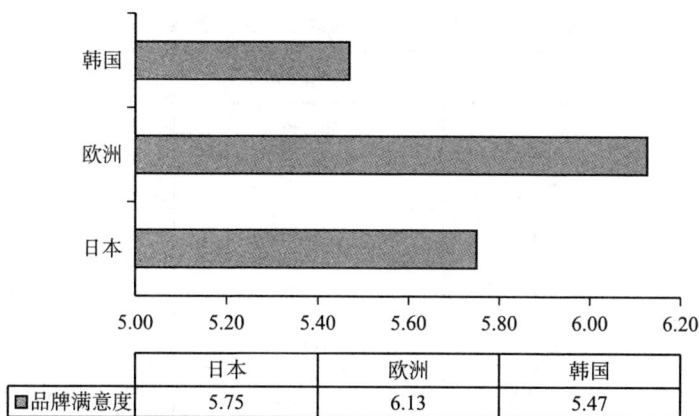

	日本	欧洲	韩国
■品牌满意度	5.75	6.13	5.47

图 5-47　三个国家或地区动力装备行业品牌满意度对比分析

资料来源：笔者根据研究整理所得。

（15）品牌忠诚度。

图 5-48 显示，市场认为欧洲最强，日本和韩国次之。方差分析结果显示，三个国家或地区动力装备行业之间在 5% 的置信度上不存在显著差异 [F(2，105) = 19.09，P 值为 0.4943]，说明差异没有客观存在。

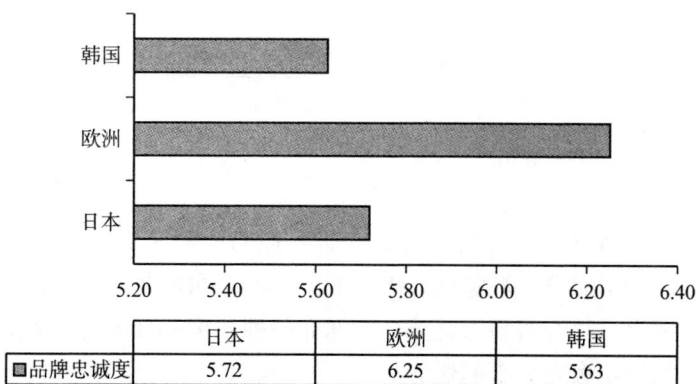

	日本	欧洲	韩国
■品牌忠诚度	5.72	6.25	5.63

图 5-48　三个国家或地区动力装备行业品牌忠诚度对比分析

资料来源：笔者根据研究整理所得。

3. 差异分析总结

基于上述分析，本章将动力装备行业质量品牌相关研究结论进行总结，如表 5 – 12 所示。

表 5 – 12　　　动力装备行业质量品牌三个国家或地区研究结论一览表

重要性排序	维度	影响因素	各国排序
1	客户	知名度	无显著差异
2	客户	美誉度	无显著差异
3	企业	品种结构	欧洲 > 日本 > 韩国
4	产品	价格	无显著差异
5	企业	研发能力	无显著差异
6	客户	购买意愿	无显著差异
7	产品	保值率	无显著差异
8	企业	生产效率	日本 > 韩国 > 欧洲
9	产品	故障率	无显著差异
10	产品	功能性	无显著差异
11	企业	售后服务	无显著差异
12	产品	占有率	欧洲 > 日本 > 韩国
13	企业	管理效率	日本 > 欧洲 > 韩国
14	客户	满意度	无显著差异
15	客户	忠诚度	无显著差异

资料来源：笔者根据研究整理所得。

各地区在知名度、美誉度、价格、研发能力、购买意愿、保值率、故障率、功能性、售后服务、满意度、忠诚度上，不存在显著差异；日本在生产效率和管理效率上，存在着显著优势；欧洲在品种结构和市场占有率上，存在着显著优势；韩国不存在显著的优势。

第六章

中外船舶工业质量品牌对比分析

一、中外船舶机电行业对比分析

船舶机电行业的不断发展，保障了船舶整体运行的有序和有效，船舶机电的质量品牌建设又在其中处于重中之重的地位。为了了解当前市场对我国船舶机电行业与国际同行在质量品牌建设上的现状与差异，并挖掘出我国船舶机电行业质量品牌建设过程中的重要影响因素与核心发展路径，本章基于问卷调查法，调查了船舶机电相关行业的专家与一线从业人员，获得了来自属于市场的一手资料，详细呈现如下。

（一）船舶机电行业问卷填写对象基本信息

本次调查针对船舶机电行业共回收 33 份有效问卷，问卷填写对象的基本信息如表 6－1 所示。

表 6－1 船舶机电行业问卷填写对象基本信息

特征	指标	频数	百分比（%）	累计百分比（%）
性别	男	19	57.58	57.58
	女	10	30.30	87.88
	未填写	4	12.12	100.00

续表

特征	指标	频数	百分比（%）	累计百分比（%）
企业	七一四研究所	10	30.30	30.30
	中国船舶信息中心	1	3.03	33.33
	中船重工	4	12.12	45.45
	武汉船用机械有限责任公司	1	3.03	48.48
	沪东重机有限公司	3	9.09	57.58
	未填写	14	42.42	100.00
年龄	30 岁以下	8	24.24	24.24
	30~45 岁	21	63.64	87.88
	45（含）~60 岁	4	12.12	100.00
行业	船舶总装	8	24.24	24.24
	动力装备	5	15.15	39.39
	船舶机电	5	15.15	54.55
	其他	15	45.45	100.00
职称	初级	6	18.18	18.18
	中级	12	36.36	54.55
	副高	12	36.36	90.91
	正高	3	9.09	100.00
总计			33 人	

资料来源：笔者根据研究整理所得。

（二） 船舶机电行业影响因素大小排序

基于对问卷数据的分析，本章首先采用回归分析建模，随后使用方差分解，将船舶机电行业的质量品牌在三个维度上的影响因素作用大小进行了详细的比较，结果详述如下。

1. 回归分析

本章中的回归模型构建如下：

$$质量品牌总分-船舶机电=\theta_1\times 产品品种结构+\theta_2\times 企业研发能力$$
$$+\theta_3\times 企业生产效率+\theta_4\times 售后服务$$
$$+\theta_5\times 管理效率+\theta_6\times 产品价格$$
$$+\theta_7\times 产品保值率+\theta_8\times 产品故障率$$
$$+\theta_9\times 产品功能性+\theta_{10}\times 市场占有率$$
$$+\theta_{11}\times 品牌知名度+\theta_{12}\times 品牌美誉度$$
$$+\theta_{13}\times 品牌购买意愿+\theta_{14}\times 品牌满意度$$
$$+\theta_{15}\times 品牌忠诚度+\varepsilon$$

回归模型中的因变量为船舶机电行业质量品牌的总得分，自变量完整涵盖了企业维度、产品维度与客户维度的15个影响因素，ε 为误差项。回归分析结果如表6-2所示。可以看出，整体模型拟合程度达到98.07%，且所有自变量均显著影响了船舶机电行业的质量品牌，这为接下来的方差分解奠定了良好的基础。

表6-2　　　　　　　船舶机电行业质量品牌回归分析结果

影响因素	回归系数	回归系数值及标准误	P值
品种结构	θ_1	0.062 *** (4.93e+06)	<0.0001
研发能力	θ_2	0.074 *** (3.30e+06)	<0.0001
生产效率	θ_3	0.071 *** (4.54e+06)	<0.0001
售后服务	θ_4	0.061 *** (2.64e+06)	<0.0001
管理效率	θ_5	0.052 *** (2.42e+06)	<0.0001

续表

影响因素	回归系数	回归系数值及标准误	P 值
价格	θ_6	0.075 *** (4.77e+06)	< 0.0001
保值率	θ_7	0.072 *** (6.26e+06)	< 0.0001
故障率	θ_8	0.066 *** (7.47e+06)	< 0.0001
功能性	θ_9	0.076 *** (4.24e+06)	< 0.0001
占有率	θ_{10}	0.087 *** (5.17e+06)	< 0.0001
知名度	θ_{11}	0.058 *** (5.62e+06)	< 0.0001
美誉度	θ_{12}	0.082 *** (4.19e+06)	< 0.0001
购买意愿	θ_{13}	0.073 *** (2.36e+06)	< 0.0001
满意度	θ_{14}	0.048 *** (1.80e+06)	< 0.0001
忠诚度	θ_{15}	0.043 *** (1.61e+06)	< 0.0001
模型拟合值		$F(15, 122) > 99\,999.00$ $Prob > F = 0.0000$ $R - squared = 0.9807$ $Root\ MSE = 1.4e-07$	

注：表中左起第 3 列为标准化回归系数，括号中为标准误。产品故障率的取值已经过反向处理。* $P < 0.05$、** $P < 0.01$、*** $P < 0.001$。由于本次回归分析的 P 值远小于 0.0001，故计算机没有给出具体数值。

资料来源：笔者根据研究整理所得。

2. 方差分解

基于回归分析的结果，本章接下来通过方差分解方法，对船舶机电行业质量品牌的影响因素作用大小展开了进一步的分析，分析结果如表 6 - 3 所示，所有影响因素按照方差解释比例从高到低进行了排序。

表 6 - 3　　　　　船舶机电行业质量品牌影响因素方差分解结果

维度	方差解释比例（%）	影响因素	方差解释比例（%）
企业	33.06	占有率	10.68
		美誉度	9.75
		功能性	8.38
		价格	8.16
产品	38.53	研发能力	7.93
		购买意愿	7.73
		保值率	7.52
		生产效率	7.31
		故障率	6.31
客户	28.41	品种结构	5.89
		售后服务	5.50
		知名度	4.86
		管理效率	3.91
		满意度	3.37
		忠诚度	2.70
合计	100	合计	100

资料来源：笔者根据研究整理所得。

表 6 - 3 中的方差解释比例代表了各因素在影响质量品牌总得分时发挥的独特效应，效应值的大小反映出各影响因素的作用大小。由表 6 - 3 可以看出，对于船舶机电行业的质量品牌建设而言，产品维度的影响因素作用最大，企业

维度的影响因素紧随其后，客户维度的影响因素作用最弱。进一步将具体影响因素展开分析可以发现，排名前三位的影响因素分别是市场占有率、品牌美誉度、产品功能性，位列倒数三位的影响因素分别是品牌忠诚度、品牌满意度、管理效率。产生这一分析结果的原因在于，对于船舶机电行业来说，目前市场同样长期低迷，船东下单会优先考虑投资的收益，品牌忠诚度、品牌满意度、企业的管理效率并不是他们的优先考虑因素，而市场占有率、品牌美誉度、产品功能性等要素则将直接决定短期中的投资收益，因此尤为重要。

接下来，将按照以上分析结果，按照影响效果从大到小的顺序，剖析我国船舶机电行业与主要竞争对手之间在各影响因素上的优势与不足。

（三）四个国家或地区船舶机电行业质量品牌差异分析

各地区船舶机电行业质量品牌的差异分析将基于雷达图展开，并在此基础上对各因素开展具体分析。

1. 雷达图分析

图 6-1 显示出中国、日本、欧洲、韩国四个国家或地区在船舶机电行业质量品牌上的总体差异。从最上面的市场占有率开始，各因素沿着顺时针的方向影响效应逐渐变小。可以看出，市场认为中国在很多方面与主要竞争对手或多或少还存在着差距。雷达图分析展示了各地区船舶机电行业的全貌。接下来，将针对每一个影响因素展开更为深入的分析。

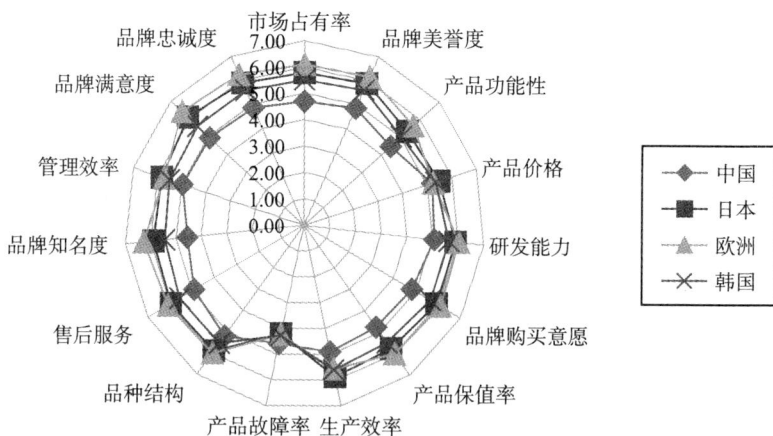

图 6-1 四个国家或地区船舶机电行业质量品牌影响因素雷达图分析

资料来源：笔者根据研究整理所得。

2. 各因素具体分析

对于每一个影响因素,本章将首先对各地区进行数值比较,然后基于单因素方差分析(ANOVA)对数值比较结果的显著性与代表性进行检验。

(1)市场占有率。

图 6-2 显示,市场认为中国与其他地区相比在市场占有率上表现相对较弱,欧洲最强,日本和韩国紧随其后。方差分析结果显示,四个国家或地区船舶机电行业之间在 1% 的置信度上存在显著差异 [$F(3,112)=13.76$,P 值 < 0.0001],说明差距客观存在。

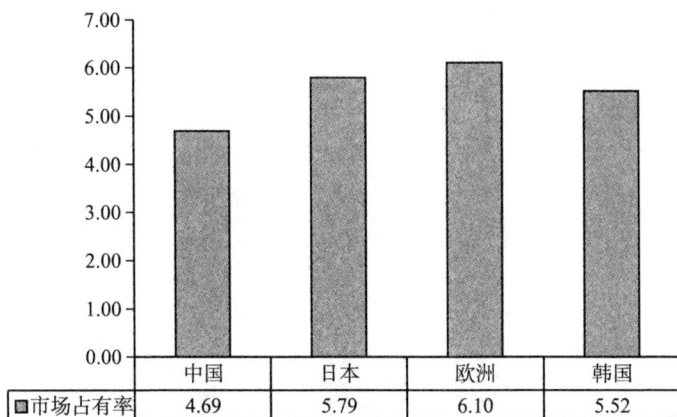

图 6-2 四个国家或地区船舶机电行业市场占有率对比分析

资料来源:笔者根据研究整理所得。

(2)品牌美誉度。

图 6-3 显示,市场认为中国与其他地区相比在品牌美誉度上表现较弱,欧洲最强,日本和韩国紧随其后。方差分析结果显示,四个国家或地区船舶机电行业之间在 1% 的置信度上存在显著差异 [$F(3,111)=12.16$,P 值 < 0.0001],说明中国与其他国家或地区在品牌美誉度上的差距客观存在。

(3)产品功能性。

图 6-4 显示,市场认为中国与其他地区相比在产品功能性上表现相对较弱,欧洲最强,日本和韩国紧随其后。方差分析结果显示,四个国家或地区船舶机电行业之间在 1% 的置信度上存在显著差异 [$F(3,112)=4.53$,P 值为 0.0049],说明差距客观存在。

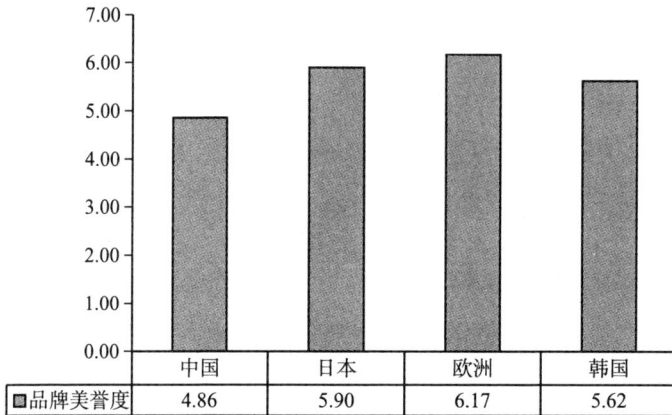

图6-3　四个国家或地区船舶机电行业品牌美誉度对比分析

资料来源：笔者根据研究整理所得。

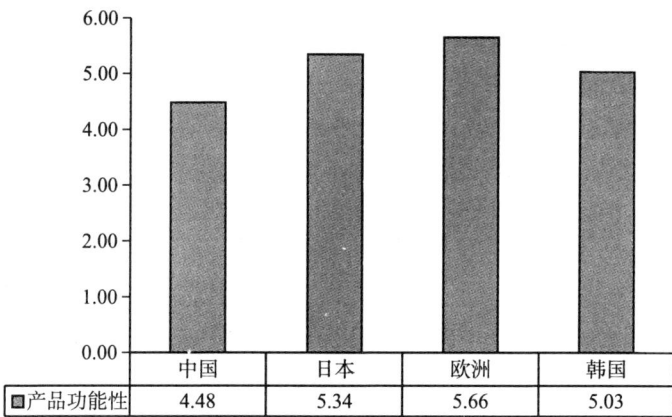

图6-4　四个国家或地区船舶机电行业产品功能性对比分析

资料来源：笔者根据研究整理所得。

（4）产品价格。

图6-5显示，市场认为中国与其他地区相比在产品价格上表现稍逊一筹，日本最强。方差分析结果显示，四个国家或地区船舶机电行业之间在5%的置信度上不存在显著差异 $[F(3, 112)=0.30$，P值为0.8248]，说明差距并不存在。

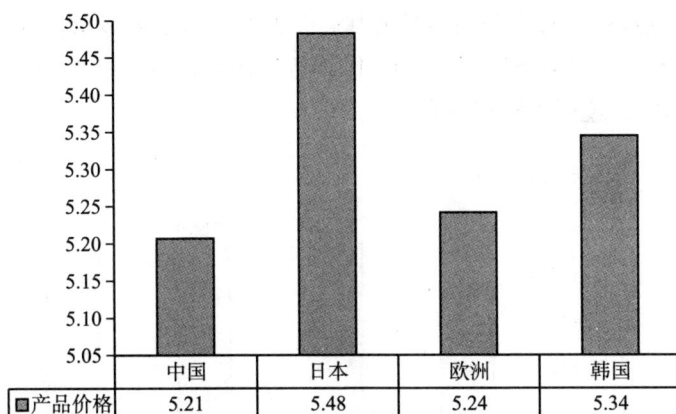

	中国	日本	欧洲	韩国
▣产品价格	5.21	5.48	5.24	5.34

图6-5　四个国家或地区船舶机电行业产品价格对比分析

资料来源：笔者根据研究整理所得。

（5）研发能力。

图6-6显示，市场认为中国的研发能力最低，欧洲最高，日本和韩国紧随其后。方差分析结果显示，四个国家或地区船舶机电行业之间在1%的置信度上存在着显著差异［$F(3, 116) = 5.29$，P值为0.0019］，说明中国与其他三个国家或地区在研发能力上的差距确实存在。

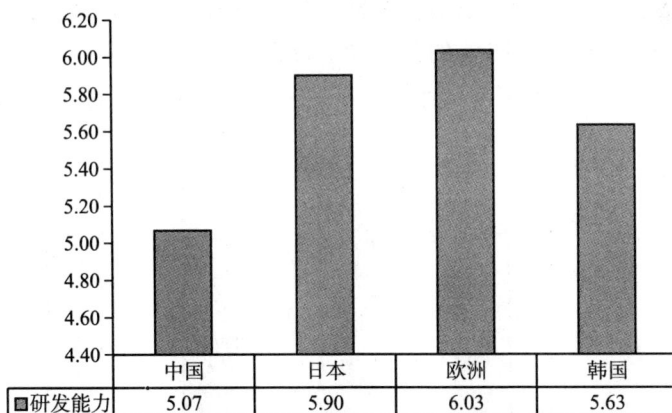

	中国	日本	欧洲	韩国
▣研发能力	5.07	5.90	6.03	5.63

图6-6　四个国家或地区船舶机电行业研发能力对比分析

资料来源：笔者根据研究整理所得。

（6）品牌购买意愿。

图6-7显示，市场认为中国与其他国家或地区相比在品牌购买意愿上差

距较大，欧洲最强，日本和韩国紧随其后。方差分析结果显示，四个国家或地区船舶机电行业之间在5%的置信度上不存在显著差异［F(3，112) = 11.90，P 值 < 0.0001］，说明差距客观存在。

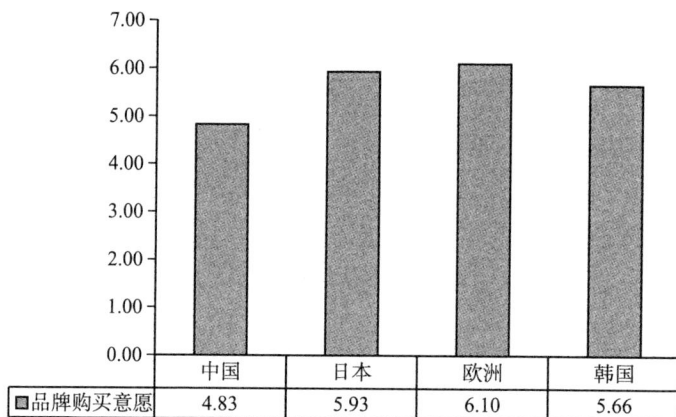

	中国	日本	欧洲	韩国
■品牌购买意愿	4.83	5.93	6.10	5.66

图 6 - 7　四个国家或地区船舶机电行业品牌购买意愿对比分析

资料来源：笔者根据研究整理所得。

（7）产品保值率。

图 6 - 8 显示，市场认为中国与其他国家或地区相比在产品保值率上表现相对较弱，欧洲最强，日本和韩国紧随其后。方差分析结果显示，四个国家或地区船舶机电行业之间在1%的置信度上存在显著差异［F(3，112) = 12.71，P 值 < 0.0001］，说明中国与其他国家或地区在产品保值率上的差距客观存在。

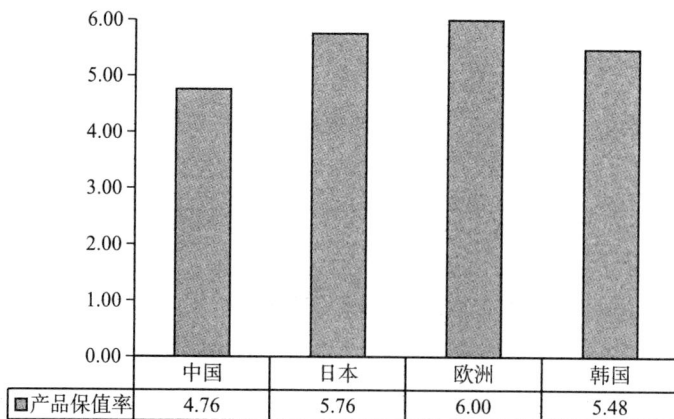

	中国	日本	欧洲	韩国
■产品保值率	4.76	5.76	6.00	5.48

图 6 - 8　四个国家或地区船舶机电行业产品保值率对比分析

资料来源：笔者根据研究整理所得。

（8）生产效率。

图 6 - 9 显示，市场认为中国的生产效率最低，日本最高，韩国和欧洲紧随其后。方差分析结果显示，四个国家或地区船舶机电行业之间在 5% 的置信度上不存在显著差异［F(3，116) = 5.52，P 值为 0.0014］，说明各国在生产效率上的差异客观存在。

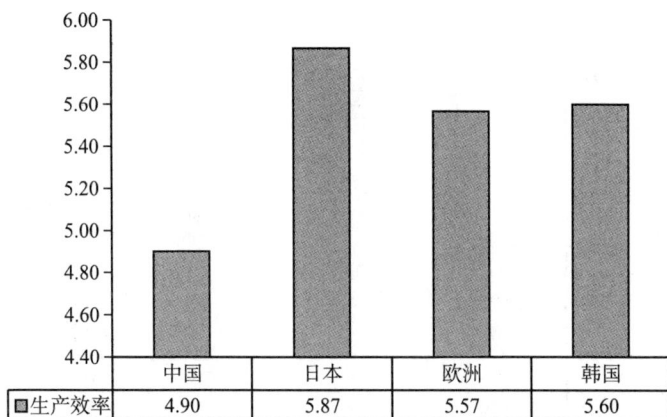

	中国	日本	欧洲	韩国
■生产效率	4.90	5.87	5.57	5.60

图 6 - 9　四个国家或地区船舶机电行业生产效率对比分析

资料来源：笔者根据研究整理所得。

（9）产品故障率。

图 6 - 10 显示，市场认为中国与其他国家或地区相比在产品故障率上表现相对较强，韩、日、欧相对较弱。方差分析结果显示，四个国家或地区船舶机电行业之间在 5% 的置信度上不存在显著差异［F(3，112) = 0.33，P 值为 0.8041］，说明差距并不显著。

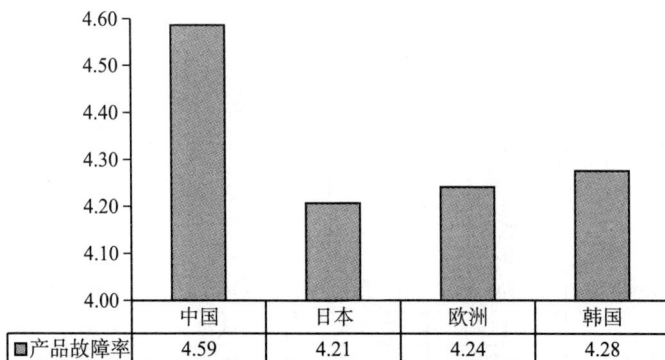

	中国	日本	欧洲	韩国
■产品故障率	4.59	4.21	4.24	4.28

图 6 - 10　四个国家或地区船舶机电行业产品故障率对比分析

注：取值已经过反向处理，值越大代表故障率越低。

资料来源：笔者根据研究整理所得。

（10）产品品种结构。

图 6-11 显示，市场认为中国与其他国家或地区相比在产品品种结构上较少，欧洲最高，日本和韩国紧随其后。方差分析结果显示，四个国家或地区船舶机电行业之间在 5% 的置信度上存在显著差异 ［$F(3, 116) = 3.91$，P 值为 0.0106］，说明中国与其他国家或地区在产品品种结构上的差距客观存在。

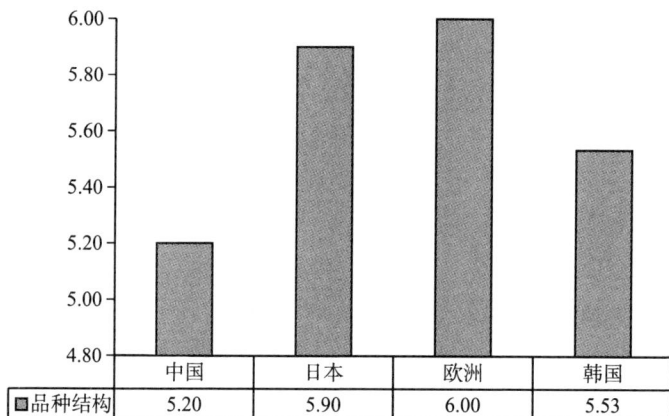

	中国	日本	欧洲	韩国
■品种结构	5.20	5.90	6.00	5.53

图 6-11　四个国家或地区船舶机电行业产品品种结构对比分析

资料来源：笔者根据研究整理所得。

（11）售后服务。

图 6-12 显示，市场认为中国的售后服务水平最低，欧洲和日本代表了最高水平，韩国紧随其后。方差分析结果显示，四个国家或地区船舶机电行业之间在 1% 的置信度上存在显著差异 ［$F(3, 116) = 904$，P 值 < 0.0001］，说明差距客观存在。

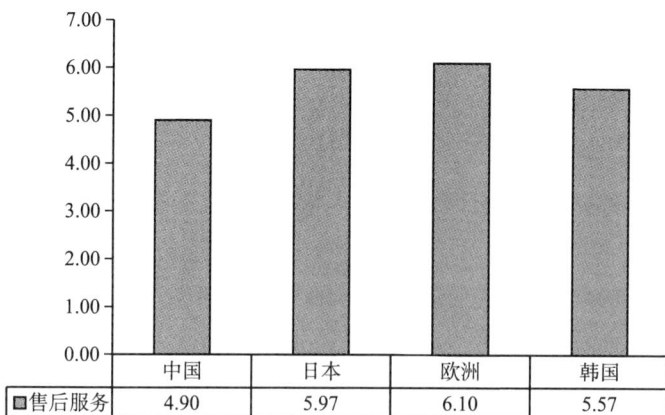

	中国	日本	欧洲	韩国
■售后服务	4.90	5.97	6.10	5.57

图 6-12　四个国家或地区船舶机电行业售后服务对比分析

资料来源：笔者根据研究整理所得。

（12）品牌知名度。

图 6 - 13 显示，市场认为中国与其他国家或地区相比在品牌知名度上表现较弱，欧洲最强，日本和韩国次之。方差分析结果显示，四个国家或地区船舶机电行业之间在 1% 的置信度上存在显著差异［F(3，112) = 19.71，P 值 < 0.0001］，说明中国与其他国家或地区在品牌知名度上的差距客观存在。

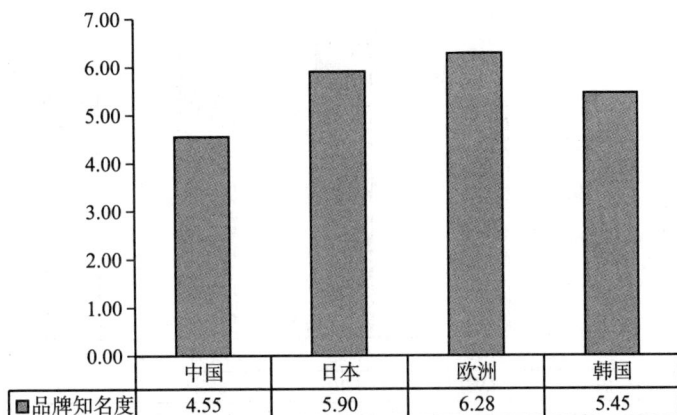

	中国	日本	欧洲	韩国
■品牌知名度	4.55	5.90	6.28	5.45

图 6 - 13　四个国家或地区船舶机电行业品牌知名度对比分析

资料来源：笔者根据研究整理所得。

（13）管理效率。

图 6 - 14 显示，市场认为中国的管理效率最低，日本最高，欧洲和韩国紧随其后。方差分析结果显示，四个国家或地区船舶机电行业之间在 1% 的置信度上存在着显著差异［F(3，115) = 4.96，P 值为 0.0028］，说明差距客观存在。

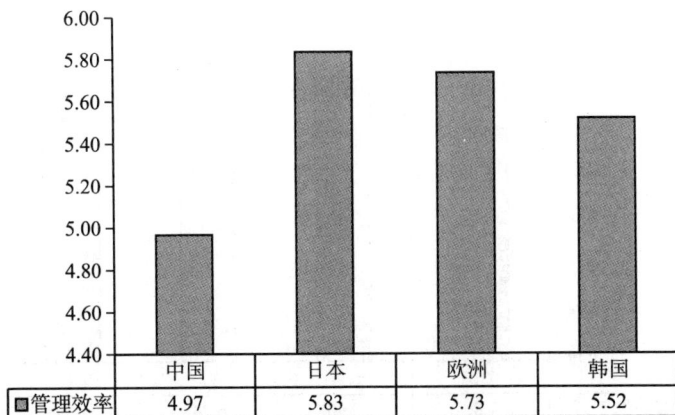

	中国	日本	欧洲	韩国
■管理效率	4.97	5.83	5.73	5.52

图 6 - 14　四个国家或地区船舶机电行业管理效率对比分析

资料来源：笔者根据研究整理所得。

（14）品牌满意度。

图6-15显示，市场认为中国与其他地区相比在品牌满意度上表现较弱，欧洲最强，日本和韩国次之。方差分析结果显示，四个国家或地区船舶机电行业之间在1%的置信度上存在显著差异［F(3，112)=19.92，P值<0.0001］，说明差距客观存在。

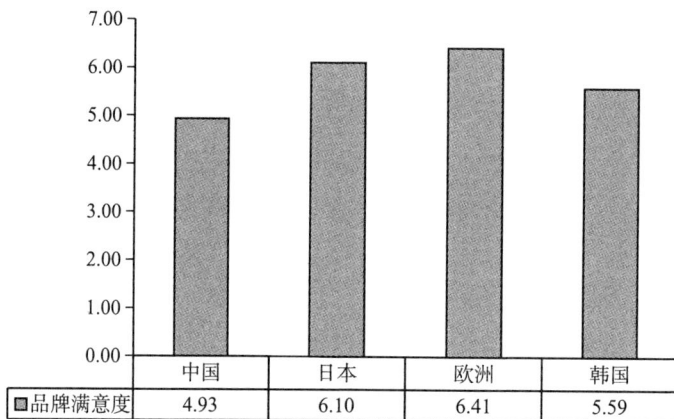

图6-15 四个国家或地区船舶机电行业品牌满意度对比分析

资料来源：笔者根据研究整理所得。

（15）品牌忠诚度。

图6-16显示，市场认为中国与其他国家或地区相比在品牌忠诚度上表现较弱，欧洲最强，日本和韩国次之。方差分析结果显示，四个国家或地区船舶机电行业之间在1%的置信度上存在显著差异［F(3，112)=13.27，P值<0.0001］，说明差异客观存在。

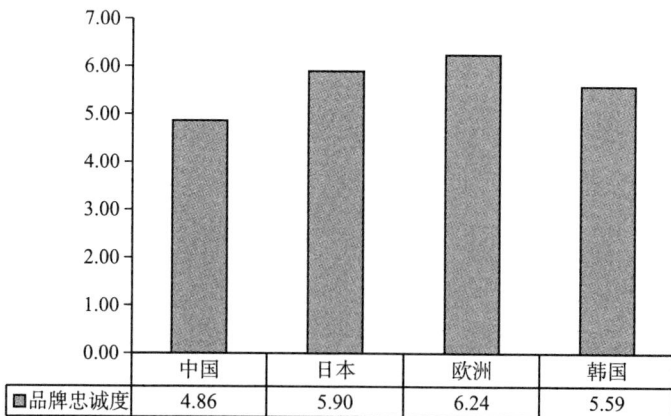

图6-16 四个国家或地区船舶机电行业品牌忠诚度对比分析

资料来源：笔者根据研究整理所得。

3. 差异分析总结

基于上述分析，本章将船舶机电行业质量品牌相关研究结论进行总结，如表6-4所示。

表6-4　　　　船舶机电行业质量品牌四个国家或地区研究结论一览表

重要性排序	维度	影响因素	中国排序
1	客户	占有率	4
2	客户	美誉度	4
3	产品	功能性	4
4	产品	价格	无显著差异
5	企业	研发能力	4
6	客户	购买意愿	4
7	产品	保值率	4
8	企业	生产效率	4
9	产品	故障率	无显著差异
10	企业	品种结构	4
11	企业	售后服务	4
12	客户	知名度	4
13	企业	管理效率	4
14	客户	满意度	4
15	客户	忠诚度	4

资料来源：笔者根据研究整理所得。

第一，四个国家或地区在产品价格与产品故障率上，不存在显著差异。

第二，中国除了产品价格与产品故障率外，其他方面与竞争对手存在显著的差距，还存在着较大的提升空间。

二、中外船舶总装行业对比分析

船舶总装行业对我国建设海洋强国、科技强国和制造强国，具有重大而又深远的战略意义，质量品牌建设又在其中处于重中之重的地位。为了了解当前市场对我国船舶总装行业与国际同行在质量品牌建设上的现状与差异，并挖掘出我国质量品牌建设过程中重要的影响因素与核心的发展路径，本章基于问卷调查法，调查了船舶总装相关行业的专家与一线从业人员，获得了来自属于市场的一手资料，详细呈现如下。

（一）船舶总装行业问卷填写对象基本信息

本次调查针对船舶总装行业共回收 44 份有效问卷，问卷填写对象的基本信息如表 6 - 5 所示。

表 6 - 5　　　　　　　　船舶总装行业问卷填写对象基本信息

特征	指标	频数	百分比（％）	累计百分比（％）
性别	男	19	43.18	43.18
	女	14	31.82	75.00
	未填写	11	25.00	100.00
企业	七一四研究所	12	27.27	27.27
	中国船舶信息中心	1	2.27	29.55
	中船重工	4	9.09	38.64
	武汉船用机械有限责任公司	1	2.27	40.91
	沪东重机有限公司	3	6.82	47.73
	未填写	23	52.27	100.00
年龄	30 岁以下	13	29.55	29.55
	30 ~ 45 岁	27	61.36	90.91
	45（含）~ 60 岁	4	9.09	100.00

特征	指标	频数	百分比（%）	累计百分比（%）
行业	船舶总装	11	25.00	25.00
	动力装备	5	11.36	36.36
	船舶机电	7	15.91	52.27
	其他	21	47.73	100.00
职称	初级	12	27.27	27.27
	中级	15	34.09	61.36
	副高	14	31.82	93.18
	正高	3	6.82%	100.00
总计			44 人	

资料来源：笔者根据研究整理所得。

（二）船舶总装行业影响因素大小排序

基于对问卷数据的分析，本章首先采用回归分析建模，随后使用方差分解，将船舶总装行业的质量品牌在三个维度上的影响因素作用大小进行了详细的比较，结果详述如下。

1. 回归分析

本章中的回归模型构建如下：

$$
\begin{aligned}
质量品牌总分\_船舶总装 = & \beta_1 \times 产品品种结构 + \beta_2 \times 企业研发能力 \\
& + \beta_3 \times 企业生产效率 + \beta_4 \times 售后服务 \\
& + \beta_5 \times 管理效率 + \beta_6 \times 产品价格 \\
& + \beta_7 \times 产品保值率 + \beta_8 \times 产品故障率 \\
& + \beta_9 \times 产品功能性 + \beta_{10} \times 市场占有率 \\
& + \beta_{11} \times 品牌知名度 + \beta_{12} \times 品牌美誉度 \\
& + \beta_{13} \times 品牌购买意愿 + \beta_{14} \times 品牌满意度 \\
& + \beta_{15} \times 品牌忠诚度 + \varepsilon
\end{aligned}
$$

回归模型中的因变量为船舶总装行业质量品牌的总得分，自变量完整涵盖了企业维度、产品维度与客户维度的15个影响因素，ε 为误差项。回归分析结果如表6-6所示。可以看出，整体模型拟合程度达到98.72%，且所有自变量均显著影响了船舶总装行业的质量品牌，这为接下来的方差分解奠定了良好的基础。

表6-6　　　　　　　　　船舶总装行业质量品牌回归分析结果

影响因素	回归系数	回归系数值及标准误	P 值
品种结构	β_1	0.079 *** (7.01e+06)	<0.0001
研发能力	β_2	0.076 *** (4.72e+06)	<0.0001
生产效率	β_3	0.071 *** (4.67e+06)	<0.0001
售后服务	β_4	0.065 *** (4.06e+06)	<0.0001
管理效率	β_5	0.043 *** (2.73e+06)	<0.0001
价格	β_6	0.079 *** (4.82e+06)	<0.0001
保值率	β_7	0.075 *** (4.15e+06)	<0.0001
故障率	β_8	0.067 *** (7.61e+06)	<0.0001
功能性	β_9	0.059 *** (3.43e+06)	<0.0001
占有率	β_{10}	0.052 *** (5.62e+06)	<0.0001
知名度	β_{11}	0.080 *** (4.12e+06)	<0.0001

续表

影响因素	回归系数	回归系数值及标准误	P 值
美誉度	β_{12}	0.077*** (4.27e+06)	< 0.0001
购买意愿	β_{13}	0.064*** (3.31e+06)	< 0.0001
满意度	β_{14}	0.058*** (2.54e+06)	< 0.0001
忠诚度	β_{15}	0.055*** (2.70e+06)	< 0.0001
模型拟合值	F(15，127) > 99 999.00 Prob > F = 0.0000 R - squared = 0.9872 Root MSE = 1.6e - 07		

注：表中左起第 3 列为标准化回归系数，括号中为标准误。产品故障率的取值已经过反向处理。*P < 0.05、**P < 0.01、***P < 0.001。由于本次回归分析的 P 值远小于 0.0001，故计算机没有给出具体数值。

资料来源：笔者根据研究整理所得。

2. 方差分解

基于回归分析的结果，接下来通过方差分解方法，对船舶总装行业质量品牌的影响因素作用大小展开了进一步的分析，分析结果如表 6 - 7 所示，所有影响因素按照方差解释比例从高到低进行了排序。

表 6 - 7　　　　船舶总装行业质量品牌影响因素方差分解结果

维度	方差解释比例（%）	影响因素	方差解释比例（%）
企业	33.77	知名度	9.34
		品种结构	9.11
		价格	9.01
		美誉度	8.66

维度	方差解释比例（%）	影响因素	方差解释比例（%）
产品	32.80	研发能力	8.43
		保值率	8.21
		生产效率	7.36
		故障率	6.55
客户	33.53	售后服务	6.17
		购买意愿	5.98
		功能性	5.08
		满意度	4.91
		忠诚度	4.42
		市场占有率	3.95
		管理效率	2.70
合计	100	合计	100

资料来源：笔者根据研究整理所得。

表6-7中的方差解释比例代表了各因素在影响质量品牌总得分时发挥的独特效应，效应值的大小反映出各影响因素的作用大小。由表6-7可以看出，对于船舶总装行业的质量品牌建设而言，企业、产品、客户三个维度的影响大小基本相同，在作用发挥上旗鼓相当。进一步将具体影响因素展开分析可以发现，排名前三位的影响因素分别是品牌知名度、产品品种结构、产品价格，位列倒数三位的影响因素分别是管理效率、市场占有率、品牌忠诚度。产生这一分析结果的原因在于，对于船舶总装行业来说，目前市场长期低迷，船东下单会优先考虑投资的收益，品牌忠诚度、市场占有率、企业的管理效率并不是他们的优先考虑因素，而品牌知名度、产品品种结构、产品价格等要素则将直接决定短期中的投资收益，因此尤为重要。

接下来，将按照以上分析结果，按影响效果从大到小的顺序，剖析我国船舶总装行业与主要竞争对手之间在各影响因素上的优势与不足。

（三）四个国家或地区船舶总装行业质量品牌差异分析

各地区船舶总装行业质量品牌的差异分析将基于雷达图展开，并在此基础上对各因素开展具体分析。

1. 雷达图分析

图 6－17 显示出中国、日本、欧洲、韩国四个国家或地区在船舶总装行业质量品牌上的总体差异。从最上面的品牌知名度开始，各因素沿着顺时针的方向影响效应逐渐变小。可以看出，市场认为中国在产品故障率（最低）、产品品种结构（较丰富）、市场占有率（较高）上做得较好，但在其他方面与主要竞争对手或多或少还存在着差距。雷达图分析展示了四个国家或地区船舶总装行业的全貌。接下来，将针对每一个影响因素展开更为深入的分析。

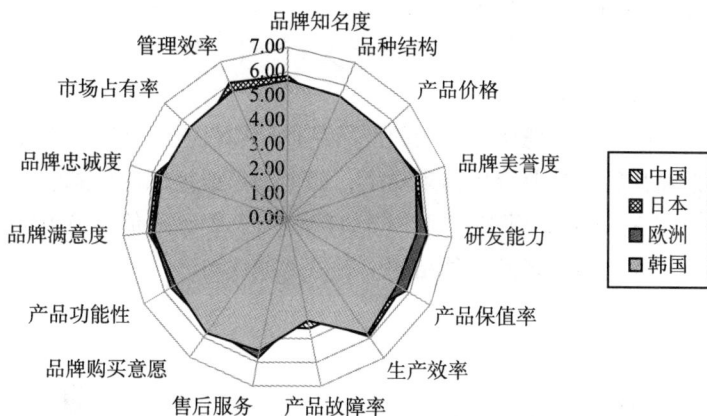

图 6－17 四个国家或地区船舶总装行业质量品牌影响因素雷达图分析

资料来源：笔者根据研究整理所得。

2. 各因素具体分析

对于每一个影响因素，本章将首先对各地区进行数值比较，然后基于单因素方差分析（ANOVA）对数值比较结果的显著性与代表性进行检验。

（1）品牌知名度。

图 6－18 显示，市场认为中国的品牌知名度最低，日本最高，韩国和欧洲紧随其后。方差分析结果显示，四个国家或地区船舶总装行业之间在 1% 的置

信度上存在着显著差异［F（3，148）＝4.53，P 值为 0.0046］，说明中国与其他三个国家或地区在品牌知名度上的差距确实存在。

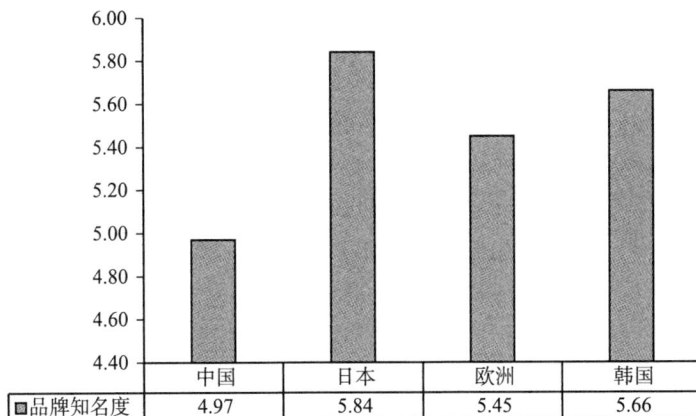

	中国	日本	欧洲	韩国
▣品牌知名度	4.97	5.84	5.45	5.66

图 6－18　四个国家或地区船舶总装行业品牌知名度对比分析

资料来源：笔者根据研究整理所得。

（2）产品品种结构。

图 6－19 显示，市场认为中国的产品品种结构仅次于韩国，差距较小。日本和欧洲紧随其后。方差分析结果显示，四个国家或地区船舶总装行业之间在 5% 的置信度上存在着显著差异［F（3，148）＝2.94，P 值为 0.0351］，说明中、韩和日、欧之间在产品品种结构上有显著的优势。

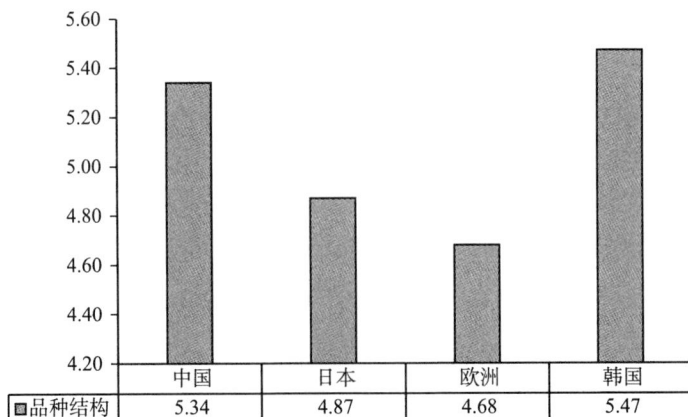

	中国	日本	欧洲	韩国
▣品种结构	5.34	4.87	4.68	5.47

图 6－19　四个国家或地区船舶总装行业产品品种结构对比分析

资料来源：笔者根据研究整理所得。

（3）产品价格。

图 6-20 显示，市场认为中国与欧洲在产品价格上稍逊于韩国与日本。方差分析结果显示，四个国家或地区船舶总装行业之间在 5% 的置信度上不存在显著差异 [F(3，147)=2.19，P 值为 0.0912]，说明各国在产品价格上并不存在真正的差异。

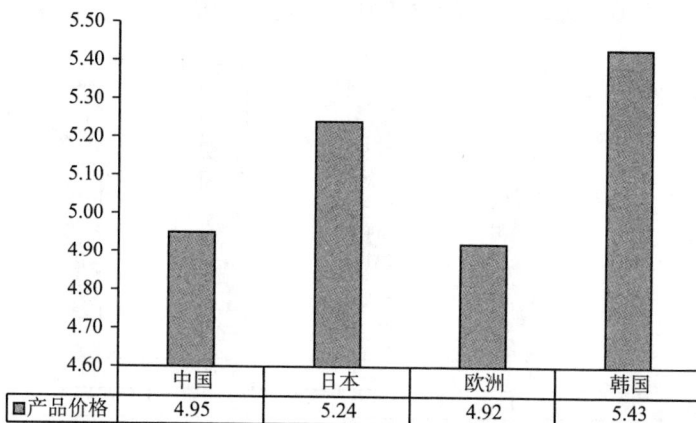

	中国	日本	欧洲	韩国
■产品价格	4.95	5.24	4.92	5.43

图 6-20　四个国家或地区船舶总装行业产品价格对比分析

资料来源：笔者根据研究整理所得。

（4）品牌美誉度。

图 6-21 显示，市场认为中国与其他国家或地区相比在品牌美誉度上存在差距。方差分析结果显示，四个国家或地区船舶总装行业之间在 1% 的置信度上存在显著差异 [F(3，148)=8.87，P 值 < 0.0001]，说明中国与其他国家或地区在品牌美誉度上的差距客观存在。

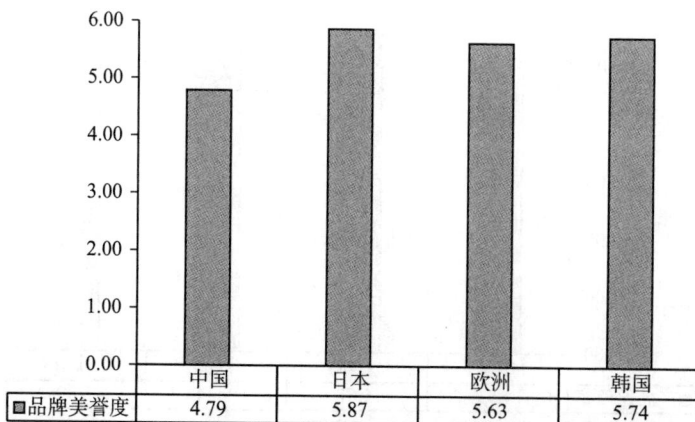

	中国	日本	欧洲	韩国
■品牌美誉度	4.79	5.87	5.63	5.74

图 6-21　四个国家或地区船舶总装行业品牌美誉度对比分析

资料来源：笔者根据研究整理所得。

（5）研发能力。

图 6 - 22 显示，市场认为中国与其他国家或地区相比在研发能力上较为落后，欧洲与日本相对较强。方差分析结果显示，四个国家或地区船舶总装行业之间在 1% 的置信度上存在显著差异 $[F(3, 148) = 11.13$，P 值 $< 0.0001]$，说明中国与其他国家或地区在研发能力上的差距客观存在。

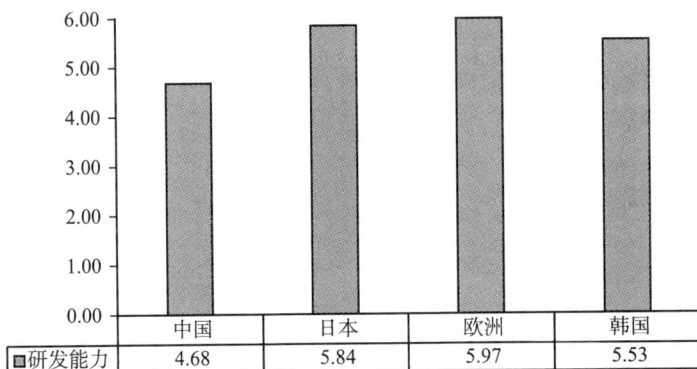

	中国	日本	欧洲	韩国
研发能力	4.68	5.84	5.97	5.53

图 6 - 22 四个国家或地区船舶总装行业研发能力对比分析

资料来源：笔者根据研究整理所得。

（6）产品保值率。

图 6 - 23 显示，市场认为中国与其他国家或地区相比在产品保值率上表现相对较弱，欧洲与日本相对较强。方差分析结果显示，四个国家或地区船舶总装行业之间在 1% 的置信度上存在显著差异 $[F(3, 148) = 10.92$，P 值 $< 0.0001]$，说明中国与其他国家或地区在产品保值率上的差距客观存在。

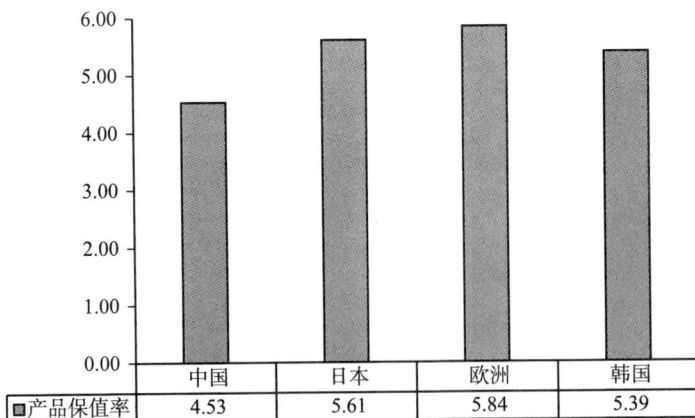

	中国	日本	欧洲	韩国
产品保值率	4.53	5.61	5.84	5.39

图 6 - 23 四个国家或地区船舶总装行业产品保值率对比分析

资料来源：笔者根据研究整理所得。

（7）生产效率。

图 6 - 24 显示，市场认为中国与其他国家或地区相比在生产效率上表现相对较弱，日本与韩国相对较强。方差分析结果显示，四个国家或地区船舶总装行业之间在 5% 的置信度上存在显著差异 ［F（3，148）= 3.67，P 值为 0.0151］，说明中国与其他国家或地区，尤其是与日、韩在生产效率上的差距客观存在。

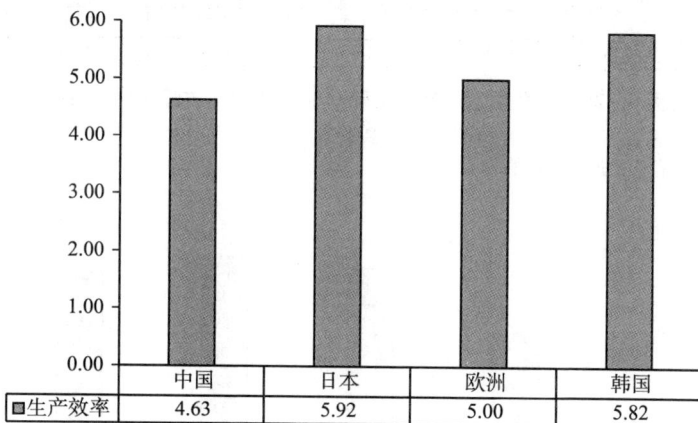

	中国	日本	欧洲	韩国
生产效率	4.63	5.92	5.00	5.82

图 6 - 24　四个国家或地区船舶总装行业生产效率对比分析

资料来源：笔者根据研究整理所得。

（8）产品故障率。

图 6 - 25 显示，市场认为中国与其他国家或地区相比在产品故障率上表现相对较强，韩国与日本次之，欧洲相对较弱。方差分析结果显示，四个国家或地区船舶总装行业之间在 5% 的置信度上存在显著差异 ［F（3，148）= 2.82，P 值为 0.0463］，说明中国与其他国家或地区，确实存在着更低的产品故障率。

（9）售后服务。

图 6 - 26 显示，市场认为中国与其他国家或地区相比在售后服务上表现相对较弱，欧洲最强。方差分析结果显示，四个国家或地区船舶总装行业之间在 1% 的置信度上存在显著差异 ［F（3，148）= 13.08，P 值 < 0.0001］，说明中国与其他国家或地区在售后服务上的差距客观存在。

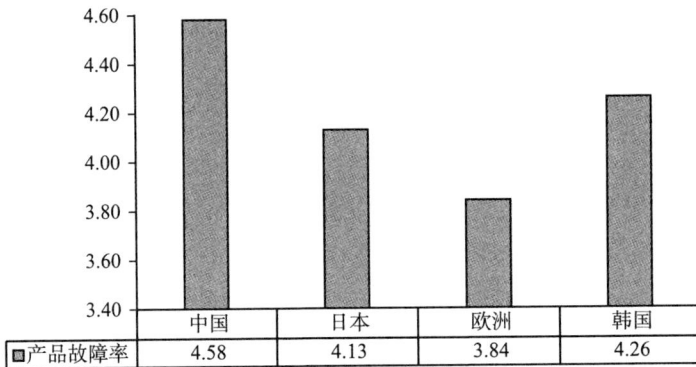

图6-25 四个国家或地区船舶总装行业产品故障率对比分析

注：取值已经过反向处理，值越大代表故障率越低。

资料来源：笔者根据研究整理所得。

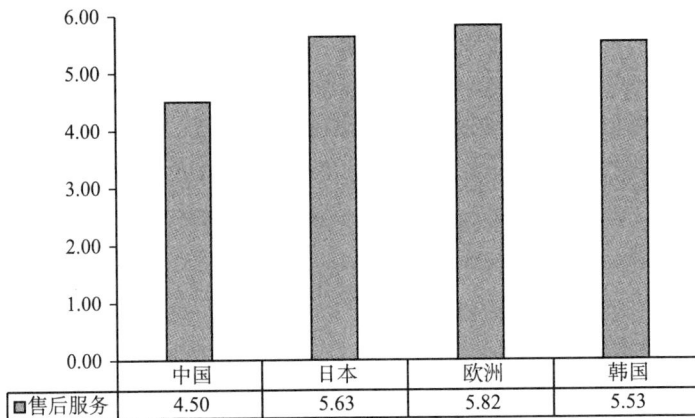

图6-26 四个国家或地区船舶总装行业售后服务对比分析

资料来源：笔者根据研究整理所得。

（10）品牌购买意愿。

图6-27显示，市场认为中国与其他国家或地区相比在品牌购买意愿上表现稍逊一筹，韩国最强。方差分析结果显示，四个国家或地区船舶总装行业之间在5%的置信度上不存在显著差异 [$F(3, 147) = 2.23$，P值为0.0863]，说明各国在购买意愿上并不存在真正的差异。

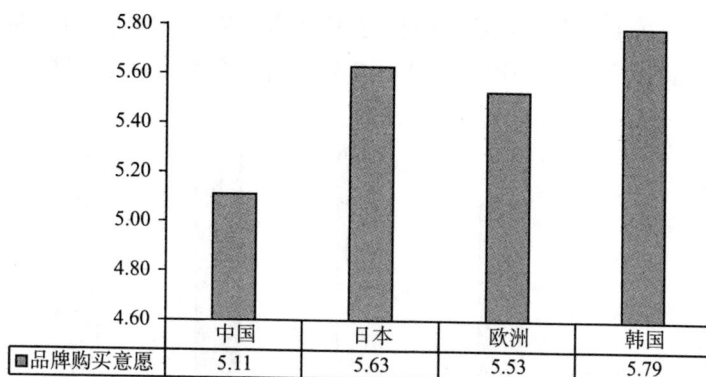

图6－27　四个国家或地区船舶总装行业品牌购买意愿对比分析
资料来源：笔者根据研究整理所得。

（11）产品功能性。

图6－28显示，市场认为中国与其他国家或地区相比在产品功能性上表现较弱，欧洲最强。方差分析结果显示，四个国家或地区船舶总装行业之间在1%的置信度上存在显著差异［$F(3, 148) = 8.95$，P值＜0.0001］，说明中国与其他国家或地区在产品功能性上的差距客观存在。

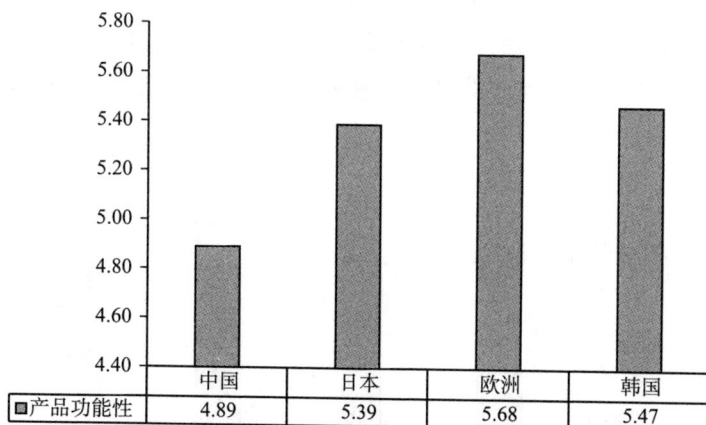

图6－28　四个国家或地区船舶总装行业产品功能性对比分析
资料来源：笔者根据研究整理所得。

（12）品牌满意度。

图6－29显示，市场认为中国与其他国家或地区相比在品牌满意度上表现较弱，日本最强，欧洲和韩国次之。方差分析结果显示，四个国家或地区船舶

总装行业之间在 1% 的置信度上存在显著差异〔F(3，148) = 13.08，P 值 < 0.0001〕，说明中国与其他国家或地区在品牌满意度上的差距客观存在。

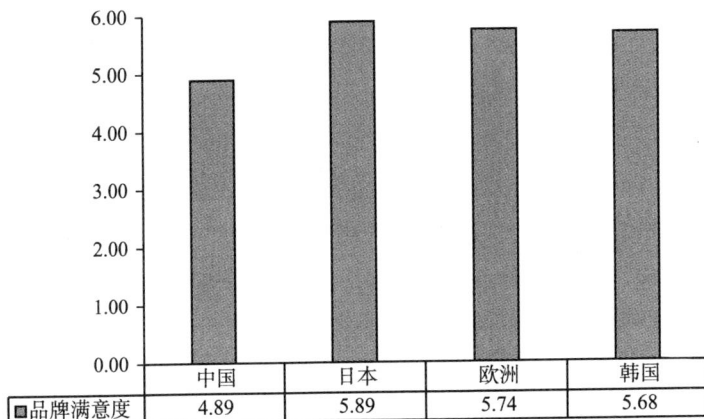

	中国	日本	欧洲	韩国
■品牌满意度	4.89	5.89	5.74	5.68

图 6 - 29　四个国家或地区船舶总装行业品牌满意度对比分析

资料来源：笔者根据研究整理所得。

（13）品牌忠诚度。

图 6 - 30 显示，市场认为中国与其他国家或地区相比在品牌忠诚度上表现较弱，日本最强，欧洲和韩国次之。方差分析结果显示，四个国家或地区船舶总装行业之间在 1% 的置信度上存在显著差异〔F(3，148) = 11.53，P 值 < 0.0001〕，说明中国与其他国家或地区在品牌忠诚度上的差距客观存在。

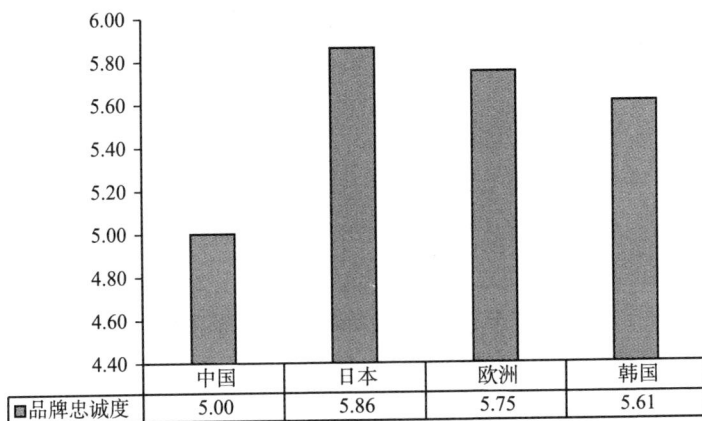

	中国	日本	欧洲	韩国
■品牌忠诚度	5.00	5.86	5.75	5.61

图 6 - 30　四个国家或地区船舶总装行业品牌忠诚度对比分析

资料来源：笔者根据研究整理所得。

（14）市场占有率。

图6－31显示，市场认为中国与韩国相比而言在市场占有率上表现较好，日本次之，欧洲最差。方差分析结果显示，四个国家或地区船舶总装行业之间在1%的置信度上存在显著差异［$F(3, 148) = 12.11$，P值 < 0.0001］，说明中、韩在市场占有率上存在一定优势。

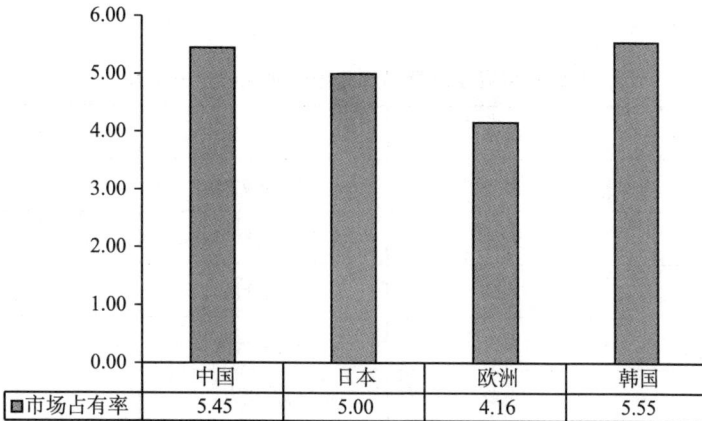

	中国	日本	欧洲	韩国
市场占有率	5.45	5.00	4.16	5.55

图6－31　四个国家或地区船舶总装行业市场占有率对比分析
资料来源：笔者根据研究整理所得。

（15）管理效率。

图6－32显示，市场认为中国与其他国家或地区相比在管理效率上差距较大，日本最强，韩国和欧洲次之。方差分析结果显示，四个国家或地区船舶总

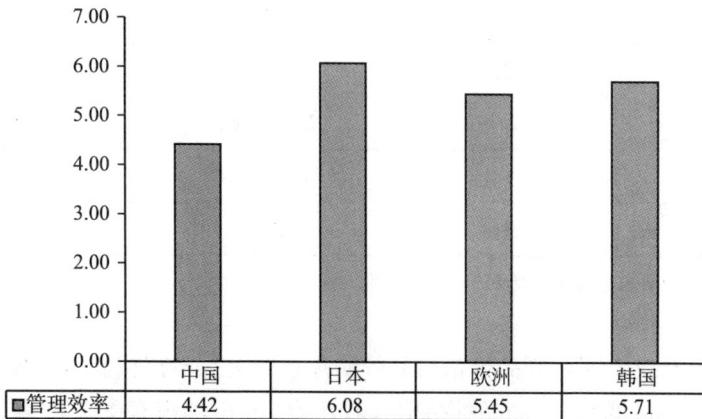

	中国	日本	欧洲	韩国
管理效率	4.42	6.08	5.45	5.71

图6－32　四个国家或地区船舶总装行业管理效率对比分析
资料来源：笔者根据研究整理所得。

装行业之间在 1% 的置信度上存在显著差异 [F (3, 148) = 15.07，P 值 < 0.0001]，说明中国与其他国家或地区在管理效率上的差距客观存在。

3. 差异分析总结

基于上述分析，本章将船舶总装行业质量品牌相关研究结论进行总结，如表 6 – 8 所示。

表 6 – 8　　　　　　　船舶总装行业质量品牌分地区研究结论一览表

重要性排序	维度	影响因素	中国排序
1	客户	品牌知名度	4
2	企业	产品品种结构	2
3	产品	产品价格	无显著差异
4	客户	品牌美誉度	4
5	企业	研发能力	4
6	产品	产品保值率	4
7	企业	生产效率	4
8	产品	产品故障率	1
9	企业	售后服务	4
10	客户	品牌购买意愿	无显著差异
11	产品	产品功能性	4
12	客户	品牌满意度	4
13	客户	品牌忠诚度	4
14	产品	市场占有率	2
15	企业	管理效率	4

资料来源：笔者根据研究整理所得。

四个国家或地区在产品价格与品牌购买意愿上，不存在显著差异。中国在产品故障率（最低）、产品品种结构（较丰富）、市场占有率（较高）上做得较好，其他方面与竞争对手存在显著的差距，还存在着较大的提升空间。

三、中外动力装备行业对比分析

动力装备行业对船舶工业的整体发展至关重要，动力装备的质量品牌建设又在其中处于重中之重的地位。为了了解当前市场对我国动力装备行业与国际同行在质量品牌建设上的现状与差异，并挖掘出我国动力装备行业质量品牌建设过程中的重要影响因素与核心发展路径，本章基于问卷调查法，调查了动力装备相关行业的专家与一线从业人员，获得了来自属于市场的一手资料，详细呈现如下。

（一）动力装备行业问卷填写对象基本信息

本次调查针对动力装备行业共回收 38 份有效问卷，问卷填写对象的基本信息如表 6-9 所示。

表 6-9　　　　　　　　动力装备行业问卷填写对象基本信息

特征	指标	频数	百分比（%）	累计百分比（%）
性别	男	19	50.00	50.00
	女	14	36.84	86.84
	未填写	5	13.16	100.00
企业	七一四研究所	12	31.58	31.58
	中国船舶信息中心	1	2.63	34.21
	中船重工	4	10.53	44.74
	武汉船用机械有限责任公司	1	2.63	47.37
	沪东重机有限公司	3	7.89	55.26
	未填写	17	44.74	100.00
年龄	30 岁以下	13	34.21	34.21
	30~45 岁	21	55.26	89.47
	45（含）~60 岁	4	10.53	100.00

续表

特征	指标	频数	百分比（%）	累计百分比（%）
行业	船舶总装	11	28. 95	28. 95
	动力装备	5	13. 16	42. 11
	船舶机电	7	18. 42	60. 53
	其他	15	39. 47	100. 00
职称	初级	6	15. 79	15. 79
	中级	15	39. 47	55. 26
	副高	14	36. 84	92. 11
	正高	3	7. 89	100. 00
总计		38 人		

资料来源：笔者根据研究整理所得。

（二） 动力装备行业影响因素大小排序

基于对问卷数据的分析，本章首先采用回归分析建模，随后使用方差分解，将动力装备行业的质量品牌在三个维度上的影响因素作用大小进行了详细的比较，结果详述如下。

1. 回归分析

本章中的回归模型构建如下：

$$质量品牌总分\_动力装备 = \zeta_1 \times 产品品种结构 + \zeta_2 \times 企业研发能力$$
$$+ \zeta_3 \times 企业生产效率 + \zeta_4 \times 售后服务$$
$$+ \zeta_5 \times 管理效率 + \zeta_6 \times 产品价格$$
$$+ \zeta_7 \times 产品保值率 + \zeta_8 \times 产品故障率$$
$$+ \zeta_9 \times 产品功能性 + \zeta_{10} \times 市场占有率$$
$$+ \zeta_{11} \times 品牌知名度 + \zeta_{12} \times 品牌美誉度$$
$$+ \zeta_{13} \times 品牌购买意愿 + \zeta_{14} \times 品牌满意度$$
$$+ \zeta_{15} \times 品牌忠诚度 + \varepsilon$$

回归模型中的因变量为动力装备行业质量品牌的总得分，自变量完整涵盖了企业维度、产品维度与客户维度的 15 个影响因素，ε 为误差项。回归分析结果如表 6 – 10 所示。可以看出，整体模型拟合程度达到 99.11%，且所有自变量均显著影响了动力装备行业的质量品牌，这为接下来的方差分解奠定了良好的基础。

表 6 – 10　　　　　　　　动力装备行业质量品牌回归分析结果

影响因素	回归系数	回归系数值及标准误	P 值
品种结构	ζ_1	0.076 *** (4.24e + 06)	< 0.0001
研发能力	ζ_2	0.074 *** (3.30e + 06)	< 0.0001
生产效率	ζ_3	0.071 *** (4.54e + 06)	< 0.0001
售后服务	ζ_4	0.061 *** (2.64e + 06)	< 0.0001
管理效率	ζ_5	0.052 *** (2.42e + 06)	< 0.0001
价格	ζ_6	0.075 *** (4.77e + 06)	< 0.0001
保值率	ζ_7	0.072 *** (6.26e + 06)	< 0.0001
故障率	ζ_8	0.066 *** (7.47e + 06)	< 0.0001
功能性	ζ_9	0.062 *** (4.93e + 06)	< 0.0001
占有率	ζ_{10}	0.058 *** (5.62e + 06)	< 0.0001
知名度	ζ_{11}	0.087 *** (5.17e + 06)	< 0.0001

影响因素	回归系数	回归系数值及标准误	P 值
美誉度	ζ_{12}	0.082 *** (4.19e + 06)	<0.0001
购买意愿	ζ_{13}	0.073 *** (2.36e + 06)	<0.0001
满意度	ζ_{14}	0.048 *** (1.80e + 06)	<0.0001
忠诚度	ζ_{15}	0.043 *** (1.61e + 06)	<0.0001
模型拟合值		$F(15,122) > 99\ 999.00$ $Prob > F = 0.0000$ $R - squared = 0.9911$ $Root\ MSE = 1.4e - 07$	

注：表中左起第3列为标准化回归系数，括号中为标准误。产品故障率的取值已经过反向处理。
$*P<0.05$、$**P<0.01$、$***P<0.001$。由于本次回归分析的 P 值远小于 0.0001，故计算机没有给出具体数值。
资料来源：笔者根据研究整理所得。

2. 方差分解

基于回归分析的结果，本章接下来通过方差分解方法，对动力装备行业质量品牌的影响因素作用大小展开了进一步的分析，分析结果如表 6-11 所示，所有影响因素按照方差解释比例从高到低进行了排序。

表 6-11　　　动力装备行业质量品牌影响因素方差分解结果

维度	方差解释比例（%）	影响因素	方差解释比例（%）
企业	32.99	知名度	10.99
		美誉度	9.76
		品种结构	8.39
		价格	8.17

维度	方差解释比例（%）	影响因素	方差解释比例（%）
产品	32.49	研发能力	7.95
		购买意愿	7.74
		保值率	7.53
		生产效率	7.32
		故障率	6.33
客户	34.52	功能性	5.58
		售后服务	5.40
		占有率	4.88
		管理效率	3.93
		满意度	3.35
		忠诚度	2.68
合计	100	合计	100

资料来源：笔者根据研究整理所得。

　　表 6-11 中的方差解释比例代表了各因素在影响质量品牌总得分时发挥的独特效应，效应值的大小反映出各影响因素的作用大小。由表 6-11 可以看出，对于动力装备行业的质量品牌建设而言，企业、产品、客户三个维度的影响大小基本相同，在作用发挥上同样旗鼓相当。进一步将具体影响因素展开分析可以发现，排名前三位的影响因素分别是品牌知名度、品牌美誉度、产品品种结构，位列倒数三位的影响因素分别是品牌忠诚度、品牌满意度、管理效率。产生这一分析结果的原因在于，对于动力装备行业来说，目前市场同样长期低迷，船东下单会优先考虑投资的收益，品牌忠诚度、品牌满意度、企业的管理效率并不是他们的优先考虑因素，而品牌知名度、品牌美誉度、产品品种结构等要素则将直接决定短期中的投资收益，因此尤为重要。

　　接下来，本章将按照以上分析结果，按影响效果从大到小的顺序，剖析我国动力装备行业与主要竞争对手之间在各影响因素上的优势与不足。

(三) 四个国家或地区动力装备行业质量品牌差异分析

各地区动力装备行业质量品牌的差异分析将基于雷达图展开，并在此基础上对各因素开展具体分析。

1. 雷达图分析

图 6-33 显示出中国、日本、欧洲、韩国四个国家或地区在动力装备行业质量品牌上的总体差异。从最上面的品牌知名度开始，各因素沿着顺时针的方向影响效应逐渐变小。可以看出，市场认为中国在产品价格（较实惠）、产品故障率（最低）上做得较好，但在其他方面与主要竞争对手或多或少还存在着差距。雷达图分析展示了四个国家或地区动力装备行业的全貌。接下来，将针对每一个影响因素展开更为深入的分析。

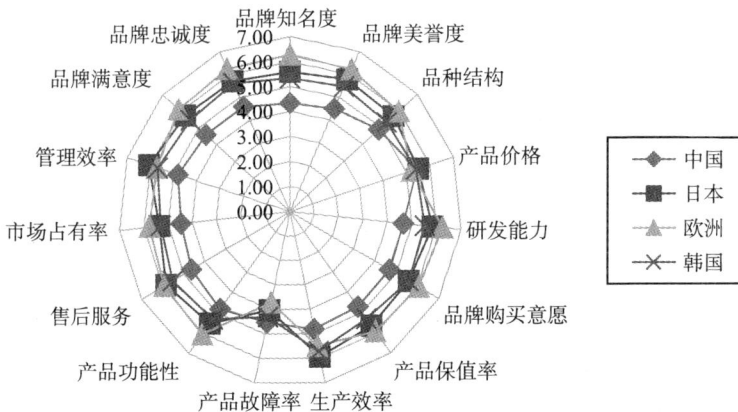

图 6-33 四个国家或地区动力装备行业质量品牌影响因素雷达图分析

资料来源：笔者根据研究整理所得。

2. 各因素具体分析

对于每一个影响因素，本章将首先对各地区进行数值比较，然后基于单因素方差分析（ANOVA）对数值比较结果的显著性与代表性进行检验。

（1）品牌知名度。

图 6-34 显示，市场认为中国与其他国家或地区相比在品牌知名度上表现较弱，欧洲最强，日本和韩国次之。方差分析结果显示，四个国家或地区动力

装备行业之间在 1% 的置信度上存在显著差异 ［F（3，124）= 8.24，P 值 < 0.0001］，说明中国与其他国家或地区在品牌知名度上的差距客观存在。

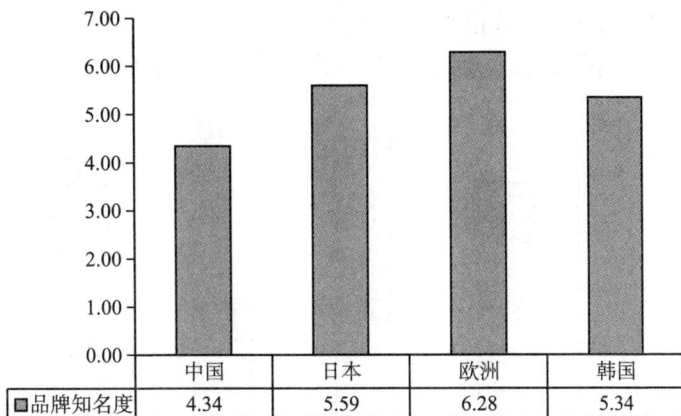

	中国	日本	欧洲	韩国
▢ 品牌知名度	4.34	5.59	6.28	5.34

图 6 – 34　四个国家或地区动力装备行业品牌知名度对比分析

资料来源：笔者根据研究整理所得。

（2）品牌美誉度。

图 6 – 35 显示，市场认为中国与其他国家或地区相比在品牌美誉度上表现较弱，欧洲最强，日本和韩国紧随其后。方差分析结果显示，四个国家或地区动力装备行业之间在 1% 的置信度上存在显著差异 ［F（3，124）= 19.05，P 值 < 0.0001］，说明中国与其他国家或地区在品牌美誉度上的差距客观存在。

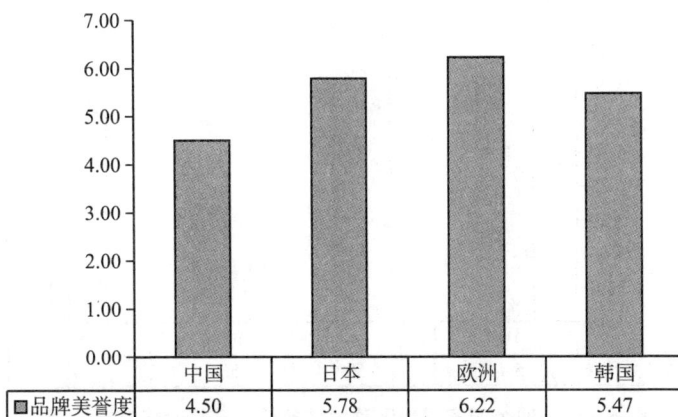

	中国	日本	欧洲	韩国
▢ 品牌美誉度	4.50	5.78	6.22	5.47

图 6 – 35　四个国家或地区动力装备行业品牌美誉度对比分析

资料来源：笔者根据研究整理所得。

（3）产品品种结构。

图6-36显示，市场认为中国与其他国家或地区相比在产品品种结构上较少，欧洲最高，日本和韩国紧随其后。方差分析结果显示，四个国家或地区动力装备行业之间在1%的置信度上存在显著差异［F(3，124)=7.52，P值<0.0001］，说明中国与其他国家或地区在产品品种结构上的差距客观存在。

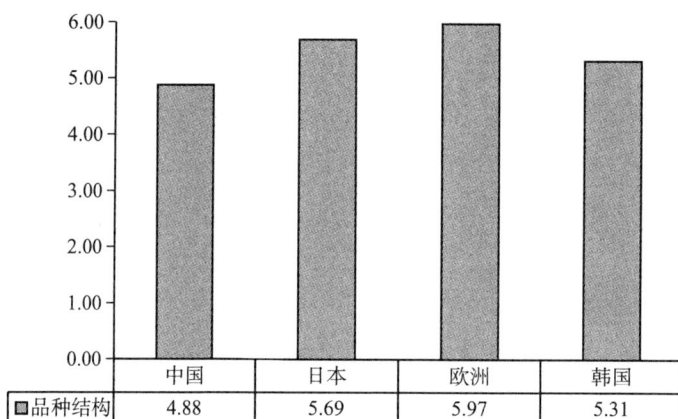

	中国	日本	欧洲	韩国
品种结构	4.88	5.69	5.97	5.31

图6-36 四个国家或地区动力装备行业产品品种结构对比分析

资料来源：笔者根据研究整理所得。

（4）产品价格。

图6-37显示，市场认为中国与其他国家或地区相比在产品价格上表现稍逊一筹，日本最强。方差分析结果显示，四个国家或地区动力装备行业之间在5%的置信度上不存在显著差异［F(3，124)=13.22，P值<0.0001］，说明差距客观存在。

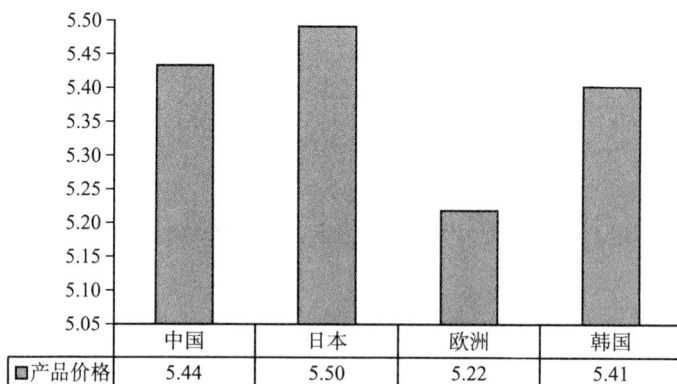

	中国	日本	欧洲	韩国
产品价格	5.44	5.50	5.22	5.41

图6-37 四个国家或地区动力装备行业产品价格对比分析

资料来源：笔者根据研究整理所得。

（5）研发能力。

图 6-38 显示，市场认为中国的研发能力最低，欧洲最高，日本和韩国紧随其后。方差分析结果显示，四个国家或地区动力装备行业之间在 1% 的置信度上存在着显著差异［F(3, 124) = 9.71, P 值 < 0.0001］，说明中国与其他三个国家或地区在研发能力上的差距确实存在。

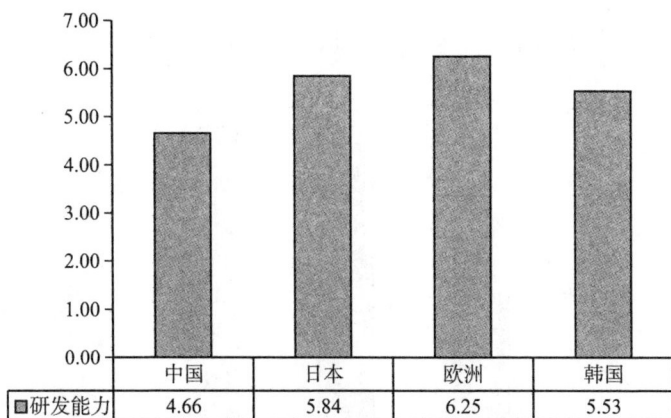

图 6-38 四个国家或地区动力装备行业研发能力对比分析

资料来源：笔者根据研究整理所得。

（6）品牌购买意愿。

图 6-39 显示，市场认为中国与其他国家或地区相比在品牌购买意愿上差距较大，欧洲最强，日本和韩国同列第二。方差分析结果显示，四个国家或地

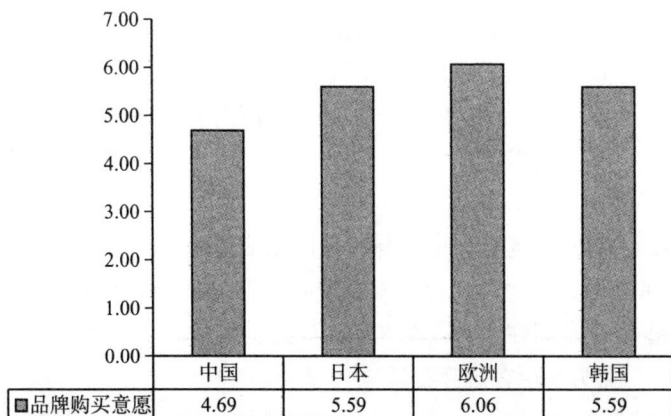

图 6-39 四个国家或地区动力装备行业品牌购买意愿对比分析

资料来源：笔者根据研究整理所得。

区动力装备行业之间在 5% 的置信度上不存在显著差异 [F(3, 124) = 0.48, P 值为 0.6967],说明不存在客观差距。

(7) 产品保值率。

图 6 - 40 显示,市场认为中国与其他国家或地区相比在产品保值率上表现相对较弱,欧洲最强,日本和韩国紧随其后。方差分析结果显示,四个国家或地区动力装备行业之间在 1% 的置信度上存在显著差异 [F(3, 124) = 6.90, P 值 < 0.0001],说明中国与其他国家或地区在产品保值率上的差距客观存在。

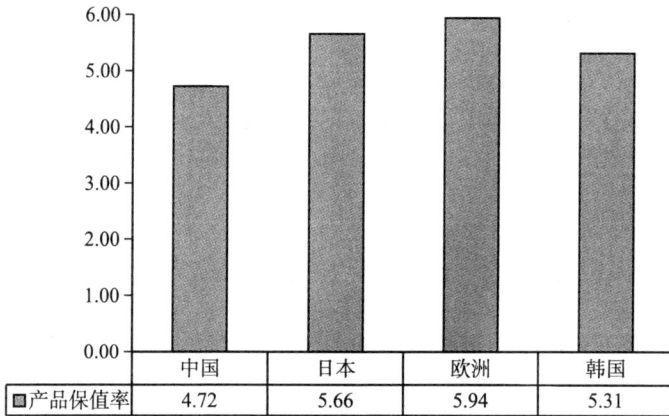

	中国	日本	欧洲	韩国
▢产品保值率	4.72	5.66	5.94	5.31

图 6 - 40　四个国家或地区动力装备行业产品保值率对比分析

资料来源:笔者根据研究整理所得。

(8) 生产效率。

图 6 - 41 显示,市场认为中国的生产效率最低,日本最高,韩国和欧洲紧随其后。方差分析结果显示,四个国家或地区动力装备行业之间在 5% 的置信度上不存在显著差异 [F(3, 124) = 1.66, P 值为 0.1791],说明各国在生产效率上并不存在真正的差异。

(9) 产品故障率。

图 6 - 42 显示,市场认为中国与其他国家或地区相比在产品故障率上表现相对较强,韩国与日本次之,欧洲相对较弱。方差分析结果显示,四个国家或地区动力装备行业之间在 1% 的置信度上存在显著差异 [F(3, 124) = 9.55, P 值 < 0.0001],说明差距客观存在。

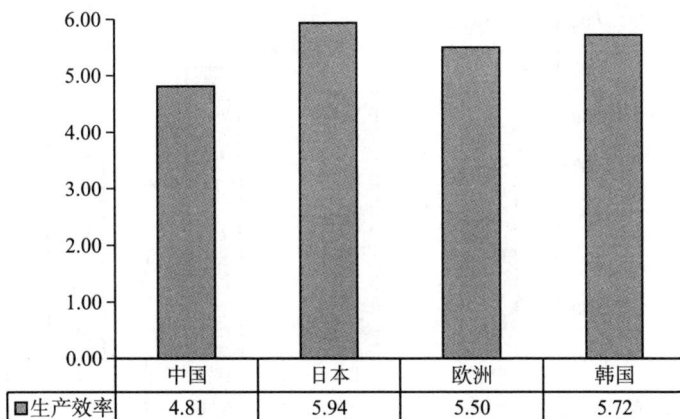

图 6 - 41 四个国家或地区动力装备行业生产效率对比分析

	中国	日本	欧洲	韩国
■生产效率	4.81	5.94	5.50	5.72

资料来源：笔者根据研究整理所得。

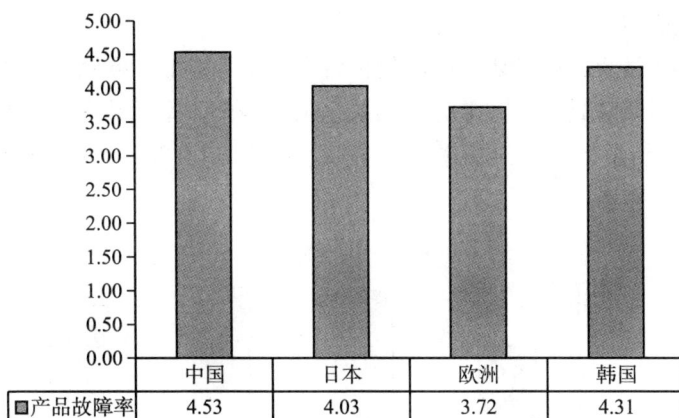

图 6 - 42 四个国家或地区动力装备行业产品故障率对比分析

	中国	日本	欧洲	韩国
■产品故障率	4.53	4.03	3.72	4.31

注：取值已经过反向处理，值越大代表故障率越低。
资料来源：笔者根据研究整理所得。

（10）产品功能性。

图 6 - 43 显示，市场认为中国与其他国家或地区相比在产品功能性上表现相对较弱，欧洲最强，日本和韩国紧随其后。方差分析结果显示，四个国家或地区动力装备行业之间在 1% 的置信度上存在显著差异 [$F(3, 124) = 5.69$，P 值为 0.0011]，说明差距客观存在。

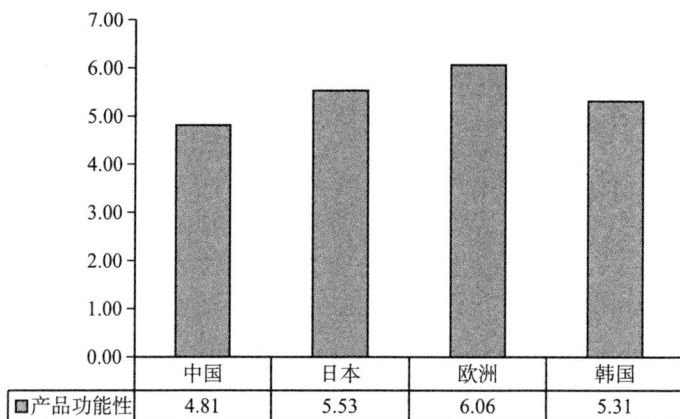

图 6 - 43   四个国家或地区动力装备行业产品功能性对比分析

资料来源：笔者根据研究整理所得。

（11）售后服务。

图 6 - 44 显示，市场认为中国的售后服务水平最低，欧洲和日本代表了最高水平，韩国紧随其后。方差分析结果显示，四个国家或地区动力装备行业之间在 1% 的置信度上存在显著差异 ［F（3，124）＝17.20，P 值＜0.0001］，说明差距客观存在。

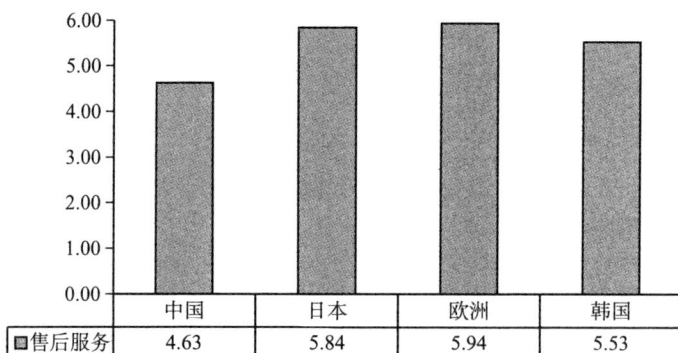

图 6 - 44   四个国家或地区动力装备行业售后服务对比分析

资料来源：笔者根据研究整理所得。

（12）市场占有率。

图 6 - 45 显示，市场认为中国与其他国家或地区相比在市场占有率上表现相对较弱，欧洲最强，日本和韩国紧随其后。方差分析结果显示，四个国家或

地区动力装备行业之间在 5% 的置信度上存在显著差异 ［F（3，124）＝16.64，P 值 <0.0001］，说明差距客观存在。

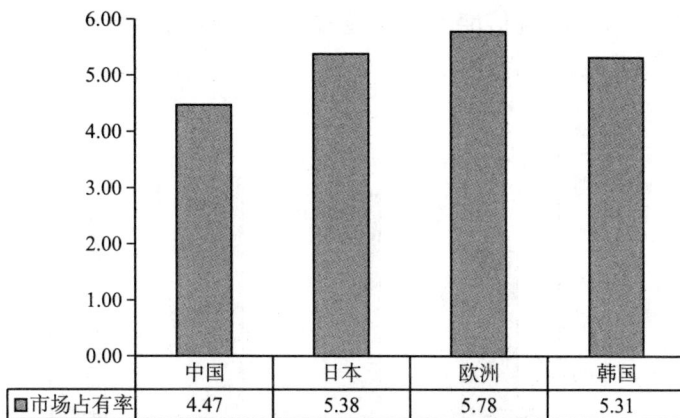

	中国	日本	欧洲	韩国
■市场占有率	4.47	5.38	5.78	5.31

图 6－45　四个国家或地区动力装备行业市场占有率对比分析

资料来源：笔者根据研究整理所得。

（13）管理效率。

图 6－46 显示，市场认为中国的管理效率最低，日本最高，欧洲和韩国紧随其后。方差分析结果显示，四个国家或地区动力装备行业之间在 5% 的置信度上存在着显著差异 ［F（3，124）＝11.31，P 值 <0.0001］，说明差距客观存在。

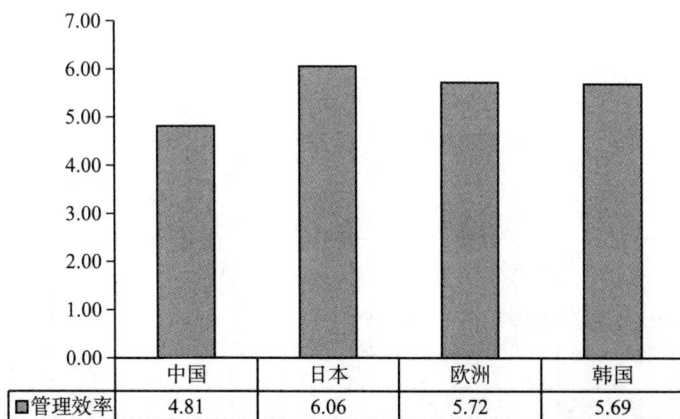

	中国	日本	欧洲	韩国
■管理效率	4.81	6.06	5.72	5.69

图 6－46　四个国家或地区动力装备行业管理效率对比分析

资料来源：笔者根据研究整理所得。

（14）品牌满意度。

图 6 - 47 显示，市场认为中国与其他国家或地区相比在品牌满意度上表现较弱，欧洲最强，日本和韩国次之。方差分析结果显示，四个国家或地区动力装备行业之间在 1% 的置信度上存在显著差异 ［$F(3, 124) = 16.34$，P 值 < 0.0001］，说明差距客观存在。

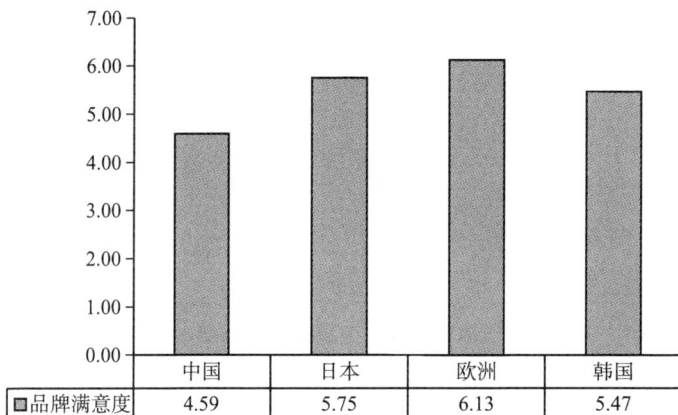

	中国	日本	欧洲	韩国
▨品牌满意度	4.59	5.75	6.13	5.47

图 6 - 47　四个国家或地区动力装备行业品牌满意度对比分析

资料来源：笔者根据研究整理所得。

（15）品牌忠诚度。

图 6 - 48 显示，市场认为中国与其他国家或地区相比在品牌忠诚度上表现较弱，欧洲最强，日本和韩国次之。方差分析结果显示，四个国家或地区动力

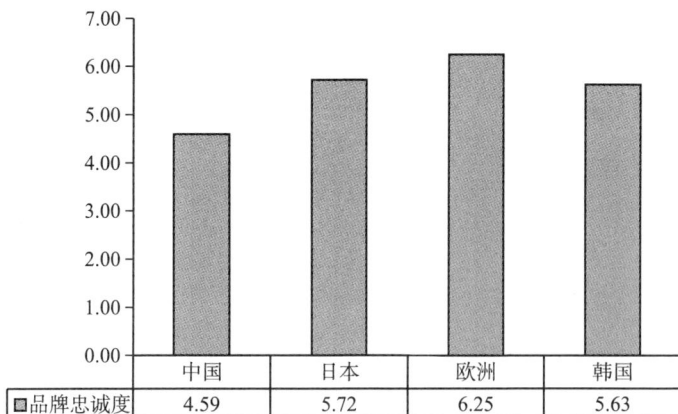

	中国	日本	欧洲	韩国
▨品牌忠诚度	4.59	5.72	6.25	5.63

图 6 - 48　四个国家或地区动力装备行业品牌忠诚度对比分析

资料来源：笔者根据研究整理所得。

装备行业之间在 1% 的置信度上存在显著差异 [F(3, 124) = 19.09, P 值 < 0.0001]，说明差异客观存在。

3. 差异分析总结

基于上述分析，本章将动力装备行业质量品牌相关研究结论进行总结，如表 6 – 12 所示。

表 6 – 12　　　动力装备行业质量品牌四个国家或地区研究结论一览表

重要性排序	维度	影响因素	中国排序
1	客户	知名度	4
2	客户	美誉度	2
3	企业	品种结构	4
4	产品	价格	4
5	企业	研发能力	4
6	客户	购买意愿	无显著差异
7	产品	保值率	4
8	企业	生产效率	无显著差异
9	产品	故障率	4
10	产品	功能性	4
11	企业	售后服务	4
12	产品	占有率	4
13	企业	管理效率	4
14	客户	满意度	2
15	客户	忠诚度	4

资料来源：笔者根据研究整理所得。

四个国家或地区在产品价格与品牌购买意愿上，不存在显著差异。中国在产品故障率（最低）、产品品种结构（较丰富）、市场占有率（较高）上做得较好，其他方面与竞争对手存在显著的差距，还存在着较大的提升空间。

第七章

结论与展望

　　船舶工业是我国装备制造业中的典型代表，承载着我国制造业做大做强的历史使命。随着我国船舶工业以供给侧结构性改革为主线，不断推动行业向高质量发展转变，持续提升质量品牌。在全行业共同努力下，我国船舶工业稳中有进，船型结构升级优化，企业效益企稳回升，三大船舶央企重组稳步推进，修船行业盈利水平明显提高，海洋工程装备"去库存"取得进展，智能化转型加快推进。总体来看，全球主要造船国之间的竞争，突出体现在中、韩两国对于世界造船中心的角逐，日本国际竞争力已经大不如前。因此，我国船舶工业在世界舞台中的地位和作用与日俱增，这也对船舶工业质量品牌的建设提出了更高的要求。然而，当前受到世界经济贸易增长放缓、地缘政治冲突不断增多、新船需求大幅下降的不利影响，我国船舶工业质量品牌的建设依然面临着严峻的形势。

　　本书在此背景下，首先从基本概念入手，分析了质量品牌的核心内涵与外部特征，第一次明确提出质量品牌的概念界定。然后，本书紧紧围绕装备制造业和船舶工业的典型案例，以及中外船舶工业的发展历程和现状分析，清晰呈现出质量品牌建设在船舶工业发展中的核心地位。接下来，本书基于调查问卷，收集到行业内的一手资料，并展开了详尽的数据分析，对韩、日、欧三方的对比和中外双方的对比，有了全面系统的把握。从数据分析结果可以看出，我国船舶工业在质量品牌的建设上仍然方兴未艾，有较长的路要走。具体而言，本书提出以下五点建议：

　　第一，扩大造船基础设施规模。造船规模是指造船企业所具备的造船所需的大型设备（如船坞、塔吊、起重机等）的数量多少。造船规模是造船能力的保障，是体现造船实力的主要因素。造船所需的船台、船坞等设备的拥有量和规模，在很大程度上决定着企业的生产效率和生产能力。所以，造船规模对于船舶工业来说也是一个重要的影响因素。对比中、日、韩三国的基础设施规模，我国造船基础规模相对较小，与日、韩相比仍有一定的差距。此外，我国船坞、船台的利用率比较低，仅为韩国的 25% 左右。因此在基础设施的改造上，一方面，要注重加强基础设施建设，建造更多大型的船台、船坞，使其能满足高技术、高等级船舶制造的要求；另一方面，要努力提高造船基础设施的利用率，提高船坞、船台的利用率，避免资源浪费。

第二，增强自主创新能力。提升造船核心技术，持续增强自主创新能力，加快产业技术升级，掌握和提升核心技术，进一步增强我国船舶产业竞争力。目前我国船舶产业的技术水平与世界先进水平相比存在比较大的差距，因此，我国应该以技术创新为目标，引进国外先进技术。企业可以根据自身发展的特点和本企业的长期战略规划有选择性地引进未来几年内最需要的核心技术、重点船舶建造关键技术，在引进先进技术的同时，企业也要学习他们现代化的生产管理模式，转变自身的生产方式与管理理念，提高企业的生产效率和技术水平。此外，在引进国外技术的同时也要进行自主创新，在充分消化和掌握技术的同时，结合自身情况与实际需要对技术做出相应的改进。并且，企业应该加大对技术创新的研发投入，将引进的技术作为参考，大力发展自主创新，努力开发出核心技术和符合市场需求的高技术船舶产品，真正做大做强船舶产业。

第三，抓住"一带一路"倡议带来的发展机遇。"一带一路"倡议包括"丝绸之路经济带"倡议和"21 世纪海上丝绸之路"倡议，21 世纪海上丝绸之路经济带倡议从海上联通欧亚非三个大陆和丝绸之路经济带倡议形成一个海上、陆地的闭环。这一经济带的发展必将带动海上装备制造业的发展。船舶工业直接受益于"一带一路"倡议的发展，"一带一路"倡议为船舶工业带来了广阔的市场和发展机遇，我国作为"一带一路"倡议的提出者和倡议者，自身的船舶工业也要看到广阔的市场，在提高自身竞争力的同时积极加入"一带一路"倡议的发展之中。

第四，进一步扩大产业规模，提高产业集中度。一方面，整合企业资源，加快行业集聚。在主要造船地区（如长三角地区、环渤海地区和珠三角地区），根据地区资源、区位条件及产业基础等实际情况，积极整合资源、优化产业布局；鼓励龙头企业对落后、资源闲置等存在经营困难的企业进行兼并重组；建设海洋工程装备、远洋特种船等特色产业基地。同时，整合上下游的相关单位，建立专业化的研发、生产和配送中心，建设具有国际竞争力的现代化造船基地，提高产业集中度。另一方面，与上下游产业组成战略联盟，发展先进船舶配套业。大型船舶企业与上下游企业应积极组成战略联盟或兼并成大型综合船舶集团，减少中间成本，提高流通效率。引导中小船舶企业调整业务结构，利用其资源成为提供船用生产要素的专业厂或是将小型船用配件厂与具有创新力和资金雄厚的大型造船集团联合，以龙头带动产业链的完善，形成区域竞争力。

第五，我国船舶工业还应加快管理水平的提升，学习和运用先进的管理技术，是使造船人、材、机高效和谐运转的前提。同时，船舶工业还应重视基础设施等生产要素的配置，对大型基础设施合理建设、合理配置，从而有效、高效率地提升我国船舶产业的质量品牌。

"长风破浪会有时，直挂云帆济沧海"，相信在不远的将来，中国船舶工业必将以更高更强的质量品牌扬名海外！

参 考 文 献

［1］王敏．品牌策略下的城市公共性景观效能优化研究 ［J］．同济大学学报：社会科学版，2010 （6）：39 - 45.

［2］佘时飞．珠江三角洲产业结构升级策略研究——基于中山市产业结构调整的调研％ On Industrial Structure Upgrading of the Pearl River Delta——Based on Investigation of Zhongshan Industrial Structure Adjustment ［J］．企业活力，2010 （5）：5 - 9.

［3］姬永新，彭湲．加强质量品牌建设 服务地方经济发展 ［N］．中国质量报，2015 - 10 - 30.

［4］林忠钦．中国制造 2025 与提升制造业质量品牌战略 ［J］．国家行政学院学报，2016 （4）：4 - 9.

［5］Harré. Positioning Theory ［M］//The Wiley Handbook of Theoretical and Philosophical Psychology：Methods，Approaches，and New Directions for Social Sciences. John Wiley & Sons, Ltd, 2015.

［6］超级工程——LNG 船 ［EB/OL］．（2014 - 12 - 18）［2020 - 05 - 01］．https：//wenku. baidu. com/view/b6a348ebec3a87c24128c419. html.

［7］祁昌，张祥真．船舶制造数字化及信息化 ［J］．科技创新导报，2018，15 （22）：84 - 85.

［8］黎韬扬．船舶产业链系列报告之二：民船制造产业进入中周期复苏阶段，看好配套企业增长潜力 ［EB/OL］．（2018 - 06 - 11）［2020 - 05 - 01］．http：//www. 767stock. com/2018/06/11/35783. html.

［9］杨子平．从制造大国到制造强国——日本质量管理模式的成功及启示 ［J］．现代企业，2010 （4）：69 - 70.

［10］中国船舶重工集团有限公司 ［EB/OL］．［2020 - 05 - 01］．http：//www. csic. com. cn/.

［11］中国船舶工业股份有限公司 ［EB/OL］．［2020 - 05 - 01］．http：//cssc holdings. cssc. net. cn/.

［12］中船海洋与防务装备股份有限公司［EB/OL］.［2020 – 05 – 01］. http：//comec. cssc. net. cn/.

［13］江苏扬子江船业集团公司［EB/OL］.［2020 – 05 – 01］. http：// www. yzjship. com/.

［14］中国船舶重工集团动力股份有限公司［EB/OL］.［2020 – 05 – 01］. http：//www. china – csicpower. com. cn/.

［15］潍柴重机股份有限公司［EB/OL］.［2020 – 05 – 01］. https：// www. weichaihm. com/.

［16］王福君, 沈颂东. 美、日、韩三国装备制造业的比较及其启示［J］. 华中师范大学学报（人文社会科学版）, 2012, 51（3）: 38 – 46.

［17］张静. 韩国要跻身"世界制造业四强"［N］. 环球时报, 2019 – 06 – 21.

［18］The Boeing Company［EB/OL］.［2020 – 05 – 01］. https：//www. boeing. com/.

［19］苗宇涛, 范艳清, 李司晨. 波音公司质量管理及可借鉴之处［J］. 质量与可靠性, 2015（2）: 60 – 63.

［20］丰田中国［EB/OL］.［2020 – 05 – 01］. http：//cdn. toyota. com. cn/.

［21］中国航天科技集团有限公司［EB/OL］.［2020 – 05 – 01］. http：// www. spacechina. com/n25/index. html.

［22］曼恩商用车中国［EB/OL］.［2020 – 05 – 01］. http：//www. manchina. com. cn/.

［23］瓦锡兰集团［EB/OL］.［2020 – 05 – 01］. http：//www. wartsila. com.

［24］韩国现代重工集团［EB/OL］.［2020 – 05 – 01］. http：//www. hhichina. com/.

［25］KONGSBERG［EB/OL］.［2020 – 05 – 01］. https：//www. kongsberg. com/.

［26］MacGregor［EB/OL］.［2020 – 05 – 01］. https：//www. macgregor. com/.

［27］三菱重工［EB/OL］.［2020 – 05 – 01］. https：//www. mhi. com/jp/.

［28］Fincantieri［EB/OL］.［2020 – 05 – 01］. https：//www. fincantieri. com/en/.

［29］胜科集团［EB/OL］.［2020 – 05 – 01］. https：//www. sembcorp.
com/cn/our – businesses/marine/.

［30］中国船舶沪东重机有限公司［EB/OL］.［2020 – 05 – 01］. http：//
www. hhm. com. cn/.

［31］武汉船用机械有限责任公司［EB/OL］.［2020 – 05 – 01］. http：//
www. wmmp. com. cn/.

［32］北京海兰信数据科技股份有限公司［EB/OL］.［2020 – 05 – 01］.
http：//www. highlander. com. cn/.